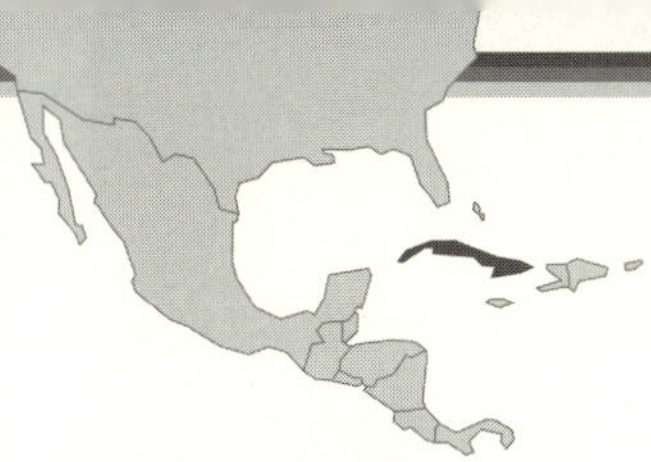

世界がキューバの高学力に注目するわけ

吉田太郎

築地書館

唐突だが、まずは下の図をご覧いただきたい

2008年6月に公表された中南米の国際統一テストの
各国の試験成績を示すとこうなる。
子どもの学力は国の豊かさや家庭所得でほぼ決まる。
これは各国で実証された常識だ。

貧乏人の子どもは低学力のままというわけだ

だが、ある国だけがこの悲しい法則を無視している。

競いはするが、それは同級生と助けあうため。
人間は教養があってこそ自由になれる。

キューバが掲げる教育哲学は奥が深い。
だが、貧乏国であるにもかかわらず、最低点すら他国の平均を凌駕するという
高学力をどうやって子どもたちは身に付けているのだろうか。
ユネスコがフィンランドと並んでモデルとして推奨する
カリブの教育大国の謎を解き明かす旅へと出かけるとしよう。

小学生の共通学力テストの国別成績

ユネスコが実施した統一学力試験の成績

第1回試験の小学3年生の算数（上）と国語（下）

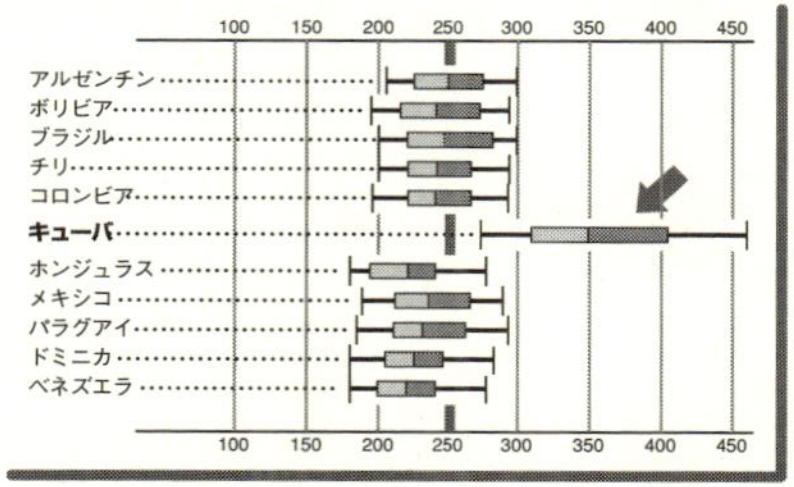

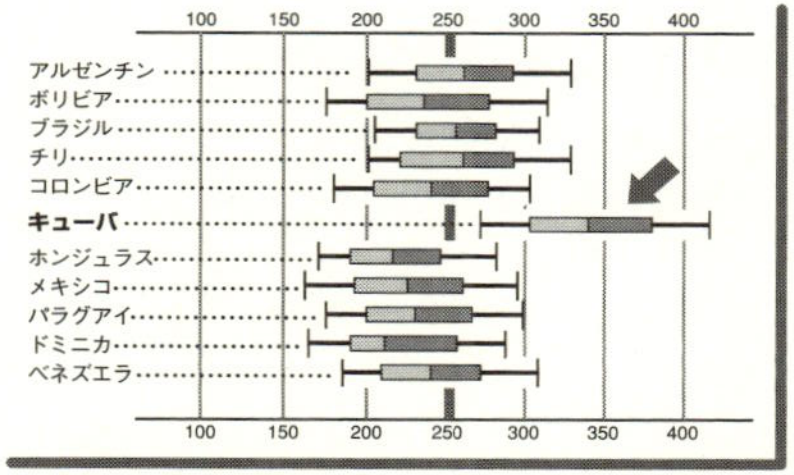

出典：First International Comparative Study of Language, Mathematics, and Associated Factors in Third and Fourth Grades, Latin American Educational Quality Assessment Laboratory, 1998.

第2回試験の小学3年生の算数（上）と6年生の科学（下）

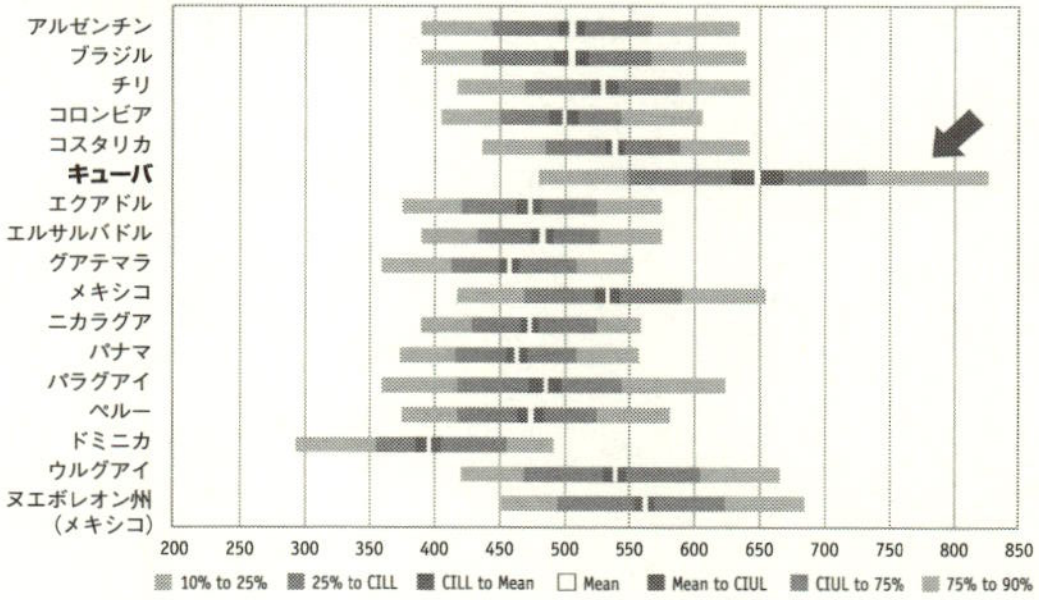

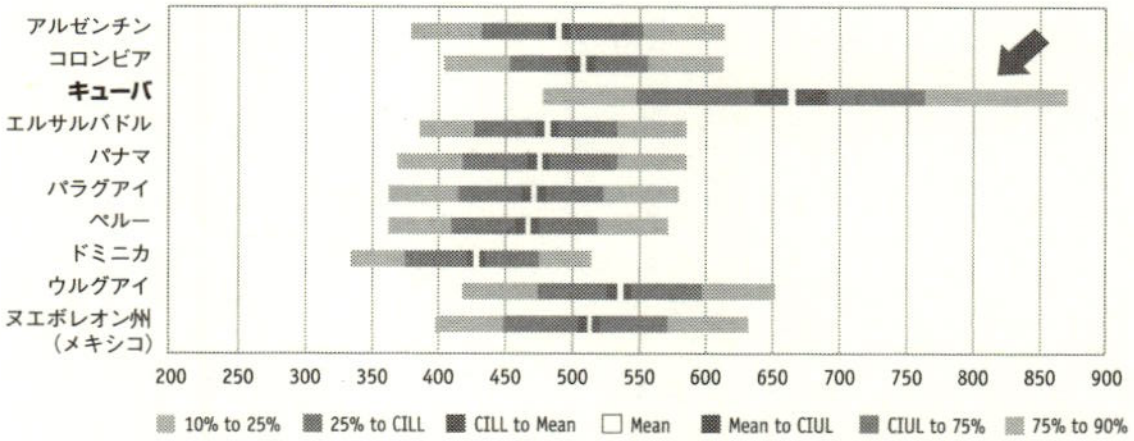

出典：Student achievement in Latin America and the Caribbean, Results of the Second Regional Comparative and Explanatory Study, Latin American Educational Quality Assessment Laboratory, 2008.（http://unesdoc.unesco.org/images/0016/001610/161045e.pdf）

【表の見方】 1998年の第１回統一テストは国語、算数ともに平均を250点に換算し平均からの１標準偏差を50点として整理した。
2008年の第２回統一テストは空欄が平均点で試験得点をそのまま表示してある。キューバだけがいずれも群を抜く成績をあげていることがわかる。

目次

2 先進国に匹敵する少人数教室が育む学力 45

3 競争ではない相互学習で身に付く高学力 57

4 ソ連譲りの教育理論が育む高学力 76

II　脱貧困社会を目指して誕生した教育制度　95

Ⅳ　脱ワーキングプア社会を求めて　211

1　社会とつながる総合教育　212

2　格差なき公正な競争社会を求めて　229

3　全国識字教育キャンペーン　251

4　世界に広まるキューバの識字教育法　266

5 無知こそが戦争を生む　285

6 エピローグ　304

あとがき　311

プロローグ〜キューバへの誘い

唱歌ふるさとに込められた想い

「志を果たしていつの日にか帰らん。山はあおきふるさと。水は清きふるさと」

日本人ならば誰もが知っている「ふるさと」の三番の歌詞だ。だが、このフレーズには、作詞家、高野辰之の個人的な想いが込められているのをご存知だろうか。高野は、明治九年に長野県永江村（中野市）の貧しい農民の家に生まれた。小学校を卒業後、一五歳で代用職員となり、下宿先の飯山市にある真宗寺の三女、つる枝と恋に落ちる。だが、真宗寺は島崎藤村の『破壊』にもモデルとして登場するような由緒ある寺だ。将来の保障もない貧乏青年との結婚がスムーズに認められるわけがない。「人力車で山門を通れるような男になれなければ二度と故郷の土を踏むことは許さない」。そう言われた二人は悲壮な決意で上京したにちがいない。だが、高野はそれで終わるような男ではなかった。苦学を重ね、明治四三年、三四歳で東京音楽学校（現東京芸術大学）の教授となり、大正一四年、四九歳で東京帝国大学から文学博士の学位を授与される。東京帝国大学で講義を受け持ち、天皇・皇后両陛下に「日本歌謡史」も進講する。「末は博士か大臣か」と言われた時代に、貧しい農民出身の青年が、自ら作った歌詞のとおり志を果たして博士になったのだ。帰郷を果たす「博士」は飯山駅で地元県民から大歓迎され、山高帽をかぶり駅から寺まで、人力車で乗りつけたという。義母との約束から三〇年近い歳月が流れていた。

「志を果たしていつの日にか帰らん」。高野は立身出世が夢見られた時代を歌詞のとおり生きた。

さて、このエピソードは、現在の教育を考えるうえで興味深い素材を提供している。当時の日本は身分制社会で、プア階級出身の青年にはセレブ階級のお嬢様との結婚が容易でなかったこと。にもかかわらず「学歴」には、「身分」を払拭するほどのパワーがあり、「学ぶこと＝立身出世」が疑念なく受け入れられ、高野のように未来を夢見て学ぶ若者がいた、ということだ。

高野と並ぶ童謡作家にサトウハチローがいる。佐藤の父親は紅録といい、昭和二〜三年にかけて「あゝ玉杯に花受けて」という小説を「少年倶楽部」に連載している。貧しい階層出身の青年が未来への希望を捨てずに苦学の末に旧制第一高等学校に合格するまでを描いた青春ドラマだ。貧しいために中学校に進学できず、天秤棒を担いで家業の豆腐屋を支える主人公は、いまでいえばワーキングプアだ。だが、逆境に甘んじることなく向学心に燃えて私塾に通い、塾から一高に合格した先輩から、「きみはな、貧乏を気にしちゃいかんぞ」と励まされる。小説は主人公が一高に進学し、先輩が当時の世界有数の大国だったイギリスのロンドン大使館の外交官になっているという順風満帆のハッピーエンドで終わる。旧

松本市内の旧制松本高等学校の建物を生かして作られた旧制高等学校記念館　当時の教室と寮の姿も再現されている

制高等学校の評価については是非論があろう。だが、戦前の日本は、こうした物語が人気を呼ぶ時代背景があった。

教養が崩壊し学力が低下する日本

だが、時代は変わる。『高学歴ワーキングプア』と題する書籍が売れるほど、学位取得は価値がなくなった。旧制高校に象徴される教養文化も崩壊する。明治大学の齋藤孝教授は『なぜ日本人は学ばなくなったのか』の中で、戦後日本が教養を否定する米国文化にのみ込まれたためだ、と嘆く。

「ゆとり教育」による学力低下も懸念されている。とりわけ、事態が深刻視されたのは、経済協力開発機構（OECD）が行う「ピサ」（PISA）の試験結果だ。国際学力試験には、国際教育到達度評価学会が行う「国際数学・理科教育動向調査」（TIMSS）とピサの二つがあるのだが、前者が知識力を見る普通の学力テストであるのに比べ、「ピサ」の方は、知識の活用力や問題解決力を見る内容となっている。このピサで特に差が出たのが、読解力のテストだった。二〇〇〇年には一位がフィンランド、二位がカナダで、日本は八位だったのだが、二〇〇三年では、一位のフィンランド、二位の韓国、三位のカナダに対して、一四位と大きく水をあけられてしまったのだ。しかも、日本が得意とする数学でも平均以下、とりわけ、下位の二五パーセントの成績が二〇〇〇年に比べ四〇ポイント近くも低下した。東京大学の苅谷剛彦教授は「低学力の子どもたちの学力がより下がったことが一番問題だ」と学力差の開きを懸念する。科学技術立国日本の行く末はまことにあやうい。ゆとり教育による学力低下を挽回すべく、いま日本で手本とされているのは、全国統一学力テストでの学力アップを最大の教育目標に掲げるイギリスだという。

ユネスコが太鼓判を押す教育モデル

だが、二〇〇四年に出されたユネスコの「万人のための教育モニタリングリポート・２００５」が教育モデル国として推奨したのは、フィンランド、韓国、カナダ、そして、キューバだった(6)(8)。

ピサの読解力、数学、科学リテラシーの全部門でトップを独走するフィンランドが手本となるのはわかる。韓国とカナダもわからないわけではない。だが、なぜ、キューバなのだ。ＯＥＣＤにすら入っていない開発途上の貧乏国であるうえに米国からテロ支援国家として名指しされるカストロの独裁国家ではないか。

選定理由のひとつは「識字率」の高さだ。非識字者がいない日本では考えられないことだが、識字率は開発途上国では教育水準の指標として役立つ。一人当たりの国民総生産（ＧＤＰ）と識字率とを中南米諸国で比較してみると、チリやアルゼンチンのように豊かな国ほど高い傾向があることがわかる。だが、例外がある。キューバだ。同様の歴史をたどってきたハイチやグアテマラの識字率が六一パーセントや七三パーセントしかないのに、ほぼ一〇〇パーセントと先進国並みなのだ(6)。

ラテンアメリカの平均を大きく上回る異常成績

だが、それ以上にユネスコを驚かせたのは「ラテンアメリカ教育水準評価センター」[注1]が、一九九七年の六〜一一月にかけてラテンアメリカの一三カ国を対象に行った統一学力試験の成績だった。(1)(2) 一口に統一試験といっても、各国毎に教育制度はバラバラだし、ブラジルでは、州やムニシピオ（自治体）によってもカリキュラムが違う。(9) おまけに、先進国とは違って都市と農村や公立校と私立校との格差も大きい。そこで、学力比較は各国で一〇〇校以上の小学校をランダムに抽出し、都市部で二〇〇〇人、農村で二〇〇〇人の三、四年生に算数と国語（ブラジルはポルトガル語、それ以外はスペイン語）のテストを行うことでなされた。センターは問題作成にもＴＩＭＳＳ等の国際学力試験を参考に二年半の準備をかけて慎重を期した。[注2]

結果は一九九八年の一二月に正式発表され、多くの国の教育水準が低く、かつ、格差も大きいことが改めて浮き彫りにされた。(4) だが、センターのコーディネーター、ホアン・カサスス氏は例外があったことを指摘する。

「どの国にも大差は見られませんでしたが、ただ一国だけ、それ以外の国をはるかに凌駕する国があったのです。また、どの国であれ、たいがい私立校の方が公立校よりも上なのですが、どこよりも優れた公立教育がある国がただひとつだけあったのです。そう、私立教育が一切ない国にです」

表1　ラテンアメリカ諸国のGDPと識字率

国　　名	一人当たりGDP（ドル）	若者識字率（%）	成人識字率（%）
チリ	13,900	99.0	96.4
アルゼンチン	13,300	99.1	97.6
メキシコ	12,800	97.9	91.7
ベネズエラ	12,200	97.0	91.3
ウルグアイ	11,600	98.7	97.8
コスタリカ	10,300	98.0	95.8
パナマ	10,300	96.3	93.2
ブラジル	9,700	97.6	89.6
ペルー	7,800	97.8	88.7
ジャマイカ	7,700	94.1	85.5
エクアドル	7,200	96.5	92.4
ドミニカ共和国	7,000	95.7	88.8
コロンビア	6,700	97.9	92.3
エルサルバドル	5,800	95.0	83.6
グアテマラ	4,700	84.9	72.5
キューバ	4,500	100.0	99.8
パラグアイ	4,500	96.2	93.6
ホンジュラス	4,100	90.2	82.6
ボリビア	4,000	98.3	89.8
ニカラグア	2,600	88.4	80.1
ハイチ	1,300	80.5	61.0

ユネスコ資料等より筆者作成、識字率2006年、GDP2007年値

巻頭の図を見ていただきたい。キューバだけが、平均点をはるかに超える成績をあげていることがわかるだろう。おまけに、その成績は資金に恵まれた他国の私立校すら凌駕し、最低点さえ、地域の平均点以上だったのだ[4]。加えて、「どの国も農村の学校成績が最も低かった。ただキューバだけを除いて」と指摘されるように地域間格差もほとんどなかった[1]。調査した一カ国の当時の一人当た

りのGDPもチリを筆頭に、アルゼンチン、ベネズエラ、メキシコと続き、キューバは一一カ国の中、九番目にすぎない(2)。

貧乏国であるにもかかわらず、なぜ、豊かな国を凌ぐ高成績をあげられるのだ。結果は海外の関心を呼ぶ。国際教育事情の専門家、スタンフォード大学のマーティン・カーノイ教授もその一人で、高学力の謎を解明しようと現地を実態調査した報告書を二〇〇七年に上梓している。この成績が持つ意味を同著の中で教授が解説しているので、その箇所を読んでみよう。

「キューバの生徒たちは、標準偏差で国語では一以上、算数では約一・五も他国より優れていた。これは、国語ではそれ以外の国の生徒が平均で五〇点ならば、キューバの生徒は平均で八〇点以上、算数では平均でほぼ九〇点だったことを意味する(9)」

標準偏差からのズレは三年生の算数では二倍にも及んだ(1)。正規分布であれば、標準偏差の二倍内に九五・四パーセントが収まるわけだから、どれだけ異常かがわかるだろう。常識的にはありえない結果に驚いたユネスコは、翌九八年に直ちに再試験を行う(4)。

国威発揚のために成績抜群の生徒だけを選んで受けさせるなど、独裁国キューバならいかにもやりそうなことだからだ。カーノイ教授はこの後日談もコメントしている。

「異常な成績が、特定校を選ぶか学校内で特定の生徒を選んだ結果ではないかとかんぐりたくなるのも当然だ。だから、研究者たちは調査した一〇〇校から無作為に五校を選んで再試験を行った。だが、結果に違いがないことが再確認されただけだった」[9]

なお、二〇〇八年六月には、ユネスコの第二回統一国際学力試験の最新結果が発表されている。今度の試験には前回よりも多い中南米一六カ国とメキシコのヌエボレオン州も加わり、三〇六五校の計一九万六〇四〇人が参加した。だが、やはり断トツの成績をあげたのはキューバだ。巻頭にも掲げたように小学校三年生の算数や国語では地域の平均を標準偏差で一以上上回り、六年生でも算数、国語、科学で飛びぬけた成績をあげた。成績はレベルⅠからⅣまで四段階で評価されたが、レベルⅣに達したのは、三年の算数と国語では一一・二と八・四パーセント、六年生の算数、国語、科学では一一・四、一七・六、二・五パーセントにすぎず、キューバだけが半分以上の生徒がレベルⅣに達した。ユネスコの地方事務所のロサ・ブランコ所長は「キューバを除いて良い成績をあげた生徒はほとんどいません。いくつかの国々では、子どもの半分がレベルⅠかそれ以下なのです」と語っている。まだ、公表されたばかりだから、詳細な分析リポートは出ていないが、やはりキューバの高学力は本物のようなのだ[10]。

豊かな国ほど高い子どもたちの成績

カーノイ教授がキューバに興味を抱いた気持ちもわかる。豊かな国の豊かな家庭の子どもほど成績が良いことは国際的にも実証されている厳然たる事実だからだ。教授は、それを次のように書き記す。

「以前の研究からも、成績と唯一相関するものは、生徒の出身階級であることが判明している。教育水準が低い貧しい家庭出身の子どもは、小学校にあがる前から十分な教育を受けられない。優れた学校や有能な教師がこの埋め合わせをすることもできるが、家庭やコミュニティの影響は普通は克服できない。同じ理由で、国や地域の経済状況も成績に関連する。ラテンアメリカの生徒の成績がヨーロッパよりも低いのはこのためだ」

高学力を身に付けるのには金持ち国ほど有利だというわけだ。とはいえ、日本が追従する世界一豊かな米国では、意外な事態が進行している。キューバと比較したリポートがあるので読んでみよう。

「米国教育委員会によれば、二〇〇五年度に教育省は七億八〇〇〇万ドルから二三億ドルもの財源不足に陥っている。八万四〇〇〇人以上の大学生がペル奨学金を受けられず、一二〇万人が奨学金をカットされることだろう。影響を受けるのは年に四万ドルも稼げない低所得家庭出身の学生だ。ブッシュ大統領の『落ちこぼれを作らない初等中等教育法』（以下、落ちこぼれ法）は、低学力の子どもたちだけでなく教師すらも置き去りにする。多くの学校では四〇人以上の教室が増え、低所得家庭の子どもは、高所得家庭の子どもとは同水準の教育を受けられない。しかも、落ちこぼれ法は、低所得校の軍国化への道も切り開く。連邦政府からの補助金を取得するために、学校に軍事リクルーターを招き入れるか、学校を倒産させるかの二者択一を迫られている。全米教員連盟によれば、政府には低学力を解消するための予算をつける気はさらさらない。イラク戦争や国家安全保障が優先されるというのがその表向きの理由だが、真実は格差社会の矛盾のためなのだ。政府は、低所得家庭の子どもの学力をあげるより、若者たちを軍事に興味を持たせることの方がもっと重要だと考えている。

だが、キューバでは、これとはまったく正反対のことが起きている。教育と医療が基本とされ、義務教育は九年間だが、大学を含めて学費はすべて無料だ。生徒と教師の比率は、小学校で一三・五人で、全学年では一五人だ。教育は、暮らしや仕事とつながり、スポーツ、レクリエーション、芸術を含め、一人ひとりの子どもを全人的に育てている。しかも、これはキューバ人たちが『エムラシオン』と呼ぶグループ競争を通してなされている(7)」

教育崩壊したイギリスがモデルとして学ぶ国

医療と並ぶ米国の悲惨な教育実態は、ここではこれ以上は追求しない。だが、米国と同じくサッチャー首相の民営化路線で教育が崩壊したイギリスが着目するのがキューバであって、両国の交流が始まっていることは知っておいても損はあるまい。BBCのリポートはそれをこんな感じで伝える。

「その過激な革命の響きから、その教育制度に他国が学べることなどほとんどない。そう思われるに違いない。だが、事実は違う……。ブレア首相と同じ部屋に、カストロがいたら、どんな会話が始まるだろうか。革命や一九五〇年代の文化のことを少し話した後、二人は、教育について語り始めることだろう。そして、予想以上にお互いの発想が一致することに気づくかもしれない。ブレアは（政策の優先課題を）『一に教育、二に教育、三に教育！』と宣言したが、それは、カストロにも感銘を与えることだろう。カストロは、識字力の向上や教育を通じて、その人民を啓発することにその人生を捧げているように思える」

教育事情を学ぶため、二〇〇二年にキューバを訪れたウィルトシャー郡の小学校の教師、スー・バクストンさんは、こんな感想を述べる。

「教育大臣から教師、街の人たちと誰もが、学ぶことを重んじ、モノが乏しいのに、自分を高める努力を意欲的にしているのです。コミュニティの誰もが学校に関わり、新たな教室が必要になれば、コミュニティの全住民が建てることを手伝うのです」

幼稚園の教師、キャロリン・スプルースさんもコミュニティの教育参加に驚く。

「キューバの人たちが抱えていたのも私たちと同じ課題でした。ですが、興味深いことに別のやり方でそれに取り組んでいたのです。どれほど教育に情熱的で、どれほどコミュニティ参加が期待されていることか。それが、私たちが学んだことなのです」(11)

実際にはカストロはブレアとは、ジェノバのＷＴＯ総会で一度一緒になっただけだ。そして、ブレアは二〇〇七年六月に退陣し、カストロも翌二〇〇八年二月二〇日の引退宣言で政治の表舞台から姿を消した。だが、イギリスの教師たちは、この視察後もキューバとのさらなる絆をさらに深め、二〇〇六年には学校交流プロジェクトも立ち上げられている。(12)

フィンランドと同じ学習手法で成績を伸ばすキューバの子どもたち

二五カ国以上で教育プロジェクトに携わってきたＦＡＯの専門家、ラビニア・ガスペリーニ女史もキューバに着目する一人だ。

「学校への入学率、識字力の高さ、女性の大学進学率、高い科学力、レベルの高い教師たち、地域格差のない平等な教育機会。開発途上国であるとはいえ、教育の成果は歴然としている。ＯＥＣＤ諸国の学校とも変わらず、これは、一貫した教育戦略と教育への多額の投資の賜物といえる」と評価する。[3]

革命以降、キューバは年間国家予算の二三パーセント、ＧＤＰの一〇～一一パーセントを教育に投じてきた。これは、どの国よりも圧倒的に高い比率で、これに最も近い数値は、フィンランドでの六パーセントなのだという。[5]

たしかに経済力や所得は学力に決定的だ。だが、同時に、貧しくとも格差が小さければ成績は伸びる。カーノイ教授は、ラテンアメリカでは最も豊かなチリが市場原理主義的な教育改革を行った結果、国民一人当たりの所得から期待されるはずの成果が見られない一方、所得以上の高い成績をあげている国としてフィンランドをあげ、「キューバも所得から予想されるより格段に水準が高い国のひとつだ」と評価する。[9]

都留文科大学の福田誠治教授は『競争しても学力行き止まり　イギリス教育の失敗とフィンランドの

ピナル・デル・リオ州の山の中にある学校菜園で働く子どもたち

成功』で、ＴＩＭＳＳでの知識習得が学力だと判断し、対策に力を入れたイギリスの成績が低迷する一方、ピサでの成績向上に努力したフィンランドがＴＩＭＳＳでの成績も伸ばしたことから、後者の方こそが本道だ、とイギリスをモデルとする日本に警鐘を発している。前出の苅谷剛彦教授と北海道大学の山口二郎教授も『格差社会と教育改革』の中で、アングロサクソン系の教育制度は成功しておらず、それが、バウチャー制度や学校選択制等の劇薬的な制度が必要とされた理由だとしている。そして、戦後日本の義務教育は、教育の機会平等を実現するうえで大きな成果をあげてきたのに、格差をより広げかねない公教育の民営化路線をなぜ目指すのかと疑問視する。

フィンランドでは、学力別に子どもをわける習熟度別編成授業は、できない子にはなんらプラスにならず、できる子にもさほどの効果がないと判断し、八五年に習熟度別編成授業を中止し、授業にはグループ学習を取り入れている。そして、興味深いことに、先に紹介したユネスコのリポートは、これがキューバのグループ競争のそれと似ている、と指摘する。

「教師や生徒、両親が協力しあい教育に力を入れるキューバ革命の精神はユニークなものだが、キューバの学びあう教師グループは他国にとっても参考となる。また、フィンランドの相互学習グループの概念は、生徒たちが刺激しあうキューバの相互学習の概念と響きあうものだ(8)」

山村の学校で大使を夢見る少女

首都、ハバナからアウト・ピスタ（高速道路）に乗り入れ、高速で飛ばすと一時間ほどでピナル・デル・リオ州のシエラ・デル・ロサリオ山地が見えてくる。二〇〇七年の夏にこの山村にある学校を訪れたのは、食農教育の取り組みを見学したかったからだ。キューバではいま、教育省の方針で授業には食農教育が取り入れられ、この学校でも子どもたちが世話した菜園の農産物は、学校や保育園、集落で使われている。菜園から歩いて数分の距離にある学校に戻る道すがら、一人の女の子に将来の夢を聞いてみた。

「一生懸命勉強し、将来はキューバのことを海外に知らせる大使になりたいの」

こんな山の中にも将来を夢見て勉学にいそしんでいる少女がいる。目を輝かせて夢を語る一人の少女の姿を見て、ふと小説「ああ玉杯に花受けて」を読んで勉学に励んでいたであろう八〇年前の日本の青少年の姿と重なった。もちろんかなう可能性は低いだろう。だが、宇宙飛行士になりたい、とかスペース・シャトルに乗りたいという子どもじみた夢とは違い、キューバではかなり現実味を帯びた夢なのだ。出身家庭やその所得にかかわらず無料で大学まで進学できるし、都市と農村との学力差がほとんどないから出身地もハンディにならない。キューバの子どもたちは、この少女のように誰もがこんな志を持っているのだろうか。教師や学校は、子どもたちの夢をどのようにかなえようとしているのだろうか。学校を出た後もちゃんと就職はできるのだろうか。他のラテンアメリカ諸国よりは成績がいいとはいえ、落ちこぼれは出ないのだろうか。自閉症児のように学校に通えないハンディを負った子どもはどうしているのだろうか。様々な疑問が湧く。では、さっそくこれらを解き明かすカリブの島の教育事情見聞への本格的な旅へと出かけることとしよう。

注1——評価センターとは、ラテンアメリカとカリブ海地域の教育制度を充実させるため一九九四年に設立された機関である。センターには現在一四カ国が加盟しているが、キューバも九五年の八月に加わった。

注2——この調査はTIMSSほど詳しくはないが、調査結果は（ETS=Educational Testing Service）からも認証された。当初行ったのは一三カ国の五万四四一七人だったが、ペルー当局が情報公表を認可せず、コスタリカは研究が求める要件を満たさなかったため除外された。これを除くと調査人数は四万八七〇五人である(1)。

キューバの教育制度

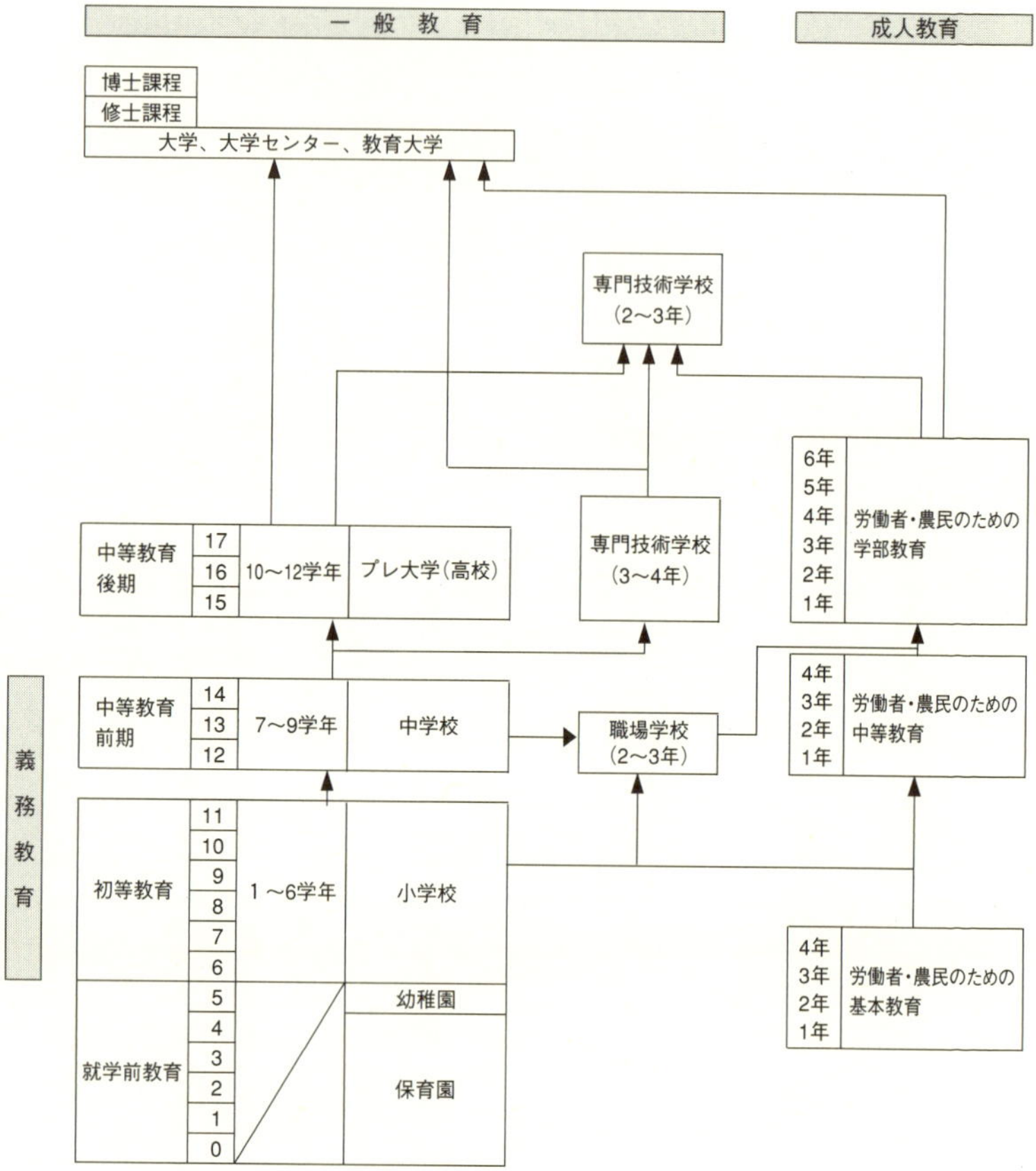

一般教育
成人教育
博士課程
修士課程
大学、大学センター、教育大学
専門技術学校
（2〜3年）
中等教育
後期
17
16
15
10〜12学年
プレ大学（高校）
専門技術学校
（3〜4年）
6年
5年
4年
3年
2年
1年
労働者・農民のための
学部教育
義務教育
中等教育
前期
14
13
12
7〜9学年
中学校
職場学校
（2〜3年）
4年
3年
2年
1年
労働者・農民のための
中等教育
初等教育
11
10
9
8
7
6
1〜6学年
小学校
就学前教育
5
4
3
2
1
0
幼稚園
保育園
4年
3年
2年
1年
労働者・農民のための
基本教育

I

高学力の謎を解く

豊かな国、そして、豊かな家庭の子どもほど学力も高い。様々な研究調査から明らかとなった事実を覆し、キューバの子どもたちが先進国に勝るとも劣らぬ高い学力を身に付けているのはなぜなのだろうか……。

ペドロ・マリア・ロドリゲス小学校の子どもたち

1 生徒全員が学力を身に付ける——声に出して読むスペイン語

校舎はオンボロでも学校が好き

ユネスコも驚嘆する高い学力を、キューバの子どもたちはどうやって身に付けているのだろうか。ハバナのディエス・デ・オクトゥブレ区にあるペドロ・マリア・ロドリゲス小学校を訪ねてみると、ホールに並んでいた子どもたちが歌で歓迎してくれる。まず、赤いスカーフを付けた一人の女の子が歌い出し、曲が進むにつれて歌う子どもの数が徐々に増えてコーラスとなり、ダンスも入り、最後にはそれまで動かずにいた青いスカーフを首に巻いた子どもたちがいっせいに手をあげるという振り付けまで入っている(18)。

小学校は一～四年生までの低学年と五～六年生の高学年とにわかれる(4)。白いシャツに女の子は赤いスカート、男の子は赤いズボンというのが制服だが、低学年は青いスカーフ、高学年は赤いスカーフを首

歌と踊りで学校訪問を歓迎してくれる子どもたち

に巻く。大学校以外はどこも制服着用が義務づけられているが、これは出身家庭による身なりの差をなくすために革命後に設けられた方針だ。[6]

「外からお客様が見えたときには、こうやって歓迎するのがキューバ流のしきたりです」と説明するミリアン・ロペス・キレス校長は、四〇代前半の女性だが、もう一〇年もこの学校で教えているという。

日本と違ってキューバの校舎はどこも学校らしくない。多くは別の建物を無理やり学校に改装したものだ。ペドロ・マリア・ロドリゲス小学校もそうで、前は革命以前の大富豪の邸宅だった。[18] ベダド区にあるオルランド・パントハ小学校も同じだ。[3] 旧市街のアバナ・ビエハにあるホセ・マルチネス小学校は事務所だったし、アメリカ・ゲリジェロ小学校にいたっては元警察署だ。[6]

貧乏国キューバには多くの学校を建てるだけの資金がない。おまけに校舎はボロボロだ。二〇〇一年に訪れた米国ミズーリ州カンザス市のグループは、その老朽化ぶりに驚きこう書き記す。

「一～四年生が四〇〇人いる小学校を訪ねたが、一九五〇年代に建てられた校舎の壁の塗装は剥げ落ちタイル張りの床にはシミが付いていた。一〇ある教室のうち三部屋は、ソケットからむき出しのワイヤがぶらさがって電気が通じていない。明かりがつく教室も蛍光灯は薄暗い。ガレージを教室に使っている学校すらある。教材も不足気味で、鉛筆やはさみ、絵の具、色紙といった教材がろくになかった。ペットボトルやアルミ缶で図工の作品を作っている小学校すらあった」[9]

二〇〇〇年末に視察した別の米国グループの報告も同じだ。

「どの校舎も傷みが激しく壁の塗装が必要だし、モノ不足も深刻で一冊の教科書を四人の生徒が一緒に使い鉛筆すら共有していた。訪ねた学校のうち、ソ連の援助で六〇年代に建てられたのは、市内から四五キロ郊外のグアナボ海岸沿いにあるドミンゴ・マルチネス小学校だけだった。だが、ここも窓ガラスがなく細長い薄板が張られていたし、ある教室は電気がなくて薄暗く、直射日光があたる部屋はむし暑い。だが、それでも生徒たちの学習意欲が削がれているわけではない。どの学校も清潔で、食堂の衛生水準は高く、モノ不足の中でもクラスを明るくしようと教職員たちは精一杯努力していた」[6]

筆者がキューバを初めて訪ねたのは九九年のことではや一〇年近くなる。以来、街の変化をずっと見てきたが、経済危機が尾を引く当時と比べれば、年々状況は改善されて、いまここまで酷くはない。とはいえ、いまだに多くの学校施設が、先進諸国と比べて恵まれていないことは事実だ。

キューバでは学校はどこも九月から始まる。だから、小学校も九月が新学期で七月末が終業式になる。キューバの教育に魅せられて一八年も取材を続けているジャーナリスト、工藤律子さんは新学期を前にした面白いエピソードを披露する。

「子どもたちが教科書にカバーを付けるのです。教科書は毎年一年年下の生徒が譲り受けて使いまわしていくのですが、何年も使っているとボロボロになるので、表紙を自分たちで修理するのです[17]」

新調できずに使い古しの教科書を後生大事に下級生に譲るとは、まるで江戸時代の寺子屋のようではないか。おまけに他国の教科書と比べて図などが少なくわかりくいとの評価もある[12]。だが、子どもたちはいたって元気だ。勉強が好きかとたずねてみれば、「大好き!」という返事が返ってくるし[3]、二〇〇一年に著者と同じくペドロ・マリア・ロドリゲス小学校を訪ねた田口正敏氏は子どもたちの姿を次のように伝えている。

「宿題はたくさんあるけれど学校は楽しいし、理解できないところは一人ひとりに違う課題を与えてくれると子どもたちは答えた。一人ひとりの生徒に応じてうまく誘導するとは、まさにエデュケートの実践ではないか。『何が嫌い?』と聞いてみると『授業が終わること』との返事が戻ってきた[14][15]」

声に出して読むスペイン語

モノがないにもかかわらず学習意欲が高くて学校が楽しい。いったいどんな授業が行われているのだろうか。抜群の成績をあげた国語の授業を見せてほしいと一年生の教室に案内してもらうと、子どもたちがひとつの机に二人ずつ仲良く腰かけて授業を受けていた。

先生が名前を呼ぶと指名された生徒が声を出して教科書を読み始める。

「声を出して教科書を読むのは、そうすることで読み書きがよくできるようになるからです。まず、先生が子どもたちの前で大きな声できちんと教科書を読んでみせて、わからない箇所があれば質問します。それから、一人かグループで先生が読んだとおりに復唱します。読み終えたら、ノートに書き写したり聞きたいことを自由に質問します」

校長と同じくこの小学校で二〇年も教えているというマルガリータ・クルス・ビスカイノ副校長が授業の意味を説明してくれる(18)。

つまり、国語の授業は次のようなステップからなっている。

①先生が読む教科書の内容を子どもたちは聞き取る。
②声を出して読まれたテキストの部分を復唱する。
③指名された生徒に間違った部分があればクラスメートでチェックしあう。

先生が読んだとおりに声に出して教科書を読む国語の授業

④ノートに教科書を書き写す。

⑤子どもたち全員で読んだ部分の内容を議論しあう[9]。

「教科書を理解するには三段階あります。最初は内容を理解することですが、次は教科書の内容について主体的に質問すること。そして、最後に読んだ部分をそれ以外の表現に変えられるか、つまり、創造的な学習をやるわけです[18]」

まさに、声に出して読みたい日本語のキューバ版といえるだろう。しかも、時間のかけ方が半端ではない。一〜四年生の授業時間は六時間半だが、一番重視されているのは、国語の読み書きと口頭表現、そして、算数だ。科学、道徳、経済、労働、芸術、体育等、それ以外の授業もあるが、国語と算数の二科目だけで授業の五七パーセントも占めている[13]。

表2　人数別の小学校の教室数（2006〜07学校年）

分類	内　容	1〜20	21〜30	31〜35	36〜40	41〜45(人)	計
都市	クラス数	31,670	1,323	525	519	22	34,059
	生徒数	564,198	32,268	17,318	19,853	928	634,565
	割合(%)	88.9	5.1	2.7	3.1	0.1	100
農村	クラス数	18,903	251	28	17	0	19,199
	生徒数	191,431	5,971	915	644	0	198,961
	割合(%)	96.2	3.0	0.5	0.3	0.0	100
芸術校	クラス数	109	14	2	—	—	125
	生徒数	1,580	372	67	—	—	2,019
	割合(%)	96.2	3.0	0.5	0.3	—	100
計	クラス数	50,682	1,588	555	536	22	53,383
	生徒数	755,629	38,239	18,233	20,497	928	833,526
	割合(%)	90.6	4.6	2.2	2.5	0.1	100

oficina nacional de estadistaicasより筆者作成

小学校からのコンピューター教育

おまけにコンピューターも小学校から教えられている。

「全教室にはテレビ、ビデオが整備され、一〇台のコンピューターがあります」

校長の案内でコンピューター・ルームをのぞいてみると子どもたちがパソコンを操作している。もちろん、まだ小学生だから、やっているのはお絵かきソフトだが、情報化時代に向けて、小学校からパソコン教育がされているわけだ。

だが、広い教室に比べて生徒たちの数はあまりに少ない。机と机との間はがら空きだ。

「本校には四二〇人の生徒がいて、うち、五六人は幼稚園ですが、教師が二七人います。ですから、一クラスは少なければ一四人、一番多

少人数でパソコンを学ぶ子どもたち。やっているのはお絵かきソフトだ

くても二〇人となっています」[18]

二〇〇〇年以前には小学生の八〇パーセント以上が、三〇～五〇人教室だったが、二〇〇〇年から二〇人以下の少人数教室プロジェクトがスタートし、八四八校が修理され、三三校が新設され、四四五三の新教室ができたのだ[10]。結果として、二〇〇二～〇三の学校年には四万八四三三人いる小学生の八四パーセントが二〇人以下の教室で学ぶこととなり、翌二〇〇三～〇四学校年には、ほぼ全校で二〇人教室が実現されたのだ[11]。生徒が少なくなれば教師の負担も軽くなる。コミュニケーションも濃密となり、クラスのまとまりもよくなる。しかも、パソコンや体育と芸術等の特殊な科目を除いて、一年から六年生まで同じ担任が全科目を教えている。もちあがりで同じ生徒を担当するから、ひとり一人の生徒のこともよくわかる。これを可能としているのが、前述したビデオとテレビで、例えば、英語では教育テレビ番組やビデオ教材が活用されている[12][16]。少人数教室の実現とあわせて、二〇〇三～〇四学校年には全教室へのビデオとテレビの導入も達成された[10]。

地域にある学校に通える子どもたち

「学校は朝六時半から夕方七時まで開いています。授業時間は朝八時から夕方四時か四時二〇分までです。お昼は休みで、お母さんが働いていない子どもは家に帰ってご飯を食べますが、三八七人は給食を食べています」[18]

校長が説明するように、どこの学校も始まるのは朝早く、閉まるのも遅いが、これは共働きで送り迎えをする両親を配慮してのことだ。午前中の授業は八時～一二時四五分まで、午後は二時三〇分～四時二〇分までで、昼休みが二時間近くもあるから、近くに家がある子どもは家で食事をするが、共働きの家庭の場合は、給食を食べることになる。その給食費は月七ペソとタダのような値段だから、経済的にゆとりのない家庭には好都合だ。

一コマ四五分の授業の合間には五分ずつ休憩が入るが、午前中にはおやつとレクリエーションの三〇分の休み時間があり、その間にパンを食べたり、ジュースを飲んで遊ぶ(16)。そして、放課後も、サッカーやバレーボール、チェス等で遊んで、だいたい夜の七時くらいまで学校に居残っているという(14)(15)。

こんなことができるのも、歩いて通える範囲内に満遍なく学校がちりばめられているからだ。表3のように全国で小学校は九〇四七校あるが、ほとんどは子どもたちが暮らすコミュニティ圏内にある(2)。あたりまえのことのように思えるが、これは意外に大変なことだ。割合からすれば、約二六パーセントが都市で残りは農村にある。だが、二〇〇〇校は一〇人以下の生徒しかいない。人口密度が低い過疎地では一人しか生徒がいない小学校すらある(4)。

資本主義国の常識からすれば、効率的な学校運営には一定規模が必要だから(4)、例えば、米国では農村での学校閉鎖や合併を進めている。同時に田舎にある学校はどうしても質が低い。プロローグで示したユネスコの試験結果もそうだが、米国でも小さな町や農村にある学校の生徒ほど成績が低く、全米教育

表3　小学校数（1年が2ヵ年にまたがるのは9月が新学期であるもの）

区分	2001/02	2002/03	2003/04	2004/05	2005/06	2006/07
都市	2,281	2,330	2,336	2,335	2,332	2,337
農村	7,077	7,017	6,693	6,670	6,702	6,710
計	9,358	9,347	9,029	9,005	9,034	9,047

oficina nacional de estadistaicasより筆者作成

向上テストではいずれの学年でも全国平均を下回っている。生徒の成績は投資予算と相関関係があるから、予算を削られがちで、優れた教師を確保するのが困難な農村はどうしても不利になるのだ(8)。

だが、キューバは違う。全国に一六九あるムニシピオ（自治体）のうち、四七は山村にあり、人口比では総人口一一〇〇万人の六・五パーセントにあたる約七二万五〇〇〇人が居住しているのだが、そこに暮らす約一五万二〇〇〇人の生徒たちのために、保育園二七、小学校二四〇〇、中学校八九、高校一七、農業専門技術校二八、農業技師養成のための大学山村学部三が設けられ、養護学校も二七ある(8)。過疎化が進行しないように農村人口を維持するための特別計画もあり(4)、生徒数は減ってはいるが、小規模校をさらに充実させる決定が最近もなされた。全国民への教育は政府の責務と憲法上も明記されているのだが、これを愚直に守って、常識的には統廃合されるような僻村の学校も維持している(8)(注1)。

例えば、マタンサス州南部には国内で最も人口密度が低いサパタ湿地があるが、この地区にある八人しか生徒がいないクラウディオ・アルギュレス小学校を二〇〇三年に訪ねたジャーナリスト、ロバート・ジョンストンは、感

2002年11月に筆者が訪れたソーラー・パネルで電化されたピナル・デル・リオ州の山間にある小学校。パソコンとビデオが設置されている

動してこう記している。

「二教室しかない小学校は、電線が通じていないのに、コンピューターが設置され、二基のソーラー・パネルで、テレビやビデオに四時間の電力が供給されている」[7]

農村で教師を確保する政策もあり、二年間やそれ以上、進んで過疎地で勤務しようとする若い教師には、住宅、ラジオ、照明といった物的インセンティブも供給されている。少人数の学校では、低学年も高学年も一緒の教室で学ぶことになるが、教師たちはそうした授業を行うための特別のトレーニングも受けている[5]。

スタンフォード大学のカーノイ教授は都市と農村との授業に差がないことも指摘する。

「農村にある学校は小さく、両親たちの教育水準もそれほど高くはない。だが、教師はハバナの恵まれた地区と同水準の授業を行っている」[12]。都市や都市郊外と農村の成績に開きがない背景にはこんな理由がある。[4]

小学校からある落第、全員が基礎学力を習得して実社会へ

いま成績についてふれたが、小学校の成績は「秀」「優」「良」「可」「貧」の五段階で評価される。[13]テストは学期末毎に年に四回あるがこの試験問題を作るのは国だ。[9]子どもたちは一六歳で成人式を迎え一人前の大人として認められるが、中学校までの九年間は義務教育だから、学力が不足していると進級できない。[15]小学生でも点数がとれなければ、試験を受け直さなければならないし、落第がある。[13]学力不足のままに進級させたり社会に送り出すことはしないのだ。

だからといって、子どもたち全員が大学まで進学することを前提に制度が構築されているわけではないし、教師や教育関係職員も、全員にそれだけの能力があるとは考えてはいない。だが、義務教育までの基本を学ぶ力はあると考えている。例えば、マガリ・ガルシア・オヘダ校長は「最低限必要なことをどの子どもも身に付けることが、キューバの教育の目標です。なかには時間がかかる生徒もいますが、どの子どもにも学ぶ力はあると思います」と主張している。

このように自信を持っていえる理由のひとつには、声に出して読む国語の学習方法が有効だと信じているからだ。ちなみに、このやり方には理論的根拠もある。旧ソ連にはレフ・セミョノヴィチ・ヴィゴ

ツキー（一八九六―一九三四）という心理学者がいたが、ヴィゴツキーは、学生の頃からドイツ語、フランス語、ラテン語、英語、古代ギリシア語、古代ヘブライ語等ができるほど語学の才能に恵まれていた。だから、中国語のように文字と発音とが無関係の言語がある一方で、スペイン語や英語のように文字と音とが深く関連する言語があることに着目した。この研究をベースにソ連ではヒアリングを通じて文章の読解力を高める「ソニック分析合成法」が誕生する。キューバは一九七五年に教育改革プランを策定するが、その際にカリキュラムにこの音響学習法を導入したのだ。旧ソ連の教育学が参考にされていたとは、いかにも社会主義国キューバらしい(1)。

小学校の入学率は一〇〇パーセントだが、途中で挫折して中退する生徒は全体では一パーセントもいない。ハバナ市では一〇〇パーセント、山が多いグアンタナモ州でも九三パーセントが中学に進学している。これは開発途上国にあっては驚異的な進学率だ。そして、スポーツや音楽大国でもあるキューバは、才能に恵まれた子どもは小学校から英才教育を受けられる。表2で芸術校と区分されたのがそれだ。

ペドロ・マリア・ロドリゲス小学校のロペス校長は、「本校でも在学中に特殊な才能に恵まれていることがわかった子どもは、バレエで三人、音楽で二人、スポーツで四人が専門校に転校しました」と語る。だが、勉強ができる子どもだけを進学校に振り分けることはせず、中学までは誰もが学区から通える学校に通う[注2]。あそこに建物が見えるでしょうとロペス校長は、校長室の窓から見える隣の建物を指差す。

「あれが中学です。小学校のクラスは六年生までずっと同じですが、同じクラスが中学でも続くのです。ここの六年生はみなあそこにいくのです[18]」

注1――過疎化した農村にも分散してコミュニティを維持するキューバの戦略は、タンザニアの「ujama」やモザンビークの「aldeias comunais」のような社会主義諸国で行われた同様の戦略を想起させる[4]。

注2――公式にはそうだが、現地事情に詳しい工藤律子さんは、それはあくまでも建前であって、実際にはホセ・マルティ校のような優れたモデル校に、子どもの将来を考えて親たちは入学させたがると指摘する。実際にその地区に住んでいなくても親戚の住所を借りるなど、様々なテクニックが使われているという。

2 先進国に匹敵する少人数教室が育む学力

勉強だけでなく人生相談にも乗ってもらえる学校

「みなさん、勉強は好きですか」

いっせいに「シー《はい》」との声があがり、数学や歴史等好きな教科を次々とあげる。

「では、勉強をしているのは何のため」

多くの手がさっとあがる。そこで、順番に答えてもらうことにした。

「国の将来の発展を手伝うためです」「私も国のためにです。先生になりたいからです」「教養を身に付けたいからです。将来はお医者さんになりたいと思います」「医師となって海外協力を手伝いたいからです」

さすがに医療や教育に力を注いで来たお国柄だけあって、医師や教師があこがれの職業としてあがる。

「じゃあ、それ以外になりたい職業はあるのかな」

「僕は高校に入って法律家になりたい」「私はレーニン高校に入学して記者になりたいと思っています」

「僕もレーニン高校に入学して、それから情報科学大学にいきたいな」

レーニン高とはハバナでも最優秀の成績をあげた生徒だけが進学できる超エリート校で、情報科学大もできたばかりだが人気が高い。

「僕はカミロ・シエンフエーゴス士官学校に入りたい」「僕もそこに進学したいな」

続けて二人の男の子は士官学校を希望にあげた。そこで、「戦争が好きなのかい」とたずねてみると、カルロス君は即座に首を振って否定した。

「戦争は大嫌いです。でも、革命を守る第一線に立ちたいのです」

士官学校といっても学ぶのは軍事だけではない。通信技術をはじめ様々な高度な知識や技術を習得できるから、卒業後に軍とは無関係の大学に進学し、他の職業に就く学生も多い。レーニン高とは入試問題が共通で同じく超難関だという。

「先生は好きですか」

「もちろん」と皆が答える。

「どうして」

「自分が将来なりたい職業を決める手助けをしてくれるからです。勉強だけでなく、文化から社会の

ビデオ画面を見ながら数学の授業を熱心に受ける生徒たち。黒板を挟んで右側にも別の15人がいる

ことまで懇切丁寧に教えてくれるからです[7]」

ビデオで学ぶ少人数授業

答えてくれたのは、ハバナ市内のプラヤ区にあるビジェナス・フローレス中学校の二年生だ。まだ、一三歳だというのに実にしっかりしている。飛び入りで、生徒たちの勉強の邪魔をしてしまったが、いまは数学の授業時間中だ。だが、日本で見慣れた授業風景とは少し違う点がある。教室の三〇人の生徒たちは、黒板の両脇に据えられたテレビに映る面積計算の問題を一五人ずつが私語もなく熱心に見ているのだ。

このビジェナス・フローレス中学校が開校したのは一九八〇年で、会計士の養成目的で一九六三年に建てられた建物を改築したものだという。内装こそペンキが塗り替えられているが外壁の老朽ぶりは痛ましい。だが、テレビだけはアンバランスに新しい。

「みな勉強熱心なとても良い子どもたちです。同じように全教室にテレビとビデオが一台ずつ設置され、それを活用して授業をしています。その方が、生徒たちの面倒をよく見られるからです」

立ち会って説明してくれるアブレウ校長によれば、生徒四〇九人に対して、二八人の教師がいるというから、一五人に一人の計算になる。見学したクラスにも二八年も数学を教えているベテランのファン・アントニオ・フィゲレト先生とまだ若いネイシ・ゴンサレス・マルチネスさんの二人がいた。(7)

全中学で一五人の少人数学級を実現

ここで中学校の概要を説明しておこう。キューバでは日本の中学と高校とをあわせたものが、「一般中等教育」とされ、一二〜一四歳（七〜九グレード）の基礎第二教育と一五〜一八歳（一〇〜一二グレード）のプレ大学からなる。(3) 中学は表4のように全国に九八九校あり、ビジェナス・フローレス中学のように街中にある中学と農村にある中学との二タイプがある。都市中学は自宅から通うが、人口密度が低い農村では家から通学できないために全寮制で親元には土日だけ帰省することとなる。(1)

中学も朝は早い。七時半の朝礼からスタートし、その後、五分の休憩を挟みながら四五分の授業が続いていく。小学校と同じく、途中に一度だけ一五分の休みがあり、一時間の給食の後、午後四〜五時まで授業がある。(1)

表4　中学校数

区分	2001/02	2002/03	2003/04	2004/05	2005/06	2006/07
都市	738	737	756	761	757	775
農村	272	275	233	230	236	214
計	1,010	1,012	989	991	993	989

oficina nacional de estadistaicasより筆者作成

毎週の授業時間は二六時間で、国語、数学、科学、歴史、農業、生産技術等九～一〇科目からなるが[4]、時間数の四二パーセントを占めて一番ウェイトがおかれているのは国語と数学だ。残りは、科学が約二〇パーセント、歴史、地理学、芸術、体育が約一八パーセントとなっている[2]。歴史でも一年生では古代・中世の世界史、二年生では近代世界史、三年生ではキューバ史を学んだりと、学年によって内容は若干変わるが、科目は日本とそんなに変わらない。ただ、決定的に違うのは、小学校と同じくテレビ番組やビデオを活用することで、一人の教師がほぼ全教科を教えていることだ。生徒たちはずっと同じ顔ぶれの同級生と同じ先生から教わることになる[6]。以前は大教室で科目毎に別々の教師が教えていたが、教育改革でそれが変わった。教育省で国際交流を担当するリセテ・サンチェス・アルメイダさんは、改革の理由をこう説明する。

「生徒の個性を生かし、家族やコミュニティとのつながりを深めるには少人数教室が欠かせないからです。別々の教師が科目毎に教える従来のやり方を変え、教育テレビやビデオ、コンピューターを使うことで、勉強のやり方を教えられるオールラウンドな教師を養成しています。教師は一人ひとりの生徒やその興味と希望、家庭事情まで熟知していますし、教室で生徒たちがアイデアをわかちあい、議論できるように勉強のやり方と情報の見つけ方を教えています。その方が、一人だけで勉強するよりも、ずっと良い結果が得られるのです。生徒たちが問題を克服できるように家庭教師や師匠以上のものとなって一緒に助けているのです[6]」

同じく教育省で中等教育を統括するロベルト・ボス中等教育局長は、立ち上げの経過をさらに詳しく説明する。

「二〇〇〇年にセネガルのダカールで開催されたユネスコの国際会議では、二〇一五年までに『万人のための教育を実現する』との目標が提唱されましたが、同時に、この会議では中学校教育が子どもたちをランクづける差別教育になっていて、危機に直面しているとの指摘がされました。そこで、キューバでは二〇〇〇年から『思想の闘い』を通じて、教育改革に取り組み、小学校で二〇人、中学で一五人、高校では三〇人の少人数教室を実現したのです」

「思想の闘い」とは二〇〇〇年から展開されている教育を含めた社会改革運動のことだが、その結果、全学年で少人数の新クラス編成がなされたのだ。

「ですが、その中でも中学を一番少人数としたのは、ちょうど思春期にあたるからです[7]」

とかく難しい思春期を同じ教師が一人ひとりの生徒と長時間向きあうことで、勉強と日常生活の両面でサポートする。これが一五人の少人数教室を実現させた理由なのだという[1]。

少人数教室といっても先進国では珍しくはない。ＯＥＣＤ諸国の中等教育の教員一人当たりの平均生徒数は一四・三人（二〇〇三年）で、フィンランドはたった九・八人だ。だが、同じOECD諸国でもメキシコは三二・四人なのだ。キューバのように貧しい開発途上国では少人数教室どころではない。「すでに、国連の目標は達成されています」と局長が自負するのも、先進諸国に遜色がないからだ。もっとも一教室に二人の教師という制度が定着するまでには様々な紆余曲折があったという。

「制度を構築するうえでは、ラテンアメリカ諸国をはじめ、ヨーロッパ、カナダ、米国、そして、日本と世界一三カ国の制度を研究しました。まず、二〇〇一年にユーリ・ガガーリン中学で一五人教室を試みてみたのですが、キューバでは物理的に教室数が足りないので、とても全国展開できないことがわかりました。そこで、また別の学校で一五人に一人、三〇人に二人、四五人に三人と実験をしてみたのです」

こうした試行錯誤の結果、英語と体育は専門の教師が教え、それ以外は表5に掲げるテレビやビデオ教材を活用して、一人の教師がトータルに教えることが可能となったという。(7)

教育省で話すよりも現場を見た方が実際にやっていることがわかるとビジェナス・フローレス中学まで駆けつけてくれたロベルト・ボス中等教育局長

クラブ活動を重視した全人教育と社会活動教育

だが、中学で教えられているのは勉強だけではない。スポーツ、レクリエーション、芸術教育も盛んだ。夏休みや冬休みの宿題も多いが、それも多くの実習を通じて、生徒たちが興味が湧いて好きなことを伸ばすためだ。[5]

アブレウ校長とボス局長に案内されて図書室に入ると、音楽が好きな生徒たちがクラブ活動をやっていた。

「これも授業の一環です。こうして音楽は授業中にもやりますし、四時半に授業が終わってからも、五時半まで課外授業として地区内で音楽工房という活動もやっています」

都市部の中学のうち二〇四校には専門教師がいて、体操や演劇、ダンス等の文化活動を指導しているという。[7]

冒頭で登場した生徒たちのほとんどが、進学を希望していたことからもわかるように、義務教育を終えた後も、ほぼ全員が進学する。進学先は普通高校がほぼ半分、残りが技術専門学校や実業高だ。だが、やりたいことが見つからなければ、勉強への意欲も湧かない。その興味を引き出すのが、小学校からある趣味サークル活動だ。中学は進学に必要な知識や学力を身に付ける場なのだが、同時に社会の中で働くことの意義を学ばせる役割も持つ。[1] だから、授業も現実社会とつながりを重視しているし、[5] 授業の約一〇パーセントは、後述する労働教育や社会と関わる内容となっている。[2] 音楽クラブで指揮をとるリーダー格のクラウディアさん（二年）の夢は、士官学校に進学して将来は政治家になることだ。政治意識が高いキューバならではのことだが、地球温暖化をはじめ、グローバリゼーションに直面する中での政治の舵取りは生半可なものではない。中学二年生の問題意識がどれだけのものか意地悪な質問をしてみると「おっしゃられるようにたしかに環境問題は深刻です。ですが、人々の意識を啓発し連帯しあえばより良き未来は築けると思います。それには、まず問題について議論しなければならないし、そのために様々なキャンペーンにもすでに取り組んでいます」との答えが返ってきた。

教育省の方針で環境教育も重視され、「ブルーダイヤ、すなわち、水を大切にするキャンペーンにも取り組んでいるという。そもそも、中学生から「ブルーダイヤ」という言葉が出ることに驚かされた。

「それと、デング熱防止キャンペーンも大切です」とギターを弾いていたメガネのディアナさん（二年生）が付け加える。

表5　授業で活用されているビデオ教材

教材番組名	科目	1年	2年	3年
数学基礎	数学	○	○	○
寓話の伝説世界	国語	○	○	○
自然と人間	自然科学	○	○	○
虹	英語	○	○	○
基礎情報	情報	○	○	
過去と出会う	歴史	○		
芸術を学ぶ	芸術	○		
地理	地史学		○	
我が祖国への小道	歴史			○
建設を学ぼう	労働教育			○

教育省の資料より筆者作成

自分で作った詩やコーラスを披露する音楽サークル。みな音楽好きだが、歌手以外にも先生、テニスの選手と将来の夢は様々だ。ディエシカさん（2年・後列左から2番目）は「日本のアニメが好きなので漫画家になりたい」という

「そうだったね。キューバには一万四〇〇〇人近くの学生が海外から留学しているし、なかにはデング熱のある国出身の学生もいるから、教育省の防止プログラムをピオネーロたちにも取り組んでもらっているのだったね」とボス局長が指摘されてディアナさんに答える。

ピオネーロとは、小中学生のほぼ全員が所属し、社会活動を学ぶ「ホセ・マルティ・ピオネーロス組織」のことで、中学生たちは小学生を指導する立場にあるから、こうした活動を通じて子どもたちの社会性も自然に磨かれていく[1]。ディアナさんが続ける。

「私たち皆で学校のある地区を守っています。一五日毎に各家庭に入って、家の人に説明して蚊が発生する場所があるかどうか全部探し出してチェックをするのです。他にも省エネ・キャ

ンペーンもやっています」

「子どもたちは一五日毎にこうしたパイオニア活動に参加しているのです」とボス局長は嬉しそうにうなずく。[7]

地域社会とのつながりの重視は、農村中学でも同じで、キューバと交流するイギリスのホームページを見ると、オルギン州にあるセリア・サンチェス中学のアントニオ・サオ・シルヴァ校長の次のようなコメントが出ていた。

「家族、学校、そして、コミュニティ。この三要素のすべてがなければ、学校はその本来の目的を達成できません。知識だけではなく、情緒や行動、信念と全人的な教育をすることが重要です。キューバでは、学校と家庭生活を通じて子どもたちに互いにわかちあうこと、正直であること、責任感や連帯といった価値観を教えています。価値観を育てることはとても大切です。生徒たちは国の未来なのですから[6]」

小学校と同じで中学も施設は立派とはいえない。見回すと図書館の棚の中にも黄ばんだ古本が並んでいるだけだ。目線に気づいたのか「ご覧のとおり、教材は不足し、施設は貧弱です」と局長はすかさず口にする。

「ですが、いま、中学には全部で四〇万二一六五人の生徒がいますが、留年したのは二九八三人だけで、成績も豊かな国よりも良いのです」と胸を張った。ラテンアメリカをはじめ開発途上国では中学生の中退はあたりまえだし、日本でも不登校児童が一〇万人もいる。いかに生徒たちが学校に満足し勉強に励んでいるのかがわかる。

「学校を修理する授業もあります」とディアナさんが主張するように、貧しさを逆手にとって校舎の修理も授業の一環にしてしまっているのだ。生徒たちが自分たちの学校を愛し大切にしている気持ちが伝わってくる。

「こうした教育制度はいったい何を参考にして作られたのですか」

日本も研究したとの前の発言を受けて、さらに詳しい説明を求めると局長はニヤリと笑った。

「そうした質問をされるのは、おそらくピアジェとかの教育学者の名前が出ることを期待してのことでしょう。ですが、キューバはまず何よりも、マルクス・レーニン主義の国なのです。ホセ・マルティとその恩師であるルイス・カバジェラ、フェリックス・バレーラ、そしてフィデルの思想に我が国の教育制度は由来します。労働教育も将来のための職業教育で、ホセ・マルティの思想に由来するものなのです。海外の教育者で一番大事なのはヴィゴツキーですね」

見学した数学のクラスでは、クラス代表のダニエラさんが「一四クラスがお互いにエムラシオンをやっていますし、クラス内でもエムラシオンがあります」と口にしていた。聞けば、これもヴィゴツキーの思想と関連する学習手法で学力向上につながっているという。少人数教室による先生たちの親身の指導が学力を高めていることはわかったが、「エムラシオン」とはなんなのだろうか。中学生たちのあこがれのレーニン高校で確かめることにした。(7)

3 競争ではない相互学習で身に付く高学力

将来の幹部候補生を養成するエリート校

ハバナの中心市街地から二〇キロ、三〇分ほど南に車を走らせると六七〇ヘクタールもあるレーニン公園が見えてくる。動植物園、水族館、乗馬クラブ、日本庭園やベジタリアン・レストランも備えた市民の憩いの場だ。その一角に位置するのが、ウラジミール・イリイチ・レーニン精密科学職業専門学校で、校名にもなっているだけあって、正門にはレーニンの胸像が鎮座し、校舎の玄関に入ると大きな額に入ったレーニンの肖像画が出迎える。

「この絵はソ連のブレジネフ書記長からのプレゼントです。書記長がキューバを訪れ、フィデルの立会いのもと、一九七四年の一月三一日に本校が開校したときの記念品です」とロベルト・パス副校長が絵の由来を説明してくれる。日本では専門職業校というと普通高校よりも一ランク落ちるイメージがあるが、科学技術を重視するキューバでは人気が高く、競争も激しい難関だ。そのパイオニアとなったのが科学の才能に恵まれた生徒が通うこのレーニン校で、以降、各州に同様の専門校が次々と開校されることになったという。

「最大定員は四五〇〇人ですが、現在の在校生は三六六三人です。敷地面積は八ヘクタール、八ブロックにわかれ、七二の学生寮があります。五〇〇〇人が食事をとれる学生食堂が二カ所あり、中央図書館、科学実験室二九、コンピューター演習室一六等の学習施設のほか、運動場一八、体育館、プール三、野球場、野外劇場二、そして、六〇〇〇人が入れる映画館もあります」

レーニン高校に入るとまずレーニンの肖像画が出迎える

全寮制だから保健施設もあるが、それも六四病床を備えた専門病院や歯科だという。七二ヘクタールの付属農場や機械工場まで付置されている。高校といっても、日本とは桁が違い大学並みのマンモス校であることがわかる(7)。

少人数教室でのハイレベルの授業

パス副校長の案内で、一年生の教室をのぞいてみると、物理の授業をやっていた。中学とは違ってビデオはなく、若い女性の先生が初速度や摩擦係数の数式を黒板に書いては消して、熱心に授業をしている。

誰もが集中して授業に耳を傾ける。１年生とはいえ授業内容はかなり高度だ

将来の希望を聞いてみると、中学と同じように多くの手がさっとあがる。

「医者になって、ヘンリー・リーブ国際救助隊に参加したい」と医師希望の声が三人から出たほかに記者、建築家、技師と様々な職業があがる。なぜ勉強するのかと聞いてみるとレオナルド・ゴンサレス君は「僕らの未来にとって必

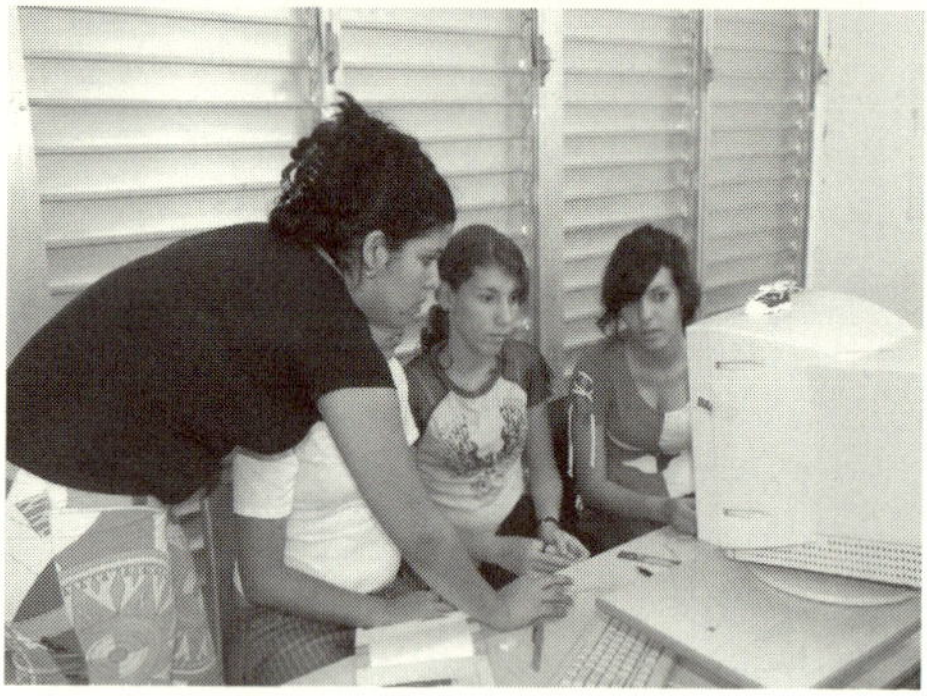

パソコンは３人に１台。教えあいながらエクセルの演習

要だからです。授業はとても難しいのですが、一生懸命学ぶことで、将来良い役割を果たせる自分になれると思います」と答えた。エリート校だけあってさすがにモチベーションは高い[9]。

理系校だけあって、校舎内には太陽系や宇宙、細胞やDNAの模型、棘皮《きょくひ》動物や昆虫類、哺乳類等や植物標本の展示室、植物から抽出した薬品等があるほか、ヒト胎児の標本すらあるという[7]。続けて同じ一年生のパソコン演習の授業を見学すると、エクセルの表計算や立体グラフのレイアウトの練習をやっていたが[9]、ネットとは接続していない。不健全な情報の氾濫を配慮してのことで、メディア・リテラシー力を身に付けた大学生になれば、ネット・サーフィンを自由にやれる環境になるが、それまではお預けだ[7]。パソコンは三人に一台。お互いに相談しあいながら操作しているが、若い女性の先生二人が動きまわってはアドバイスをしている。

全校では三六〇〇人いるといっても、一クラスは三〇人と少人数できめ細かい授業が行われ、教師数は三六〇人だから、ほぼ一〇人に一人いることになる。

「うち大卒の学士号を持った講師は二八二人です。修士は一三人、現在修士を取得中が一二二人、博士が一名、学位取得に向けて勉強中の講師が一三人います」

大学卒が掃いて捨てるほどいる日本とは違ってキューバでは学士号を持つことそれ自体がエリートの証だから、選り抜きの講師陣を揃えていることがわかる。だが、それにしても先生たちは若い。副校長によれば教師の平均年齢は三〇代前半で、女性教員が六割を占めるという。それ以外の緊急教師四三人、芸術教師八人ほか、職員三九二人を含め七五二人ものスタッフが学校を支えている。校長の下には副校長も六人いる[9]。

現職副首相の子弟も落ちる公正な試験

レーニン高は難関だが、選抜は公正で、学費も無料だから貧しい家庭出身であっても成績が良ければ入学できる[2]。

「数学、国語、歴史が受験科目ですが、それとムニシピオ毎の中学の成績を加味して合格者名簿を作ります。試験は各ムニシピオで行いますが、本校から試験官が出向きますし、結果は複数でチェックします。公正さが保たれるよう学生連盟や共産党青年同盟、革命防衛委員会のリーダーも確認作業に加わります。宗教、性別、人種による差別は一切ありませんが、逆に点がとれなければ入れません」(9)

どこかの国のように情実入試や裏口入学はないというわけだ。

「その一例がカルロス・ラヘ君です」と副校長は一人の卒業生の名をあげる。ラヘ君はハバナ大学を二〇〇五年に卒業し、いま大学学生連盟の会長を務めている。学生連盟とは政治に関心を持つ若者たちの組織で国会議員への登竜門だ。つまり、ラヘ君も将来の指導者の有力候補というわけだが、実は、国家評議会副議長で第一副議長ではないが、事実上はラウル・カストロに次ぐナンバー2とされるカルロス・ラヘの息子なのだ。

「ラヘ君は成績が抜群にいいので合格しました。ですが、妹は点が足りなかったので落としたのです。同じく本校の教師や副校長の子弟も落ちています」

カストロの息子も以前にハバナ大学を受験して落ちたことがある。

「親父、俺は何で落ちたんだろうか」とぼやく息子に対し「それは、勉強をせずにお前さんが点をとれなかったからだろう」との対話があったとも聞いた。その後、奮起してハバナ大学に進学したものの、政治的な才能はなかったと見え学者の道を歩み、後継者候補の名前にすらあがらない。あたりまえといえばあたりまえだが、とかく独裁国と批判されるキューバの健全さを示すひとつのエピソードといえよう。(9)

だが、いくら試験が公正であっても、現実には入学生のほとんどが高級官僚等の家庭出身だとの指摘もある[2]。家庭の文化水準が高いことが、進学競争では有利に働くからだ[11]。アフリカ系の生徒がごく少人数しか入学できない理由について、校長が「文化的、社会的、経済的な転換には長い時間がかかる」と答えている論文がある[1]。日本でも二〇〇六年度の東大合格者の家庭環境調査を見ると、親の年収が九五〇万円以上が四八パーセントで、四五〇万円以下の所得者層は一三パーセントしかいない。塾や進学校へ教育投資ができない家庭の子どもは入学が難しいというわけだ。この話題を口にすると「ここに親の職業のデータがあります。七パーセントは農民、三二パーセントは労働者、五一パーセントが技術者か大卒、そして一〇パーセントがそれ以外ですが、その中には両親が亡くなった家庭も入ります」との返事が戻ってきた。この数値の評価はわかれるところだろう。だが、半数近くが農家や労働者階級から進学していることから[9]、家庭事情で進路に不利が生じないよう機会平等には努力をしているのではないだろうか[11]。

八五点以上の成績をとらなければ即落第

「ですが、入試以上に大変なのは入学してからです。理系の教科では全科目で八五点以上、それ以外の教科でも平均成績が八五点なければ落第です」と副校長は入学後の方に話題を移す[9]。

レーニン高校の授業は月曜日から金曜日の朝七時半から午後四時四五分までで、午前、午後ともに五科目ずつを学ぶ。数学、国語、物理、歴史、保健体育等必修科目は一一あるが、[5] 化学、生物学、地理といった理系科目以外にも、セルバンテス、シェークスピア、スタンダール、バルザック、トルストイ、プーシキン等の古典を学ぶ文系科目もある。いずれの授業もかなりハイレベルだ。数学や物理、化学の教科書は、科学力の高かった旧ソ連や東独のアドバイスを受けて作られている。[2]

「先日も物理の教師が四人の生徒と一緒に学力テストで海外に出かけましたが、四つのメダルを持ち帰ってきたのです」と副校長は胸を張るが、[9] これは東側社会主義圏の遺産だろう。だが、これほどハイレベルだと入学してからが大変そうだ。以前の記事（一九九八年「キューバの学校では今」）[5] を読むと大学進学率は九五パーセントと高いものの、八五点以上の成績をとらなければ他校に即転校で、クラス人数も一年生の四三人が、二年生で三六人、三年生で二七人と順次減るとある。[6] 現状を確認してみると、九〇年代には退学する生徒が確かにいたと副校長も認める。

「ですが、それには経済危機の影響で当時の学習環境が乱れていたこともあります。いまは落第して他校に転校したのは三六六三人のうち、一人だけです。大学への進学率も二〇〇五年から高まり、いまは九九・七パーセントです」だが、以前より試験を甘くしたわけではないという。

「それでも、落第したのは一人だけということは……」

「そう、落ちた一人以外は、全員がこの成績がとれたのです」

ずっと脇でやりとりを聞いていた学生総代のマヌエル君が試験について補足説明してくれる。

「入試は四時間ですが、入学してから半年毎にある試験の時間は科目毎にだいたい一〜二時間です。数学は計算問題ですが、物理では計算だけでなく、式を導きだした理由を分析して記載する筆記試験もあり、それ以外も授業中に先生が小テストをやっては評価しています[9]」

学生生活を満喫する生徒たち

試験に追われて合格点がとれなければ即落第。これほど過酷な制度であれば、日本の進学校のようにギスギスした雰囲気が漂いそうだ。だが、校内を闊歩する生徒や校舎のあちらこちらに固まって駄弁っている生徒たちの姿を見る限り、のんびりと青春を謳歌しているように見える[9]。

その理由のひとつには、やりたいことを自由に体験できる環境が整えられていることがあるかもしれない[7]。必須科目はあるが[1]、選択科目を自由に選んで好きな分野を深めることができ、テーマを決めて自主研究もできる[5]。

授業はハードでも放課後は、スポーツをしたり、音楽を聴いたり、週末には友人と海で遊んだり、街のクラブ（ディスコ）等で踊る。夏休みも二カ月、年末年始にも約一週間の休みがある[5]。つまり、エリート高といっても普通の高校生の生活と変わらない。

もうひとつは、学校運営に学生たちが加わっていることだろう。校則は年一回ある話しあいでその都度改定されるが、その会議には学生も参加する[5]。自分たちも学校運営の一翼を担っているという自覚があるわけだ(9)。

競争ではなく自主的に学びあう生徒たち

そして、一番のポイントは生徒たちが助けあって勉強していることだろう。スローな国キューバは誰もが平等で競争がない地上の楽園だとイメージされがちだが実態は違う。機会は平等だが、クラスメート同士や校内の他のクラスと競争しあうことが奨励されている。だが、競争の性格が日本のものとは少し違う。「エムラシオン」と呼ばれるこの競争は、他人を蹴落とすためではなく、仲間と助けあって自分を磨くための手段と考えられているのだ。自主研究と自習とを組みあわせたグループ学習で、一番できる生徒がリーダーとなって成績の悪いクラスメートを指導して面倒を見ることとなっている。だからといって、教える側には偉ぶる雰囲気はないし、教えてもらう側もそれを恥とは感じない(1)。

マヌエル君はエムラシオンについてこう説明する。

「自分の勉強時間はだいたい二〜四時間です。でも、一人ではやりません。月曜から金曜までグループ毎に毎晩やっていますし、土日も集まります。テレビやコンピューターも活用しますが、グループ内で一番知識のある生徒が『モニトル』と呼ばれる教師となって勉強するんです。まあ、小さいときからやっていて慣れていますから……。僕らは、いつもゲバラが言う『新しい人間』になろうと努力しているのです(9)」

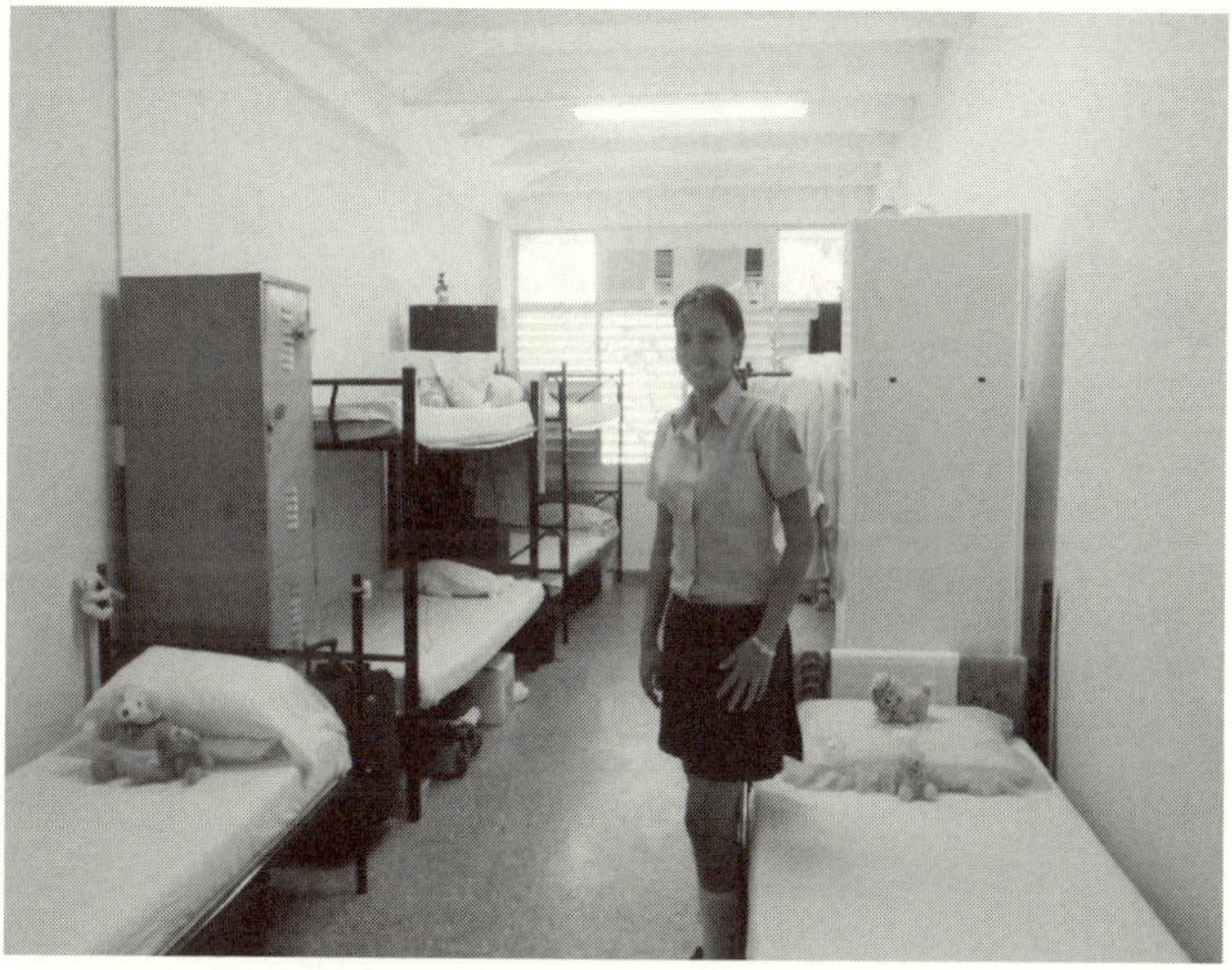
きれいに整理された学生寮。10人の仲間がここで喜怒哀楽を共にする

友が憂いに我は泣き、我が喜びに友は舞う

助けあうゲバラの精神はこんなところで生きていた。師弟愛が濃密で、勉学だけでなく遊びにも励み、友人同士が自主的に学んで相互に啓発しあう。教職員ともども同じ釜の飯を食い、寮生同士で悩みも夢も語りあう。こんな学生たちの姿からは、「友が憂いに我は泣き、我が喜びに友は舞う」と称された日本の旧制高等学校を想起される方もいるかもしれない。旧制高校も自治寮を中心に、キューバと同じく学校運営には生徒が関わっていた。となると、違うのは男女共学だけということになる。レーニン高は男女共学だが寮はもちろん別棟だ。

「ドミトリーをご覧になりますか」と一人の女生徒に案内されて、きれいに片付いた一〇人部屋を見せてもらった。日本と比べれば狭いし、プライバシーもなさそうなのだが、その顔ぶりからは、寮生活は実に楽しそうだ。なお、女性の登場シーンがどうしても多くなるのは学生の構成比率にもよる。

「物理、数学で断トツの成績をあげるのは男子生徒ですが、いつも平均して女生徒の方が成績がいいのです。教師養成コースを除く、科学専攻では二〇〇〇人が女性、一一〇〇人が男子で、倍近いのです。成績でとるとどうしてもこうなってしまって」と副校長は苦笑いする。[9]

「卒業してから僕らに求められるのは革命家、科学者、指導者となることです。これまで教えてもらった恩義を国家に返す。国の発展に尽くせることを若き革命家として誇りにしています」とマヌエル総代は抱負を述べた。[9] エリート校だから、こんな発言が出るのも当然かもしれない。

だが、サンタ・クララ州に七五年に創設されたチェ・ゲバラ校を、二〇〇五年に視察した米国の教師グループも同様の報告をしている。

「学校では高校生も理事会に加わり、問題を解決し、学生たちが協力しあって学ぶことを重視している。教師との深い絆のみならず、学生同士の関係がどれほどの違いを生み出すのかが実に興味深かった。キューバでは、知識は、生産、実践、そして、創造性と三段階からなるものとされている。だから、ほとんどの授業は、基本事項の習得から始まり、次には学んだ知識を使い、それを創造的に実践へと移しているのだ[4]」

表6　高校数

区分	2001/02	2002/03	2003/04	2004/05	2005/06	2006/07
都市	41	37	73	96	120	154
農村	272	275	233	230	236	214
計	313	312	306	326	356	368

oficina nacional de estadistaicasより筆者作成

キューバの一五の春〜成績のいい子どもだけが進学できる高校

ここで高校全体がどうなっているのか、整理しておこう。特定分野で優れた能力や成績をあげた生徒が、その才能を伸ばし、能力を生かした仕事に就けるよう、精密科学専門学校、教育学専門学校、芸術教員養成学校等が設置され[8]、学力面でいえば、一番難しいのがレーニン高に代表される精密科学専門学校だ。ほとんどの研究者や教授は、この学校の卒業生だという。

次が普通の市内の高校で、卒業生は大学に進学できる。次が、農村高校で希望者は大学に進学するが、多くは希望しない。だから、学校のムードは比較的のんびりしている[1]。四番目は、工芸・技術職業校だ。農業技術、電気、機械等の様々な職業校があり、例えば、ハバナ州には六校、市内にも三校ある。科学技術をより深く学んで、プロの職業人となることを目指すが、大学進学は不可能ではないが難しい。

そして、最後があまり学校の勉強を好きでない生徒たちが進学する実業職業校だ。ハバナ市内に約三〇校あるほか、全国のムニシピオ毎に五〜六校ずつある。実業校では専門技術が教えられ、卒業後は機械技師等の有資格労働者とな

表7　日本の高校に相当するキューバの後期中等教育校

学校のタイプ	割合
農村高校	70%
教育学専門学校	12%
精密科学専門学校	6%
芸術教員養成学校	6%
小学校緊急教師養成学校	6%
初等体育専門学校	
芸術専門学校	
士官学校	

教育省の資料より筆者作成

っていく。(3)

つまり、キューバにも一五歳の春があり、大学まで進学できる専門学校に進む者と、それ以外の道を歩む者と将来が決まってしまうのだ。日本の高校に該当する後期中級教育が、「大学前教育」と呼ばれているのもそのためだ。(1)だが、猫も杓子も全員が高校に進学するのではなく、中学での成績や自分の興味に応じて様々な選択肢があることは自然かもしれない。工芸・技術職業校や実業校に進むと職業の選択肢は限られてしまうが、就職先は確保されている。(4)

社会人が再チャレンジする大学
――情けは人のためならず

そして、実社会に出て就職してからも、希望すれば大学に社会人入学できる道がある。キューバは学歴社会というよりも、より正確にいえば、学歴資格社会だ。資格＝能力と認定されるから、レーニン高校を経てストレートで大学に入学しようが、働きながら大学を卒業しようが処遇は変わらない。ボジェロス区にあるホセ・アントニオ・エチェリベ大学の五年生、マリベルさん（二五歳）もそんな一人だ。ホセ・アントニオ・エチェリベ大は人気が高い名門校で、五〇〇〇人もの社会人応募者の中から八〇人しか受からない。マリベルさんはレーニン高校や士官学校への進学を希望したが、合格できず、電話・電信関連の専門技術学校を卒業してから、日本の内閣府（旧経済企画庁）に該当する官庁で、経済関連の統計分析の仕事に就いている。だが、向学心に富む彼女は、就職後に挑戦し、二年目に見事難関を突破したのである。

大学には土曜日に通い、後は通信教育で授業を受けているというので、土曜日にキャンパスを訪ねてみると、構内のあちらこちらに数人ずつ学生たちが固まって陣取っている。芝生もあるが、キューバには芝生に座る習慣はない。マリベルさんがいつも集まるという指定の場所に行くと、授業が終わった昼休みで、パンをかじりながら学生が集まってきた。

まず、英語が堪能なウリサル・ゴンサレス・オルタ君（二六歳）が口火を切ってグループ活動を説明する。

「僕はいま国立銀行で働いています。週に二度はこうして集まります。働きながらでも社会人が勉強を続けられるよう仕事先で調整してくれるのです」

マリベルさんと同じく、ウリサル君も専門学校の出身だが、ビデオがどう動くのかに興味を持って入学したという。ブラディミル君（二九歳）はエンジニアになることを目指して、アルフォンソ君（二七歳）も父親がエンジニアであった関係から希望した。アルフォンソ君は、センリタリホ・デ・ラ・アーバナ精神病院で電子医療を担当しているという。

それぞれの想いを描いて入学したあこがれの大学だが、全員が授業内容は期待以上だと満足している。ユサニさんだけが、就職先を探している最中だが「情報関連の仕事に就きたくて入学しましたが、授業はとても仕事に役立つと思います」と語る。インターネットも自由に使え、幅広い専門知識が学べると学生たちの評価は高い。たまたま立ち寄った教師の一人は、「ラテンアメリカで最良の演習教室を備えていると自負しています」と胸を張る。聞けば授業内容も実践的だ。経済封鎖で物資が乏しいため、情報技術といっても壊れた部品を修復することまでやるから、基礎理論からみっちりこなす。マリベルさんらが素晴らしい授業と評価する教授に英語で書かれた教科書を見せてもらうと、電圧や交流の基礎理論が数式とグラフを使ってびっしり並んでいた。こうしたハイレベルの授業内容をマスターするのにマリベルさんは、七人の仲間で「勉強の家」を作って学びあっているという。

「勉強の家は、友達同士がお互いの家庭で学びあう制度です。小学校だけでなく、中学にもあります。高校は農村にありますから図書館がその代わりになりますが、大学に入ってからもやっています」

「勉強の家では何をしているのですか」

「いま私が勉強しているのは二五科目で、これまで四〇ほどの科目を取得してきましたが、情報学科は授業内容がとても難しく、医学部よりも大変で、科目毎に一冊ずつの教科書を全部読みこなさなけれ

マリベルさんの勉強の家の仲間たち
左からアルベルト・ゴンサレス・アルフォンソ君、ブラディミル・ペレス・サンチェス君、ユサニ・レモス・デスペインさん、マリベルさん、ウリサル・ゴンサレス・オルタ君

ＩＴ関連の名門ホセ・アントニオ・エチェリベ大学
ホセ・アントニオは大学学生連盟の会長だったが、1957年3月13日にバチスタ大統領官邸を襲撃して死んだ。「もし志半ばにして死すとも、流れし血はゆく道を示す」と語っていた。キューバの学校はたいがい革命で命を落とした人物の名がついている。ちなみに命を落としたアントニオの後を継いで会長となったのが、現在の在日本キューバ大使ホセ・ヘルナンデス・ラ・コーシオ氏だ。

ばなりません。そこで、一番できる生徒のことをモニトルといいますが、試験があるときにはできない生徒に教えて手伝っているのです」

レーニン高校で聞いたエムラシオンと同じではないか。すると、ウリサル君が若干違うと補足説明してくれた。

「いいえ、僕らはすでに労働者として働いている社会人コースですから、高校のようなエムラシオンはありません。ただ、とても授業がハードなので多くが落第します。そこで、試験勉強のために、勉強の家、グループ学習をやっているわけです」

六倍以上の倍率を突破して晴れて合格できても、簡単には卒業できない。マリベルさんのクラスも入学当初は六〇人教室だったが、いまは三〇人になっているという。半分は落第したのだ。だが、いくら同級生とはいえ、苦労して勉強したことを相手に教えてしまうのは不利になるのではないだろうか。そのようなことをやっている暇があれば、もっと自分の勉強ができるではないか。日本では当然湧きあがる疑問を問いかけると、マリベルさんはちょっと首をかしげてからこういった。

「たしかに、そのような考え方もあるかもしれませんね。でも、私は友達に教えてあげます。わからないことを友達に教えるには、二度教科書を読まなければならないし、その方がもっと自分の頭に入るからです(10)」

キューバの生徒たちが楽しそうに学力を身に付けている理由がわかるような気がした。だが、この集団学習は、情けは人のためならず、ということわざではないが、確実に学力が身に付くことにつながるという理論的根拠があるのである。

4 ソ連譲りの教育理論が育む高学力

無料の教育を支える世界一の教育投資

小学校から大学までの様子を駆け足で見てきたが、本節と次節でキューバの教育水準と学力がなぜ高いのかの理論的根拠を探ってみよう。

まず、おさえておきたいのは教育への投資額の多さだ。OECD諸国のGDPや一般政府総支出に占める教育費は、それぞれ平均で五・八パーセント、一二・九パーセントとなっており、ユネスコはGDPの最低六パーセントを教育費に割くことを推奨している。だが、日本はこれを下回り、四・七パーセント、一〇・六パーセントしかない。国の根幹に関わる教育に金を惜しむ一方、無駄な橋や道路を作ってきたわけだ。だが、学力世界一で着目を浴びるフィンランドはGDPの六・四パーセントも投じている。多額の教育予算を確保することで、教員を増やし、少人数学級を実現させている。その背景には小国が国際競争を生き抜くには教育を通じた人的資源の育成に頼るしかないとの国家戦略があるのは明らかだ。だが、キューバのそれは、これをはるかに上回る。一九六〇年代は四・二パーセントであったものが、二〇〇六年には一二・三パーセントにも及んでいる（一九九七年ペソで換算）。これは、どの国よりも圧倒的に高く、世界一の比率といえる。

投資額そのものが多いことに加え、先進国と比べると教員の人件費が圧倒的に安いから、それ以外の教材にかなりの経費を割り当てることが可能だ。九三年の三月からは教師の給与が三〇パーセント増額されているが、それまでは、予算に占める教員の給与は六〇パーセントだった。予算の四〇パーセントを人件費以外に費やすなどは、普通の国ではとても不可能だ。これが、財政的に見たキューバの成功の大きな理由だろう。

もっとも、ただ教育に金をつぎ込めばよいという、単純な話ではない。教育は長期にわたる投資であって、成果をあげるには、戦略や政策が首尾一貫していることも必要だ。キューバ以外のラテンアメリカ諸国では、政権が頻繁に交代し、一貫した教育戦略がとれず、それが教育の発展を停滞させてきたが、キューバでは、四〇年以上にわたり革命政権がマルクス・レーニン主義に基づく教育政策を展開している。(1)

行動主義から構成主義にシフトした世界の教育理論

ここでいきなり話が飛躍するようだが、筆者は現在、長野県農業大学校で「教授」という肩書きを拝命している。だが、そもそも「教授」や「教育」という言葉がなぜあるのかを考えられたことがあるだろうか。キューバでは教育を「エデュカシオン」を表現するが、これは引き出すことを意味するラテン語の「エデュカーレ」が語源となっている。これが「教育」と訳されたのは、欧米列強に追いつくには、国策として「権威ある知識」を上から「教え育てる」ことが欠かせないと当時の森有礼文部大臣が考えたためだった。アプリ・オリに学ぶべき知識や法則があって、学ぶべき事項があらかじめ決まっているのであれば、体系だった知識を効率よく生徒の頭に詰め込んでいく作業が教育になる。生徒もそれを順次暗記すればよい。だから、この作業は「教授」とされた。全国一律のカリキュラムを決めることができるのもそのためだ。

この考え方はその後、有名なパブロフの犬の実験から始まる「客観主義」や「行動主義」と呼ばれる教育理論で強化される。パブロフ自身は言語を持つ人間は犬の条件反射のように単純なものではないと考えていたが、米国の心理学者たちが研究の都合のいい部分だけを切り取って利用した。例えば、レバーを押すと餌が出る装置にネズミを入れれば、餌が欲しいネズミはレバーの押し方を学ぶ。刺激で条件づけをすれば学習する。この部分だけが強調され、スキナーの行動主義理論に基づく学習モデルが誕生した。だが、この行動主義には大きな落とし穴がある。知識やスキルの習得が学習目標となってしまい、応用や創造性が利かないのだ。

そこで、黒板とチョークを使って一方的に知識を伝授するだけの授業の反省として、子どもたちの興味関心に視点を移した「構成主義」が、八〇年代以降になると着目される。「構成主義」とは、スイスの心理学者、ジャン・ピアジェの提唱した理論で、ピアジェは、知識は自ら探求するもので、学習とは自分で作り上げていくものだと考えた。生きた人間には個性があり、誰もが刺激にも一律の反応をするわけではない。外からの刺激を受けて、一人ひとりが内部の「構成」を自発的に変化させる。となれば、教育も生徒の「内部構成」を変える手助けをすることでしかない。構成主義からすれば、読み書きや算数を教えることは基礎となっても、それ以外の知識は人それぞれでかまわないことになる。この発想をさらに発展させたのが、フィンランドのユーリア・エンゲストロームによる「拡張による学習」という考え方だ。だから、フィンランドには決まった知識を覚えればいいという教育観はない。

「そんなことをすれば、子どもの知識が穴だらけになってしまうではないか」と思われるかもしれない。だが、よく考えてみれば教科書に載っている知識も穴だらけであって、執筆者たちがよかれと思って集めた情報でしかない。

画一的な工業製品を生産する時代はそれでもよかったかもしれないが、モノよりもサービスや情報が価値を持つポスト工業化社会では、世界は日々変化し続ける。常に能力や知識を伸ばさなければならない「生涯教育」の時代へと突入した。となれば、学校教育もベースとなる知識とスキルをベースに、生涯使える「学習力」を育てることが求められよう。だから、フィンランドの授業は、学校を卒業してから何ができるかにおかれている。(3)

ロシアが生んだ天才心理学者の学習理論

このエンゲストロームの理論のもととなったのが、「社会構成主義」と呼ばれる学習理論だ。名前からわかるように、「子どもたち自らが知識を構成する」という部分はピアジェの主張と同じだ。だが、知識がどう構成されるのかで袂をわかつ。ピアジェはもともと生物学で学位を取得したくらいだから、生物学的・心理学的な面に着目したのだが、社会構成主義では、社会的な影響の方に重点をおく。

社会構成主義とはロシアが産んだ天才心理学者、レフ・ヴィゴツキーの提唱した理論だ。生まれたのはピアジェと同じ一八九六年だが、三七歳の若さで世を去った。ピアジェが八四歳の長寿を保ったのに比べ、その研究活動期間はわずか一七年でしかない。だが、その短い歳月の間に哲学、社会科学、心理学、言語学、文学、美術と多岐にわたる分野で業績をあげ、ソ連心理学の礎を築いている。

ヴィゴツキーが、実験を通して明らかにしたのは、子どもたちの精神活動が、コミュニケーションや社会とのつながりで発達することだった。それまでの心理テストは、一人で問題が解けるかどうかを重んじ、人から助けてもらった場合は、たとえ正解までたどり着いたとしても価値がないと考えていた。

表8　キューバの主な予算費

（100万ペソ）

	2001年	2002	2003	2004	2005	2006
教育費	2,369	2751.6	3,297	3,601	4,819	5,377
医療	1,797	1,923	2,028	2,089	3,169	3,629
国防	1,274	1,262	1,267	1,317	1,650	1,923
社会保障	1,858	1,985	2,054	2,172	2,917	3,570
総予算	15,771	17,193	18,622	20,241	27,156	33,624
GDP	33,820	36,089	38,625	41,065	46,162	56,181
GDP（2） 1997年固定値	31,447	32,013	33,229	35,024	39,168	44,064

【各予算が総予算に占める割合】

（%）

教育費	15.0	16.0	17.7	17.8	17.7	16.0
医療	11.4	11.2	10.9	10.3	11.7	10.8
国防	8.1	7.3	6.8	6.5	6.1	5.7
社会保障	11.8	11.5	11.0	10.7	10.7	10.6

【各予算がGDPに占める割合】

（%）

教育費	7.0	7.6	8.5	8.8	10.4	9.6
医療	5.3	5.3	5.3	5.1	6.9	6.5
国防	3.8	3.5	3.3	3.2	3.6	3.4
社会保障	5.5	5.5	5.3	5.3	6.3	6.4

oficina nacional de estadistaicasより筆者作成

だが、ヴィゴツキーは知能年齢が八歳の子どもでもヒントを与えれば、ある子は九歳、別の子は一二歳の問題まで解けることに気づく。

「助けを借りて今日できるならば、それは明日には一人でもやれるようになるだろう」。つまり、共同して学べば一人でやるよりも、もっとできるようになる。ヴィゴツキーは、模倣の意義に着目し、様々な能力を持つ子どもが共同で学ぶ「発達の最近接領域論」を提唱する。ピアジェが外部からの干渉を極力除こうとしたのとは対照的だった。この理論からすれば、学ぶ相手も教師に限らず、普通の大人や子どもでもかまわない。

友達から教わった方がよくわかるという例もよくあるではないか。ヴィゴツキーは知的障害児の研究でも斬新な成果をあげる。従来は、知的発達レベルが同水準の子どもたちを一緒のグループにすることが最善とされてきたが、実際には障害児たちはこのルールどおりには行動しない。最重度の障害児は中程度の障害児と、中程度の子は軽程度の子どもと一緒になることを好むのだ。そして、知的レベルが高い子どもは低い子どもを助けることに喜びを覚え、低い子どもは少しできる者と交流することで自分がやれないことを習得することを願っていた。そして、知的障害児たちに「仲間と大人とではどちらが賢いか」と問いかけると、多くが「仲間」と答える。仲間とはコミュニケーションができるが、複雑な知的活動をする大人は、理解できない異邦人だったのだ。ここでも集団学習が有効なことが見えてくる。

つまり、「構成主義」での知識は本を読む等、個人的に習得されるものだが、「社会構成主義」では社会的相互作用を通して共同的に知識が構成されることになる。

この斬新な理論は、スターリン時代に一時弾圧されるが、一九五〇年代末から復活し再評価され出す。だが、米国の心理学会は、この動きをほとんど無視していた。ヴィゴツキーを「心理学のモーツァルト」と称したシカゴ大学のツールミンが「一九二〇〜三〇年代にかけてロシアで行われていた研究の本質は現在の米国の研究に匹敵する」と書いたのは一九七八年のことだ。評価の動きは、ソ連に遅れること三〇年、八〇年代からようやく始まる。そして、欧米では九〇年代のソ連崩壊以降にヴィゴツキー研究がますます盛んになっていく。(4)

フィンランドではどの子も近くの学校に通い、同じ顔ぶれの教師から少人数で学んでいる。「習熟度別の授業」は中止され、一六歳までは学校選別はされない。そして、自ら学ぶことを基本にグループ学習や教えあいを大切にしているという。[3] これが何を根拠としているかはもうおわかりであろう。

先生よりも子ども同士で五倍も学ぶ子どもたち

フィンランドだけではない。東京大学の佐藤学教授は、先進国であれ開発途上国であれ、いまでは世界のほとんどが、二〇人内外の少人数教室で学びあうグループ学習となっており、四〇人もの大教室で教師の話を聞くだけという授業は、もはや地球上の一角、東アジアだけしか見られない特殊な授業だと指摘する。そして、文部科学省が学力低下の切り札とする下から積み上げる「習熟度別指導学習」も無駄だと切って捨てる。教授によれば、習熟度別指導学習は、行動主義に基づき、七〇年代にシカゴ大学のベンジャミン・ブルームが作り上げた「マスタリー・ラーニング（完全習得学習）」をベースとしているという。だが、三〇年もかけて教科の内容をマスターできる詳細なテキストを作り上げたにもかかわらず、それは学力向上には効果がないことが判明し、すでに二〇年も前から見向きもされておらず、能力別クラスを設けているドイツやスイスの成績が低迷する半面、それをしていないカナダは成果をあげていると指摘する。

とかく、日本の教師は、できない生徒にもなんとかわからせる授業をしようと努力している。「やさしい授業をしなければ」という思い込みは底辺校とされる高校教師ほど根強いと、佐藤教授は述べる。だが、教授によれば、学習は理解できるレベルまで下げて積み上げていくものではなく、わからないレベルの授業を教師や仲間たちとのコミュニケーションで模倣することで「内化」するものなのだ。教授が教室で観察したところ、子どもたち同士の学びあいは、教師の指導力の五倍以上の力を発揮しているという。教授は各校で学力向上のために協同学習を提案しているのだが、このベースとなっているのはヴィゴツキーの理論だ。(2)

ヴィゴツキーのことはこれまでも何カ所かで小出しにしてきたから、ここまで読み進められた方は、フィンランドとキューバの類似点に合点がいくに違いない。キューバは米国から経済封鎖されてきたから、ブルームの習熟度別指導学習理論には縁がなかった。革命後に彼らがソ連から学んだ教育思想とはヴィゴツキーのそれだったのだ。

5 社会共通資本の豊かさが支える高学力

学力には教師や学校よりも家庭環境の方が重要

スタンフォード大学のマーティン・カーノイ教授は、こと教育や福祉医療の分野にかけては社会主義国の方が資本主義国よりも成功する可能性が高いとし、その理由として、①教育に多くの予算を投入していること、②公立校でも質の高い教育を提供できると考えていること、③格差の広がりを抑えることに政府が力を入れていること、の三点をあげている。そして、キューバが成果をあげた一因として、その「ソーシャル・キャピタル」の豊かさにも着目する。(2)

ソーシャル・キャピタルとは、簡単にいえば人々の社会的な絆のことだが、その誕生からして教育とは切っても切れない縁がある。米国の社会学者ジェームス・コールマンによって提唱されたのは、いまから約四〇年も前のことだが、学校や生徒によって学力差がなぜあるのかを説明しようとして、この概念を作り出したのだ。そして、教師や学校の優劣はさして重要ではなく、子どもたちの育つ家庭環境や家族関係こそが成績差を生み出す主因だと結論づけた。当時とすればかなり大胆な主張で、後に、コールマンはこの考え方を、さらに大きなコミュニティや国家にまで広げている[6]。

このソーシャル・キャピタルに着目すると、キューバはどうなるか。モノの豊かさでは、プロローグで見たとおり、ＧＤＰでは米国はもちろん、中南米でも下の方だ。だが、家賃は安く、最低限の食料は配給され、誰もが無料で医療や教育を受けられる[6]。少なくとも一人の親は働いていて、義務教育までは全員が学校に通い、学校外で生徒を働かせることが制度上で禁じられている[5]。これが成績に影響する。子どもが外で働いていると成績が低くなることは統計的にも各地で実証されているからだ[6]。

多くの都市では、ドラッグや暴力等の犯罪が問題となっているが、キューバにはそれも少ない。コミュニティが安定していることは、学校にも反映され、校内暴力や事件を引き起こす生徒もほとんどいない[5]。教室で騒ぐ生徒もいないから、子どもたちの学習環境はいたって静かで平和だ。

カーノイ教授は各国の教室を目にする中で「最も秩序だっていたのはキューバの教室で、八歳の子どもですら授業に集中し、それは新米教師の授業でさえそうだった」と述べている。

教授がさらに着目するのは、子どもたちの出身家庭の多様さだ。キューバの親たちの教育水準はそれ以外のラテンアメリカ諸国よりも概して高く、家には多くの本がある。これが学力に与える影響はもちろん大きい。だが、どの家庭もがそうではなく、労働者階級の親の教養水準はそれほど高くはない。だが、大卒の学歴を持つ親が多いハバナ郊外や市街地中心の学校でも、さほど教育を受けていない家庭出身の子どもと一緒に学んでいるというのだ。教授が驚くのも無理もない。多くの開発途上国ではこんなことは普通ありえないからだ[6]。

貧乏人の子どもは底辺校でダメ教師に教わる

例えば、チリを例にとってみよう。チリでは、以前の名門公立校は上流階級のためのもので庶民とは一切縁がなかったから、バウチャー制度が創設されて学費が安くなると、質が低い私立校すら公立校よりも人気が出た。私立教育は急速に進展し、いまでは、幼稚園から高校まであわせると、三八パーセントがバウチャーを受けた私立校、九パーセントがバウチャーを受けない私立校と半数が私学に通うようになり、質が高い公共教育を担保する国の役割は意義を失った。

チリはキューバとは違って民主的で自由な社会だから、親は学校を自由に選べる。国が行う各校の成績ランクもその選択情報として役立つ。だが、低所得層の家庭には、この「自由な権利」は事実上意味がない。低所得層の子どもの七〇パーセントは同じ階層出身の子どもが通う学校に入学し、高所得層の八〇パーセント以上は同じ所得水準の家庭の子どもがいる学校に通っている。つまり、自由な選択があるといっても、社会経済的なステータスで子どもが通う学校がほぼ決まってしまっているのだ。そして、二〇〇一年に小学校四年生を対象に国が実施した調査から、低所得層の子どもが通う学校ほど授業の質が低いこともわかった。

もともと低所得層の子どもにはかけられる期待が低いから、低所得層の子どもばかりが通う学校は「底辺校」とレッテルを張られている。「できない教師」が「できない学校」で教えることになるから、格差はますます広がる。高成績をあげる教師にボーナスを出す制度はあっても、成績を伸ばせない学校や教師へのペナルティはない。同時に、格差が大きいから、犯罪が多発し、町にはストリートチルドレンもいるし、底辺校では校内暴力も起こる。これも成績にマイナスだ。だから、低所得層の親たちは、格差解消や良い教師を求めるが、希望は実現されそうにない。政治的に力を持つのは中上流階級で、格差解消や教育充実のための増税に納得しないからだ。

現場調査をふまえ、カーノイ教授はチリとキューバの違いをシャープに分析してみせる。

「キューバでは『モノの消費も政治的な自由も犠牲にする。だが、この痛手の代わりに質の高い社会サービスを提供する。これが我々が行った選択だ』と指導者が主張しているように、個人の自由は制約されている。だが、それ以外のラテンアメリカ諸国では中上流階級の子どもしか受けられない教育を誰もが受けている。そして、国民の教育水準を高めようと、政府は教師や各家族にプレッシャーをかけ、教育への社会全体の関心を高めている。だから、どの子どもたちも、学校の内外で安心して健全な環境のもとで学べているのだ」(6)

地域が育てる子どもたち

カーノイ教授が学校内外と、「外」についても指摘するように、コミュニティと学校とが統合されているのもキューバの大きな特徴だ。[3]「教育は地域でわかちあうコミュニティの共同責任」との原則のもとに、学校委員会、親委員会、親の学校、勉強の家、未成年者対策委員会と様々な形で、地域住民は教育に加わる。[1]

学校委員会とは、親の代表や大規模組織の代表からなるもので、校長にアドバイスをする責任を果たすが、[1]学校運営に親も関わることが、親の責任感も高める。[5]親委員会は、この学校委員会の一部で、各クラスの親の代表から構成され、親の学校を組織し、子どもたちの親にも教育を行う。例えば、算数で集合が教えられるときには、子どもをきちんと指導できるよう、古い授業しか受けていない親は、最新の授業を受け直す。教養水準が高く、子どもたちを招くゆとりのある家庭は「勉強の家」となり、放課後も週に一〜三回は「勉強の家」に集まって宿題をしたりして一緒に学ぶ。[1]

「宿題も自分の部屋ではやらずに、勉強の家でワイワイ一緒に騒ぎながらやっています。最近は外貨が持てる人と持てない人との差も出てきていますが、子どもたちの間には家庭が貧しいからと差別する意識はないので、心理的な貧困に陥っていないのです」とジャーナリストの工藤律子さんは勉強の家の姿を報告する。[8]

放課後も仕事がある点では、教師も子どもたちと変わらない。教師は、親委員会や親の学校を通じて、地区住民や両親と顔なじみとなり、各家庭を訪ね、親の教育にも携わる。時間的には約八〇パーセントは学校ですごすが、残りは生徒の家庭ですごす。地元や各家庭事情に精通しているから、どこに問題があるのかもすぐにわかる。[1]

キューバと米国との教育事情の違いを分析したハーバード大学のチェン・ツァイは、キューバの濃密なコミュニティ社会の姿をこう描く。

「出会ったある小学校長は地元のファミリー・ドクター三人と一緒に働いていて、地区内に妊娠中の女性が一二人いることを知っており『いずれ一二人の子どもたちが、私の学校にやってくるわ』と期待していた」

そして、米国ではこの人の絆が希薄であることを嘆く。

「教師はコミュニティから切り離され、友人の家族でもなければ入学してくる生徒のことはまず知らない。地元や親の助けも受けられないから、ますます生徒から離れていく。キューバでは教師と生徒が、お互いに『君づけ』で呼びあっていたが、米国では生徒と深くつきあえば変わり者と見られてしまう。何かあれば訴訟を起こされるのではと戦々恐々としているからだ。

しつけの問題でも、親や地元の助けがない中で、悪戦苦闘している。だから、教師は退学という解決策をすぐに使うのだ。だが、キューバで青少年の犯罪にどう対処し矯正するのかとたずねてみると、

『体罰を与えるようなことはしません。家庭のどこに問題があるのかをチェックし、両親や心理学者と一緒に対応策を決めるのです』と校長は答えたのだ[2]」

犯罪に走るような問題児は、キューバでは「社会から逸脱した振る舞い」と表現されているが、その指導を行うために「未成年者対策委員会」も設置されている。ムニシピオの教育責任者、学校の教育責任者三名のほか、ムニシピオ政府の副代表、革命防衛委員会、女性連盟、労働組合、青年共産党同盟、ピオネーロ、共産党代表、内務省の責任者、学生代表と[1]、まさに地域ぐるみで、生徒がいち早く立ち直れるよう支援している[3]。つまり、教師も熱心だが、能力のある一個人に責任をすべてゆだねてしまうようなことはしない。両親やコミュニティが協力しあって応援しているから、教育の成果があがっている[1]。

チェン・ツァイの感想を続けよう。

「キューバでは、若者たちに価値観や責任感を浸透させるため、教師は両親やコミュニティと密接に協働し、尊敬もされている。教育方針や予算は安定し、子どもたちは、高い政治意識を持つ市民へと成長し、科学や医学の発展にも貢献している。成果を完全に評価するには、表面的な数値だけでなく、人々の理想や立ち居振る舞いも考慮しなければなるまい。

だが、米国では個人主義的な価値観と福祉への配慮の乏しさから、教育は自己責任と考えられている。親たちが悪い学校をやめさせ、もっと良い学校に子どもを入学させるのも同じく自己責任だ。だから、出来の悪い学校には、出来の悪い生徒が集まるようになり、教師はフラストレーションからもっと楽に教えられる学校を求めて去っていく。親の支援不足もあいまって、米国の学校や教師は、子どもの問題解決には無力だ。

『競争力のある私立教育が優れている』との思い込みから教育の民営化が議論されるが、予算をもらえるのは優良校だけだ。成果はあがらず、教育への不信感から教育方針や管理戦略はころころ変わる。競争から生じる格差も語られないままだ。政府も援助はしているが待っていては誰も助けてくれない」[2]

なにやらチリの荒廃した教育環境を連想させるような記述ではないか。そして、米国では、学校のおかれた社会状況が重要だとのコールマンの指摘はいまでは批判されているという[5]。

無料の教育は国民の権利

平等、兄弟愛、そして、教育が社会改善には重要だと「共産党宣言」の中で主張してみせたのはマルクスだった。キューバは社会主義国だからこの考え方を重視している。だが、イデオロギー的偏見にとらわれず、その教育哲学をつぶさに見れば「世界人権宣言」の内容にも合致するものであることがわかる。人権宣言では、教育は基本的な人権で、人種、性、年齢にかかわらず、誰しもが平等に無料の教育を受ける権利があるとしている[2]。カーノイ教授は、フィンランドに代表されるスカンジナビア諸国が成果をあげている理由も、平等や集団責任を重視している点でキューバと同じだと指摘する[5]。たしかに、フィンランドは社会主義国ではないが、教育が国民の権利とされ、福祉政策と一体となっている点では変わらない。教育費も給食代等も無料だ。だから、平等な教育がゆきわたり、家庭の所得にかかわらず、学力の高い子どもが育っている。(7)

米国内で一番成績のいい学校は

この視点で見ていくと、これとほぼ同様の仕組みが、米国国防総省の基地内学校にあることもわかる。軍の学校というとそれだけで顔をしかめられる方が多いに違いない。だが、全米教育向上テストで常時一位や二位の高成績をあげているのは、基地内学校なのだ。なぜ、成績がよいのか。その理由を追求した研究から見えてきたのは、キューバと同じ条件だった。全生徒が学べるための戦略的計画、教師への信頼と期待。こうした学校の社会環境が学生の学力を伸ばしていると、研究は指摘する。

「基地内学校では、価値観が共有され、規律や信頼を育む態度があり、コミュニケーションも開かれている。学校には目的があり、意味ある活動がなされ、それは、学生だけでなく、学校の大人たちにも役立っている。こうした人種の壁を越えたソーシャル・キャピタルによって、学校内には安定した社会的な絆があるのだ」

この「人種の壁を越えた」という最後の一文に着目してもらいたい。米国では、白人とそれ以外のアフリカ系やヒスパニック系の学生との成績格差が大きな課題となっているのだが、基地内学校では格差が小さい。在校生の四〇パーセントはマイノリティ出身だから、それ以外の学校と比べれば、間違いなくその成績は断トツだ。おまけに、親の九四パーセントは下士官や兵で、半分は「無料～割引給食プログラム」の受給資格があるほど所得も低い。皮肉なことに新自由主義政策による格差が進む米国内では、最も社会的に差別なく、雇用機会が均等で公正な社会は基地内学校をはじめとした米軍だったのだ。(5)

考えてみれば、軍事と国防ほど「市場原理」や「民営化」からほど遠い世界はない。戦前の旧制高等学校や帝国大学への進学には学費がかかったから、貧しい家庭の子弟には、学費が無料で高等教育を受けられる陸軍士官学校や海軍兵学校はあこがれの的だった。フリーター、赤木智弘氏が「丸山眞男をひっぱたきたい　31歳フリーター。希望は、戦争」(「論座」二〇〇七年一月号)と軍の平等主義を指摘してみせたのはある意味では正鵠を得ていた。(4)だが、米国は赤木氏の予想を超えて先を歩んでいるらしい。コストダウンのために軍の民営化を進め、イラク戦争では民間戦争請負会社を活用している。基地内学校も経費削減のために民営化される予定だという。強大な市場原理の前には、国防とても聖域ではないのである。

II

脱貧困社会を目指して誕生した教育制度

セレブ階級の子弟が家庭教師に付き、海外留学する一方で、小学校には半数しか入学できず、国民の平均学力水準は小学校３年。超教育格差社会を継承した革命政権が目指したのは、無料の公共教育による全国民への普遍教育の充実だった。

だが、全国一律の画一教育の批判を浴びた教育省が試みたゆとり教育は学生の学力低下を招き、観光業の振興による経済活性化策は、格差を招き、勉強も働きもしない若者たちを生んでしまう……。

カメラを向ければ陽気にポーズをとるハバナの下町の子ども。他の途上国とは異なりチップをねだりはしない。媚びるでなく、へつらうでなく、無視するでなく、実に自然体だ。この裏には、外国人や観光についてきちんと教育されていることがある

1　革命以前のキューバの教育

教会が支配する植民地時代の差別教育

ラテンアメリカで断トツの高学力を担保する教育の仕組みを見てきたが、こうした制度はどのように誕生したのだろうか。革命前から革命後の教育史をたどってみよう。

キューバで学校が作られたのは一六世紀後半と四〇〇年も前のことで、それは教会が運営する私立校だった[2]。それ以外のラテンアメリカ諸国と同じく、学校の質は低く、上流階級の子弟は家庭教師から教育を受けていた。教育の質の改善に向け、スペイン植民地政府が教科書を選定し、学習指導要領を作成し、視学官制度を設ける教育法を制定したのは一八一六年だ。視学官とは、適切な教育がなされるよう専門的立場から学校運営や現場の教育を指導助言し、監督にあたる教育行政官のことだ。こうして、ハバナを皮切りに一八二〇年までに九〇以上の世俗校が建てられた。だが、生徒の授業料や後援会からの寄付金で学校は運営されていたから、その大半は白人たちのためのものだった。一八三三年には二一〇の学校で八四六〇人が学んでいたが、うち、黒人用の学校は一二校しかなく、そこで学べたのは四八六人だけだった。貧困家庭の出身者や白人以外の子どもは、公立校等に通ったが、それもごく少人数だけだった(5)。

一八四一年には教育政策が定められ(2)、翌一八四二年には、公共の小中学校を建て、七~一〇歳の子どもの義務教育化を定める法律が制定される。一八六三年には、政府が公立校を運営し、私立校を監督し、六~九歳の子どもの入学を義務づけ、従わない両親には罰金を科す法律も制定された。それ以降も義務教育や教育の無料化に向けた多くの法案が可決される。だが、いずれも実体を伴わず、法律どおりの政策が実施されることはなかった(5)。

学校はハバナをはじめとした大都市にあるだけで、中上流階級の子弟以外は満足のいく教育を受けられない状況は変わらず(2)、金持ちの子どもは、労働者や農民の子どもと席を並べて学ぶことはなかった。おまけに、国内は、一八六八年の奴隷解放や第一次独立戦争、一〇年戦争で揺れ動いていた。国は内乱で疲弊し、教育に投じる予算はほとんどなかった。例えば、きちんと生徒が学校に通っているか、視学官が全国を巡回することとされていたが、一八八〇年に組まれた旅費はわずか一八〇〇ドルにすぎなかった。

教師も足りなかった。平均的な小学校の一クラスは、私立校で三四人、公立校で四〇人だったが、教師は「学校」に一人いるだけだった。おまけに、カトリック教会が、政府以上に力を持っていた。学校の約四六パーセントは教会の管理下におかれ、その影響は公立校にまで及んでいた。地元の司祭は、教育委員会の委員として教員の採用権限を持ち、公立校でも毎週宗教を教える法的権限も手にしていた。司祭たちは学校を布教のための「聖壇」として用い、神の名のもとに男尊女卑や人種差別の習慣を温存した。貧困家庭や白人以外の子ども向けの道徳教育もなされていたが、貧困そのものを解消させる政策は一切講じられなかったから、一〇歳以上まで学校にとどまる子どもはごく少数しかおらず、[2] サトウキビ刈りの労働力としてアフリカから連れてこられた奴隷たちにも読み書きを学ぶ機会はなかった。[5] 要するに、スペインの植民地支配のもとでなされていたのは、奴隷労働に依存する砂糖モノカルチャー経済や大地主体制を支えるための教育だった。[2]

米国流教育の押し付け

身分制度や格差社会を温存させる価値観を教え込む教育そのものがおかしい——一九世紀も末になると、教育改革を求める空気が愛国主義者たちの間で高まっていく。[2] その頂点に立ったのが使徒として尊敬されるホセ・マルティで、「クーバ・リーブレ」を合言葉に一八九五年に初めて教育をその目的に組み込んだ反乱を起こす。「教育されることが自由になるただ唯一の方法だ」というのがマルティの主張だった。だが、この夢は一八九八年に米国が独立戦争に介入したために道半ばにしてついえる。

「キューバをスペインの支配下から解放して民主化する」というのが、米西戦争を起こした米国の理由だったが[5]、戦後になされたのは民主主義化の名のもとでの植民地化だった[3]。例えば、キューバを軍事占領下においていた米国は、一九〇一年に米軍の永久駐留権を認めるプラット条項を認めさせるが[5]、これが、テロ対策で悪名高きグアンタナモ米軍基地が、いまもキューバにある理由だ。

　もっとも、この米国の支配時代に、キューバでは初めて公共教育制度が確立されることになる[4]。当時、キューバには五四一の小学校と四〇〇の私立校があったが、国民の約六〇パーセントは非識字者で、高等教育を受けていたのは、文字が読める人の一パーセントにすぎなかった。五五万人の適齢期の子どものうち、学校に通っていたのは九万人だけで、五つの大都市でこそ進学率は三〇パーセントだったが、それ以外の場所では一一パーセントにすぎなかった[5]。

　占領軍のジョン・ブルック司令官は、一九〇〇年に教育法の改正を求める軍令を出し、六〜一四歳の子どもの通学を義務づける。そして、小学校の建設や教員の養成等、マルティが指摘した教育改革にも着手した。ブルックの後任となったのは、インディアン虐殺で「勇名」を馳せたレオナルド・ウッズ将軍だった。ウッズは、中学や職業校を再編成し、工学と建築学を大学に組み込むことで、実用的な知識の普及を目指した。人種や身分の壁を越えて教育が受けられるようになり、入学率も高まった[4]。一八九九年の一〇歳以上の識字率は四三・二パーセントだったが、一九三一年にはこれが七一・七パーセントに高まっている。この急速な伸びはまぎれもなく米国による統治の成果だった[1]。だが、それでマルティが掲げた理想が実現したのかというと、疑わしかった[4]。例えば、ウッズは、ウィリアム・マッキンリー米国大統領から教育改革の要請を受けて、米国の教育制度をキューバに持ち込んでいる[5]。キューバの教師たちは米国の教育法を学ぶために米国で訓練をされ、米国からも教師たちがやってきて、全校に採用されたのは米国の翻訳教科書で、子どもたちが受けたのはオハイオ州のカリキュラムをベースとした授業だった[4]。これを植民地支配といわずしてなんといおう。占領軍本部が確立した民主公共教育のおかげで識字率は伸びたのだが、それは、キューバ文化をアメリカナイズし[4]、キューバを文化面から支配するためのツールにすぎなかったともいえる[3]。

当然、政府への不満や反発も高まる。そこで、米国は一九〇六年に秩序維持のため追加人員を急派する。その中には、チャールズ・マグーン判事もいた。マグーンの取り組みは、ウッズほど過激ではなかったものの、ある意味ではもっと効果的だった。義務教育を違反したものには重刑が設けられ、授業時間中に街の通りで見つかった学齢期の子どもは逮捕され、児童を労働者として雇う工場主は罰金を科された。一九〇八年には、公立校には二〇万人、私立校には一万五〇〇〇人の生徒が入学しているとの報告がなされた。だが、マグーンは教育現場で行われる不正は見過ごしていた[5]。結局、一九二〇年代には、米国流の教育制度の押し付けが失敗したことがほぼ明らかになる。初等教育を終える子どもの数が少ないことに加え、学校の設置も地域的にアンバランスで、入学率や出席率は低いままにとどまっていたのだ[4]。

国は繁栄しても広まった格差

一九三四年に米国の後押しを受けたフルヘンシオ・バティスタ大統領がクーデターで登場すると状況はさらに悪化する。[4] 四五年になっても、子どもの五〇パーセントは学校に通っておらず、米国の投資家でさえ、悲惨な条件を懸念し、五一年に米国の資金で行われた調査リポートはこう記している。

「農村地域の教育は、あらゆる点で都市部よりもはるかに劣悪だ。農村では、学校があったとしても、教室は一つしかなく、一人の教師が全学年を教えなければならない。教育内容も、農村の暮らしにまったく適していない」

一九四〇年のキューバ「憲法」には全児童への義務教育が明記されていたが、教育改革のほとんどは机上プランにとどまり、新たに学校が建設されることはなかった。[2] そして、憲法で定められていた大統領任期は一期だけであったため、バティスタは一九五二年に二度目のクーデターを行い、その独裁者として支配権を固める。バティスタのもと、一九五〇年代のキューバ経済は空前の好況を呈する。ハバナでは、カジノ、バー、売春宿が繁栄し、米国等の外国企業は莫大な利益を享受していた。だが、人々はより貧しくなり、腐敗が政治や社会生活のあらゆる面に浸透した。[4] たしかに、非識字率だけをとってみれば、キューバの数値は二三・六パーセントで、アルゼンチン、チリ、コスタリカに次ぎ、ラテンアメリカでは第四位で、[6] 高等教育機関への入学率でもラテンアメリカで第三位だった。[3] だが、持てる者と持たざる者との格差は広がった。裕福なキューバ人が私立のエリート校に子どもを通わせたり、海外留学させる一方で、庶民の子どもが通うのは格段に質の劣る公立校で、かつ、半数は学校にすら通えなかった。入学率は五一・六パーセントとラテンアメリカ第一二位の低さで、小学校三年かそれ以下の教育しか受けていない国民が六〇・四パーセントに及んでいた。中等教育を受けられる者はごく限られ、[6] 職業校への進学率は一パーセント、高校は二パーセント以下で、[1] 大学はさらに手が届かぬ存在で、大卒は全国民の一・一パーセントにすぎなかった。[6] その大学ですら、国内の農業や産業振興とは無関係の講義がされていたから、[3] 経済発展に役立つ人材も育たず、一九五二年では全労働力のうち、技術者や専門家が占める割合はわずか四・四パーセントにすぎなかった。[2] 人種差別もすさまじく、黒人は入り口で高等教育から排除され、高校や大学を卒業した者は〇・〇五パーセント未満だった。[6]

都市と農村の格差も深刻だった。投資は都市に集中し農村は無視されていた。多くの家族はやっと食いつなげるだけで、栄養失調が蔓延していた。[4] 農家の子どもは、サラリーマン家庭の五分の一しか、小学校を卒業できず、本や鉛筆はおろか、農村地域の七〇パーセントには学校そのものがなかった。だが、上流階級の人々は貧しい農民の暮らしにはほとんど無関心だった。こうした不平等な教育制度が生み出した副産物が非識字率という学力差である。一九五三年時点の非識字率は、ハバナ州では二八・六パーセントだったが、東部の農山村では四九・七パーセントもあり、農村全体では四一・七パーセントもあった。[2] 農村住民の八〇パーセントは小学校三年かそれ以下の教育水準しかなく、これは、国民の六〇パーセント以上が機能的非識字者であったことを意味していた。[6]

一九五五年時点の子どもの小学校への入学率は五一パーセントと一九二五年時よりも低くなり、一九五八年には、八三〇〇もの私立小中学校があったにもかかわらず一万人もの教師が失業していた。[2]

授業をせずに給料だけをもらっていた特権教師たち

だが、教育予算が少なかったわけではない。一九四〇年には一一四〇万、一九五六年には七四三〇万ペソと他のラテンアメリカ諸国とは比較にならない、[1] 国家予算のほぼ四分の一もの巨額な予算が教育に充てられていたのである。にもかかわらず、成果があがらなかったのは不正と汚職のためだった。教室が一万八〇〇〇しかないのに一三一五人も視学官がいた。管理や営繕関係の従業員も必要以上に多かった。中央国道に沿っては立派な校舎も建てられたが、教員が足りないために大部分は空いたまま放置されていた。専門学校で多くの教員を養成していながら、一万人もの教師が職に就けず、教員が不足していたのは、終身教員制度という既得権益のためだった。一度教師のポストに就くと、その教師は教室を終身占用することができ、まったく授業をしなくても給料をもらえた。フロリダのマイアミに住んで、失業中の教師を低賃金で雇って代わりに授業をさせていた教師も多くいた。つまり、国民が払った税金は、子どもたちの教育に生きていなかったのだ。[7] 教員養成学校を出ても教職に就けない。一方でろくに仕事をしないでも給料がもらえる。なにやら、ポストに就けない博士たちがコンビニで働くという昨今の日本の「高学歴ワーキングプア」を想起させるような話である。

要するに、二〇年に及ぶバティスタ独裁政権によって事態はさらに悪化し、学校は、「教養」や「ステータス」で階級格差を永続させるだけの機能を果たしていた(2)。

一九五九年のキューバ革命のわずか四カ月後にゲバラは的確に問題を指摘している。

「いま、キューバの非識字率は二五年前よりも多くなっている。なぜなら、政府の教育政策が腐りきって、国の中心部にわずかばかりの学校が建設されただけだからだ。だが、我々のやり方はこれとは違う。我々は、全人民、カンペシーノ（農民）を頼ることができる。我々は、高速道路の脇にちょっとばかりの学校を建てることで、票を求める必要はない。我々は、それが必要とされるところに学校を作るつもりだ。そして、学校は人民益のためにその教育機能を発揮することになるだろう(2)」

つまり、マルティの理想は、誰もが受けられる無料で質の高い公共教育制度の確立なくしては実現できなかった(4)。だが、革命政権が継承したのは、一〇〇万人もの非識字者と平均すれば小学校三年以下の教育水準しか受けていない国民だった(3)。カストロらは、どうやって国民の教育水準を向上させようとしたのだろうか。

2 進む革命後の教育改革

兵舎や警察を学校に転換して普遍教育を実現

カストロはやはり希代のアジテーターであろう。教育改革に着手するにあたって、こんな演説から始めている。

「なぜ、我々は砦を築こうともせず、兵営を学校に転換しているのだろうか。革命には敵がいないのだろうか。幾多もの戦いの日々がその先にあることをわかっていないのだろうか。敵の脅威が高まりつつある中、なぜ革命政権は、要塞という要塞をすべて取り壊そうとしているのだろうか。それは、革命が勝利してからというもの学校こそが革命の砦となっているからだ。かつて何千人もの兵士や士官、司令官がライフル銃を手に巣くっていた場所に、いま、数千人の子どもたちが、鉛筆、ノートを手に教師とともに働き学んでいる。ここに前進があるのだ。なぜなら、以前には何百万もの金銭が、学校を建てることには使われず、要塞の如き無用のものに費やされてきたからだ。要塞を子どもたちと書物と鉛筆で満たすことで、革命はますます強くなっている。要塞を学校に変えた我が国を打ち倒すことはより難しく不可能となろう。ここにあったライフル、機関銃、全兵士をもってしても要塞を守り抜けなかったのは、彼らの側にその大義がなく、不当なものを守ろうとしていたからだ。最終的に要塞を手にしたのは人民だった。彼らは我々から学校を奪い取ることはできまいし、それを要塞に戻すこともできまい。革命は山岳戦以上のものだ。戦争をやる以上のものだ。戦いをもって要塞を陥落させる以上の革命とは、これを学校に変えることなのだ[注1]」

革命が目指す人民主権と社会正義、そして、経済発展を支えるのは、いずれも教育だ。だから、まず最優先されたのは一般国民への教育の普及だった。[4] カストロは直ちに「教育改革法」を制定し改革に取りかかる。[3] 試算によれば、一九六八〜六九年には成人教育や職場教育を除いても、GDPの約二〇パーセントが教育に投じられた。[4] だが、革命が成就した五九年には対前年比で一〇パーセントしか予算は増額されていないし、革命一年後に新設された学校も三七校にすぎない。以前は五七年間でハバナに一校しか建てられていないのだから大きな進展だが、それだけで、学校の生徒収容力が二五パーセント、教員が三〇パーセントも増え、九月の新学期に立てられた一万八〇〇〇ある教室を二万八〇〇〇に増やす計画も、翌六〇年三月には二万五〇〇〇とほぼ達成されている。わずかの経費で、目に見える成果をあげられたのはなぜだろうか。一言でいえば、前節で指摘した前政権の不正と無駄が一掃されたからだった。視学官は一三一五人から四〇〇人に削減され、失業中の教師が教職に就き空だった教室も埋まる[10]。そして、改革を象徴する最たるものが、警察署やモンカダ兵営、コロンビア兵営等の軍事施設を学校に転換し何千もの教室を作ったことだった[4]。アジテートに国民が熱狂したのも無理はない。

全校を国有化し、教育を無料に

だが、その後の改革はたしかに目覚ましい[4]。六〇年九月に「子どもたち全員に無料で教育を受ける権利がある」とのハバナ宣言がなされ、翌六一年六月には、全教育費無料国営化法が可決し、小学校から大学まで授業料はすべて無料となる[6]。家庭の経済事情や居住地を問わず誰もが進学できるよう奨学金も設けられ[8]、六七年には二四万人の子どもが受けている[4]。

貧富の差の解消と都市と農村との格差是正が政策目標となり、富裕層しか入学できなかった私立校は一時閉鎖されて、その後人種的にも開放される[4]。米国人や富裕階層が置き捨てていった大邸宅が学校や保育園に改築され[6]、新建されたものも含めると、約二万五〇〇〇校が創設された[9]。一九六〇~七〇年代にかけて、とりわけ、建てられたのは以前には学校がなかった農村で[8]、農民やその子どもたちは、キューバ史上初めて教育を受ける機会を手にできた[9]。

教育省も改革され、数多くの教員が養成されれば、施設や教師の増加に応じて入学率も急速に伸びていく。教員数は一九五八～五九年の一二万一五〇六人から、一九七〇～七一年に二二万七九八人と増え、学校も一万七五三九校と倍以上に増えた。入学する生徒数は一九五八～五九年の八一万一三〇〇人が一九七〇～七一年には二三九万二五〇〇人と三倍近くも増え、六～一四歳の子どもの九三・五パーセントが入学するまでに至り(4)、小学校では全員入学が達成される(7)。

コラム1で紹介するように、教育を受けられずにきた成人へのフォローもなされる。貧しい農家の娘、元売春婦たち向けの特別プログラムも六〇年代の初期から早くもスタートし(4)、工場や店舗等の職場には教室が作られ、少し仕事から離れるだけで、働きながらも学べるよう配慮がされた。夜間学校も開かれ、まずは小学校、次は中学校、最終的には高校卒と達成目標はあがっていく(9)。

内情はボロボロだった六〇年代の学校現場

このように数字だけをあげていくと思わず手を叩きたくなる。だが、六〇年代の教育改革は抜本的な課題を解消できずにいた。それは、落第と退学という問題だ(7)。学校に入学した生徒がやめずにとどまる割合を残存率という。一九六一～六二年に小学校に入学した生徒の残存率はたった一四・四パーセントだったのだ(4)。

「小学生の半分は落第し、中等学校の卒業生は一三パーセントにすぎない」「一年かそれ以上留年する小学生が六二万一五〇〇人もいる。中学生では七万六五〇六人、高校生では四六四六人だ……。六～一六歳で学校に通っていない青少年は約三〇万人にも及ぶ」

様々な表現で海外の多くの研究者がこの問題を指摘しているが、[2] 六〇年代後半になっても状況は好転しなかった。多くの子どもが、それまで学校に通った経験がなかったのだから無理もない。[4] 教育は一夜では成功しない。親たちの多くが非識字者で、通ったとしても小学校だけだったから、子どもの教育も小学校だけで十分だろうと考え、革命の意味することを理解できずにいたことから、まず、親の教育から始めなければならなかった。[11]

七一年四月、ハバナで一七八一人の教育関係者が参加して「第一回全国教育文化会議」が開催されるが、教育改革はこの場において、六〇年代の教育制度が徹底的に批判されたことから始まった。[4,7]

会議で最重点議題となったのは、むろん退学と落第の多さで、その対応策とされたのは教員養成にさらに力を注ぐことだった。[7] キューバに限らず、ラテンアメリカ諸国でまず問題とされるのは、ベテラン教師の不足だが、[2] キューバがさらに不利だったのはそうでなくても数少ない多くの人材が流出したことだった。[4] 流出した市民は五〇万人以上にも及んだが、[11] 医師と同じく教師も半分が出てゆき、[4] 現場は深刻な教員不足に陥っていたのだ。[2,5]

解決手段として、革命政権は「補助教師運動」を始める。補助教師とは、物理や数学等を学んだ大学生を教師として緊急配備することだ。大学生たちが実験を準備したり、低学年の生徒たちを教えたりして、数少ない正規教員の授業を補完した。だが、大学生ならばまだいい。高校一年生ですら何千人もが教壇に立ち[2]、中学生に「緊急教員養成コース」を受講させることで、中学や職業校、専門技術校の教師を確保していた[5]。六八年には、数の上では四万七六九〇人もの小学校教師がいたが、うち約半分は最低限の研修しか受けておらず[2]、中学を卒業したばかりの間に合わせの教員に頼らざるを得ないお寒い状況だったのだ[7]。午後の授業で教える内容を学ぶために午前の授業を使う教師すらいたという[11]。

学校建設の立ち遅れや慢性的な教科書等の教材不足、教育省やその地方事務所の管理力不足、教育プログラムの資金不足、不十分な地域と学校とのつながり。一三～一六歳の子どもたちの長期欠席。低学力と落第する多くの生徒たち。若く未熟な教師と不足する専門家。六〇年代に教育大臣を勤めたベラミノ・カスティジャ・マス氏は、教育現場が抱える数限りない課題をあげている[2]。

要するに、実態はボロボロだった。一九七一年に、組織改革を含めた最初の教育改革に教育省が着手せざるを得なかったのもそのためだ[4][7]。だが、改革の内容は、カストロを満足させるものでなく、翌七二年の共産党青年会議でカストロは「これまでの教育は経済発展に欠かせない人材を育成してこなかった」と批判してみせた。たしかに、人文科学系の人材は充実してきてはいたが、彼らは技術面で経済発展に寄与しているとはいえなかった。指摘が明確であっただけに、教育省はさらに重い課題を抱え込む。一九七五年には第一回共産党大会が開かれるが、これに間に合わせるべく早急に計画の見直しを図らなければならなかった[7]。こうしてできたのが一九七五～七六年の「全国教育制度改善計画」なのである[4][7]。

学力向上と技術知識の充実を目指す教育改革プラン

教育改革プランとあわせ、特に教育に力を入れた憲法も一九七六年に公布され、[7] 七五年から政府は大がかりな制度改革に着手する。[11] まず目指したのは、教育の質の向上だった。[4] それまで一三学年からなっていた学校を一二学年制とし、小学校教育は二段階制となり一～四年生までは一人の同じ教師が教えることとした。教員研修も重視され、カリキュラムの再編成で、一三五〇もの学校プログラムや六〇〇冊以上の教科書が改定された。[4] 小学校低学年では国語と算数が重視され、生物、物理学、化学も小学校の必修科目となった。当時は高校二年までは選択科目はなかった。[11]

分権化も進む。一九七六年に新たな行政組織「人民権力」が創設され、ムニシピオや州段階の業務の一部は、教育省から「人民権力」に移管された。同時に、教員養成の強化に向け、一九七〇年代には一五〇〇以上もの教育センターが建設される。[4]

第二のポイントは、中高等教育や技術系の専門知識の充実だ。技術者育成機関としてレーニン校が開校したほか、教育学の研究も深まり、一九八四年には「キューバの教育理論と実践」が公式出版される。労働と学習の原則も深められ、系統だった就職指導も図られていく。[4]

こうした改革の結果、一九七五～七六年には、都市と農村とでは幾分格差が残ったとはいえ、小学校の退学率は二八・五パーセントまで下がった。[4] 七〇年以降は、中学校も農村地域に建設され、図書館や体育館といった施設面では十分とはいえなかったが、それでも比較的高い教育水準が保たれる。[6] 中等教育の入学者も一九七〇〜七一年の二七万二五〇〇人から一九八〇〜八一年の一一四万六五〇〇人へと急上し、[4]中学校の入学率も一九六〇年の一四パーセントから九〇年には九〇パーセントにまで伸びた。[8]改革後の一〇年で、一九五八年に小学校八八パーセント、中等学校一一パーセント、高等教育〇・三パーセントだった学生の構成比が、それぞれ五四パーセント、四〇パーセント、六パーセントへと大きく変わる。進学率もかなり伸び、小学校では約九三パーセント、中等学校でも六六〜七〇パーセントが卒業するまでになる。[11]これは改革の成果といえよう。

進級が自己目的化した学習指導と学力低下

だが、一九八〇年代に入ってからも、教員の質と教材不足が最大の課題である点は変わりがなかった。教員の質を高めるため、一九七二年には教員養成機関（教育大）への入学要件は、小卒から中卒に変わり、七七年には、中等教育の教師となるには高卒の資格を求めた。だが、改革がスタートした時点では、小学校教師の四六・八パーセントしか研修を受けておらず、[11]一九七八〜七九年には四万二〇〇〇人の教師全員が正規の「教育実習プログラム」を受講してはいたが、研修期間はごく短かった。うち二万五七〇〇人はこの年に教育大で、さらに高度な研修を受けはしたが、その受講資格要件はいまだに中卒だったのだ。

一九八一年六月の記事で、あるベテランの教師は『若い教師の中には研修にまったく関心を示さず、意欲が乏しい不適格者がいる』と述べている。同月に開催された第五回全国教育科学教師会議や一九八六年に開催された「第三回共産党大会」、八七年の「共産党青年同盟会議」の場でも、繰り返されたのは教育の質だった。

教科書、黒板、チョーク、化学試薬等の教材はあいかわらず不足し、研修期間も短い。八〇年代に教育大臣を勤めたホセ・ラモン・フェルナンデス氏もこの課題にふれ、教員の資質向上と同時に、多くの生徒がなぜ数学や物理学、化学を嫌うのかの理由を突き止めることが欠かせないと述べている(2)。第一章第一節で述べたように落第は小学校からある。四年までは無試験で進級する。だが、五年生では六〇パーセントが学校、四〇パーセントは州が作成する試験を、六年生では、六〇パーセントが学校、四〇パーセントは国が作成する試験を受け、これで卒業できるかどうかが決まる。五年と六年の進級には外部評価基準も設けられていた(11)。

となると、ここでひとつ疑問が湧く。教員の資質もそれほど改善されず、生徒たちの学習意欲も高まっていないのに、落第する生徒が急に減り、進学率が伸びたのはなぜか、という疑問だ(2)。

フェルナンデス元教育大臣は、その理由のひとつを明かす。

「進級率が授業の成果の基本指標、目標となっていたからです」

校長にとって一番重要なのは進級率だ。各学期末試験や卒業試験を無事にパスできるかどうかが教師や校長の評価目となり、進級率の高いクラス担任は優れた教師とされ、キャリアや地位もあがる制度となっていたのだ。逆に落第率が多い教師は、その理由を校長にきちんと説明できなければならないし、落第した生徒は、校長やそれ以外の教師、学校委員会の調査対象にもなる。成績は教師や学校だけでなく生徒にとっても死活問題だ。小学校五年生からの平均成績で高校や大学に進学できるかどうかが決まるから必死になるし、落第した生徒は再試を受けられるよう校長に要求できる。再試では二度とすべらないように配慮して落第させた教師が除かれる場合すらあったという。こんなことをしていては学力が伸びるわけがない。

フェルナンデス元教育大臣は、一九八五年二月に、授業や試験のやり方を改善するよう校長に呼びかけ、同年六月の高等教育セミナーでも、数値上の成果をあげるために進級させるよりも、どう教えるかが大事だとし、校長たちに各教師の授業内容をよく指導し問題点を洗い出すよう促した(2)。だが、一九八六年一一月に開催された全国教員会議に参加した一人の教師は、問題は教師ではなく制度にあったと主張している。

「一番問題だったのは、推進主義でした……。授業の質が進学率で測れると信じられていたのです……。ですから、教師は多くの生徒を進学させるよう求められました。同意できずに、間違っていると口にしても、聞く耳を持たれませんでした……。推進主義という競争を始めた者は、もはや教師ではありません」

一人ひとりの生徒の学力を測るよりも進級率を出す方が簡便だし、統計的な成果の「証拠」にもなる。

進学率を重視するあまり、それが自己目的化し、無言のプレッシャーを教師たちにかけていたのだ。(2)

ソ連型中央集権主義教育の光と影

キューバの教育が数値としての形骸主義に陥ってしまった背景にはソ連の影響がある。(4) 六〇年代からキューバはソ連との関係を深め、マルクス・レーニン主義に呼応した教育学を学ぶため、学生たちが共産主義国に派遣されれば、(7) ソ連からも専門家がやってきていた。六〇年代の教育課題もソ連の専門家を交えて検討されていたし、七〇年になされた教育改革もソ連他の社会主義諸国をモデルとした改革だった。(4) 米国の統治時代には米国流の教育を押し付けられ、革命後もソ連に染まる。小国キューバは大国の思惑に左右されたのだった。

もちろん、ソ連流の「経済的実用主義」には悪い面だけではなく、経済政策と教育政策との関係を密にし、技術・専門教育が重視されることにつながる。(4) 東欧圏諸国への技術留学も可能となり、(7) 八〇年代初期には六〇〇〇人以上がソ連で高等教育を受け、八九年には八〇〇〇人もがソ連内の各都市で学んでいた。(4)

だが、メリットの半面、縦割り行政が管理する技術優先教育という問題点も同時に抱え込む。(7) 教育制度は驚くほど中央集権化・官僚化されていたから、現場での改革はまず不可能に近かった。学校はすべて国立だし、教師の勤め先も国以外にはない。教育省の権限は圧倒的だ。資本主義国とは違って金権政治に振り回されずにすむことは強みだが、共産党中央委員会からも細かい指図をいちいち受けることになる。ある教師が教育現場を変えようとしても、まず校長から承認されなければならない。高校ではその校長すらも、校内共産党の代表や学生連盟代表と協議しなければ決定を下せない。校長のOKをもらっても、ムニシピオにある教育省事務所の判断を仰ぎ、ここをパスしてやっと教育省まで提案が持ちあがる。教育省はそれを共産党委員会に伺いを立てる。何段階もの官僚機構を経て全国段階で評価されなければならないし、政策として認められるには、大枠が政府の計画と合致していることも前提となる。勤務時間や給与、労働条件といった事項はむろん提案の蚊帳の外だ(2)。これでは現場からの改革が進むわけがない(2)。

そのためか、これほど進級に力を入れていたにもかかわらず、進学率の低迷や落ち込みが全国的に目立ってきた。学年では高校で、地理的には都会の密集地で最も落ち込み、例えば、中学の進学率が最も低下したのはハバナだった(2)。

一九八六年四月、教師の能力改善とカリキュラムの内容を精査するため、教育省は中央教育大に付置組織として特別対策委員会を創設する。また、進学率の落ち込みに対応するため、一九八五〜八七年には一大キャンペーンも展開する。学生たちに特別試験を実施し、不合格の生徒には特別夏期講習の受講を求めた。だが、結果は悲惨なもので、例えば、アルゼンチン・ドミニカ共和国校では、八三人が数学で合格点をとれず、三九人が再試を受けたが二〇人が落第した。それ以外の試験成績も悪く、進学の落ち込みは続いた。一九八六〜八七年の前期試験では、ハバナ市内の中学生の七五パーセントが試験に落ち、三九パーセントは追試も落第した。市内の全中学生の約三分の一、三万五〇〇〇人以上が前期にひとつ以上の科目を落とした。うち、一万五八六〇人は再留年組だった(2)。

ゆとり教育の失敗とキューバ流ペレストロイカが目指す教育改革とは

一九八六年二月の第三回共産党大会で、カストロは「学生や教師、そして、教育制度全般にも懸念がまだ残る」と公式に批判し(4)、従来のソ連型のやり方を改めるキューバ流ペレストロイカ、「誤りの矯正キャンペーン」が始まる。共産党が組織した議論に一七万人もの教育関係者が参加し、一九八七年にはムニシピオと州の教育関係者を対象とした第一一回全国セミナーが、一九八九年には第一二回セミナーが開かれる(5)。

キューバでは教育に常にイデオロギーが付きまとう。六〇年代の「教育革命」を特長づけた理想主義は、それ以降の社会発展のモデルとなったが、これもイデオロギー色を帯びている(4)。その最たるものがゲバラだ。ゲバラは「キューバにおける人間と社会主義」という論文で(7)、「共産主義を構築するには、物的基盤と同時に新しき人間が創造されなければならず、それを達成するには社会全体が巨大な学校とならなければならない」と書き残したが(4)、この「新しき人間」の育成が六五年以降の教育政策のドグマとなっていた(7)。

矯正運動は七〇年代の実用主義を再強調するものであったが同時に全員のための普遍的教育という六〇年代の理想主義に立ち返るものだった。(5) マルキシズムには、協力や相互扶助を重んじ競争を否定する側面もあったから、(2)「試験問題を難しくすることが学力の向上につながるという発想はおかしい」との批判の声もあがり、一九六二年以来、最低合格点は七〇点だったのに、教育省は大学以外の全課程でそれを六〇点に引き下げ、期末試験からいくつかの人文学の科目をなくすという試験の簡便化を行う。キューバ流の「ゆとり教育」といえるだろう。だが、意図に反してもたらされたのは、大学以外での学力低下だった。この学力低下を最小限に抑え込む手段として、その後、レーニン校のようなエリート校でなされたのは、ソ連式の教育評価基準をモデルに再びテストで学生に等級づけをすることだった。(2) この右往左往ぶりはどこかの国の教育政策を想起させるような話ではないか。

とはいえ、この矯正運動にはいまにつながる改革の萌芽も見られる。一つは科学的社会主義の行き過ぎた受け入れが批判され、教育思想が変わったことだ。規律や服装の標準化、権威主義的で一方的な授業、暗記一辺倒の学習、形式的な知識の詰め込みが見直され、生徒の創造力を伸ばす参加型の学習が強調される。二つ目は分権化で、授業管理からテスト、教材、教師の採用・評価に至るまで一切合財を中央で取り仕切っていた従来の集中管理を見直し、学校や校長、教師の自主性に任せるようにしたことだ。そして、第三に地域とのつながりが重視されたことも見逃せない。一九八八年には「全国家庭教育グループ」が組織され、家庭と学校との連携を強化する戦略が打ち出される。九〇年に開かれた初の全国ワークショップでは、ロール・プレーイングやその他の参加型のテクニックが初めて全国会議で用いられている。そして、八七年にはキューバ初訪問を記念して、パウロ・フレイレとのインタビューが「アメリカの家」で出版されている。[5] だが、こうした改革が日の目を見る間もなく、キューバは未曾有の経済危機に突入してしまうのである。

注——一九五九年十一月二七日と六〇年一月二八日の演説から筆者が再構成。

◉コラム1

成人教育と生涯学習

キューバでは、労働者や農民、主婦等を対象とした成人教育も充実しており、次の三コースが設けられている[5]。

労働者・農民のための基本教育（四学期の小学校教育）

労働者・農民のための中等教育（四学期の中学校教育）

労働者・農民のための学部教育（六学期の高校教育）[2][5]

これは生涯学習ともいえるが、もともとは非識字者が多かった悲惨な社会状況を反映して誕生している。識字力向上運動で、基本的に読み書きができるようになった農民や労働者たちが、さらに上の学習を希望したため、工場等の職場内に「成人・労働者教育センター」が設立され[3]、「小学校卒（六グレード）のための戦い」や「中学校卒（九グレード）のための戦い」と称される成人教育運動が展開されたのだ[3][4]。

マリア・ホセファ・ペレス・ビジャ成人教育局長は、識字教育運動の段階で小学校卒の水準に学力を身に付けた人が出てきたことから制度が生まれたと説明する。

「そこで、『セギミエント（継続）』という新たな方法が生まれたのです。識字教育運動の組織をベースに、一九六二年の二月二六日にまずスタートしたのが、小学校レベルを学ぶコースで、同時に、高校レベルの『学部教育』も始まります。そして、翌六三年には中等教育も始まります」

なぜ、小中高の順番にならず、学部教育が先に始まったのかというと、一定水準に到達した生徒をまず高卒レベルまで引き上げ、技術者や緊急教員とする必要があったからだという。当時の逼迫した人材枯渇状況を彷彿とさせる話だ[6]。

一九六一～七〇年にかけ、約五〇万人がこうした成人教育を受けたが、参加者はその後も減ることはなく、一九七一～八〇年では一三四万人、八一～九〇年でも九七万人が受講している。成人教育の充実で社会人の大学進学者も増え、一九七〇～七一年には社会人大学生の割合は一五パーセントだったが[4]、一九七八年には五〇パーセント[1]、一九八三～八四年には五四パーセントと半数を占めるに至る[4]。だが、仕事のある社会人は、午後か夜間コースしか参加できないし、大学が近くにないと通学も難しい。その一方で希望者は全国にいる。この溝を埋めるため、一九七九～八〇年には高等教育省により、全国の一五のセンターで「遠隔教育プロジェクト」が立ち上げられる[1]。遠隔教育とは、視聴覚機材やコンピューター等を用いるいわゆる通信教育だ。自分の都合で時間が調整できるし、経費も安い。開発途上国では教育機関への通学が物理的に困難な場合が多いことから、ラジオやテレビを用いた成人教育や教員研修が盛んだが、遠隔教育は生涯学習にも有効な手段として、様々な教育場面に適用されつつある。

キューバではそれ以前からメディアを活用してきた経験があり、ラジオは一九六〇年代から重要な教育手段となっていた[3]。

「識字教育運動のときから『パキナス・ノエナス』という番組がありましたが、一九七五年からはテレビでロシア語講座も始まりますし、また、一九八〇～八五年には「中学校卒のための戦い」、『ラ・バタヤ』という番組もできます」と局長は説明する[6]。

働きながら大卒の資格が得られるコースの立ち上げは、ハバナ大学遠隔教育学部が中心となったが、関係する六学部と二九の教育学部が連携し、五〇〇人以上の教授陣が関わった。教材は、正規の授業と同じだが、独習のための練習用のワークブックや自己評価のためのスタディー・ガイド、ビデオ、ラジオとテープのような補足教材も使われる。これを開発したのは、ハバナ大とサンチアゴ・デ・クーバ大のチームだ。

法学四二講座、歴史学四二講座、科学・技術情報・図書館司書学三八講座、会計学四一講座、経済学四〇講座が設けられ、受講者は、自分の学力、空き時間、動機や関心、それまでの学習経験に応じて、最低四〜二四科目まで選べ、発足時では入学者の約一五パーセントが経済学を、残りの半分以上は法学を受講した。

なお、受講料は無料だが、中級水準の教育を終え、最低でも一年の社会人経験を持つことが条件で、年齢制限もあり、二五〜三五歳で試験に合格しなければならない。受講期間中も、二・三月、五・六月、九・一〇月と年に三回の試験があり、三〇日前に申請してこのどれかを選ぶことになる。そして、最後は四時間に及ぶ国家試験を会場に出向いて受験しなければならない。これは、大学と同等の学力水準にあることを確認するためで、ハバナ大学が作成した試験問題を各地域の高等教育センターが試験まで厳重に管理した。受験したのは受講者の三分の一だが、受けても合格率は四〇パーセントとハードなものだった。

高校までは進学が推進されるのに、大学では半数が落ちるというのは意外に思われるかもしれない。だが、大卒に見合った学力を伴わなければ卒業させないというスタンスは、正規の大学でも同様で、ヨーロッパの伝統を踏んでいる。放送大学といっても日本でイメージされるのとは少し違うのだ。この遠隔教育は、その後、全国民のための「万人のための大学」へと発展していく。

3 経済危機とソ連型高度成長モデルのゆきづまり

経済危機の中でも閉じられなかった学校

ソ連圏崩壊をカストロ政権打倒のチャンスとみた米国はキューバ民主化法（一九九二年）、ヘルムズ・バートン法（一九九六年）[8]で経済封鎖をさらに強化する。一九八九年から九四年にかけ、GDPは四三パーセントも落ち込むが[8]、それは一九三〇年代の世界恐慌に匹敵するほどの深刻なものだった[10]。公共交通は麻痺し、国中で停電が続き、建設資材不足で住宅や公共施設の修理もできない[8]。

当然のことながら、教育環境も急速に悪化する[8]。危機以前は、どの子どもも毎年二回、キャンプに出かけ、一週間のビーチ・リゾートを楽しめた。成績が優秀な生徒には、頑張ったご褒美としてバラデロ・ビーチで一月のバカンスを享受できる特典もあった。だが、こうした贅沢はもはや過去の話となった[1]。ガスや灯油不足で古い家具や公園のベンチを燃やすことで各家庭は料理をしていたほどだから[6]、校舎の修理どころではない[1]。机や椅子用の木材が不足すれば、電球、紙、鉛筆、ペン、チョークといった教材の供給も滞る[8]。危機以前は、毎年約二五〇〇万冊の本が出版され、書店や学校は教科書や書物であふれていた。キューバが協力していた、アンゴラやモザンビークといった国々へも、無償かタダに近い値段で提供するゆとりもあった。だが、新たな出版はできなくなり、ほとんどの教科書は、九二年前後に出版されたものだけとなる[5]。各家庭との連絡用の紙すらなく[8]、小中学生には靴や制服も無料提供されてきたが、それを作る原料もない[1]。

状況は農村でも同じだった。全寮制の農村学校での昼食や軽食、夕食の無料提供は、革命の大きな成果とされてきたが[1]、都市と比べれば幾分ましではあったが、給食は量質ともに低下した。近くに家がある生徒は、自宅で食事をとることになり、そうでなくても苦しい家計に負担をかけた[8]。

これほど深刻な経済危機に直面すれば、無料の教育や医療はとても維持できまい。誰もがそう考えた[8]。だが、九三年二月に「教育会議93」がハバナで開催された折には、ラテンアメリカ各地からの五五〇〇人以上もの教育関係者を前にカストロはこう演説してみせている。

「それは、どう説明できるだろうか。輸入品の七五パーセントを失った国家、以前の消費エネルギーのたった四〇パーセントだけでやりくりしなければならない国家、社会主義陣営の消失とソ連解体で、その貿易取引の八五パーセントを失った国家が、深刻な経済不況の中でも、ただ一校すら閉鎖されず、ただ一人の生徒も教師なしに残されていないことを……[5]」

もちろん、これまでのようにすべてが無料というわけにはゆかず、高校の給食代や成人教育の授業料等、新たに料金が設けられたものもあったが、それはごく一部で、柱となる無料の教育制度が危機を理由に廃止されることはなかった[8]。

ギャラップ機関は、この時期、教育についてのインタビュー調査を行っているが、七二パーセントが「大いに満足」、一七パーセントが「ある程度は満足」と答え、「少し、あるいはまったく満足しない」はわずか八パーセントとなっている。最悪の状況下でも、子どもたちへのケアや教育を堅持したことが、カストロの人気につながったといえるだろう[3]。

例えば、一〇〇〇人当たりの幼児死亡率を見てみると九〇年に一〇・七人だったものが、九五年には九・四人、二〇〇〇年には七・二人と減り、二〇〇六年は五・三人となっている。同じく五歳未満の児童の死亡率も九〇年の一三・二人が九五年に一二・五、二〇〇〇年に一一・一と順調に減り、二〇〇六年は七・一人となっている。子どもの健康指標は維持されるどころか伸びたのだ。二五〇〇グラム以下で生まれる未熟児は、食料危機で母親が十分な栄養がとれないために、八八年の八・七パーセントから九三年には九・〇パーセントに増えたが、九五年には七・九パーセントと下がり、以降は改善し続け、二〇〇六年は五・四パーセントとなっている。厚生省が「全国低体重プログラム」を発動し、危険度の高い妊娠女性を全地区で特定し、妊娠女性が労働者のカフェテリアで毎日、最低でも一度は無料の食事をとれるようにしたからだ[6]。食料危機の中でも、子どもたちがバランスのとれた食事ができるよう政府は懸命に努力し、店舗の棚から牛乳がなくなった最悪時でさえ、保育園や学校には提供された[1]。経済危機の最中でさえ子どもたちが影響を受けずにすんだのにはちゃんとわけがある。

教師たちも頑張った。ハバナのベダド地区のオルランド・パントハ小学校のマルタ・サンチェス校長は当時の状況を次のように語っている。

「政府は、日々、牛乳を含め適切な食事を保証しています。学校委員会では各クラスの親たちが、学校が抱える問題に対して何がやれるかを議論し、コミュニティ組織や地方政府も、学校の維持に協力しています。医薬品が入手できないなどの困難はありますが、何よりも子どもたちを最優先し、状況改善のために皆が頑張っています。私たちは降伏しません[8]」

教師たちは知恵を絞り、紙や鉛筆が不足すれば、それを共有させることで助けあいの心を教え[1]、教科書を直すことでモノの大切を教えた[8]。練習帳も鉛筆で書いて消しゴムで消せば何度も使いまわせるようにした。こうした涙ぐましいほどの教師の創意工夫が、少なくとも一部はモノ不足を埋めあわせたのだった[4]。

進学率の低下と中退の増加、就職先の減少

だが、こうした努力にもかかわらず、不登校や学力低下の問題が再び急浮上し[7]、進学率も落ちていく。特に、落ち込みが大きかったのは、高校や専門技術校だ。一九九〇～九一年には、中学を卒業した生徒

の九四・五パーセントが進学していたのに、一九九四〜九五年には八六・四パーセントに落ち、同時に退学率は八パーセントまであがる。進学希望先も変わり、高校よりも工芸・技術職業校の人気が高まった。高校や専門技術校の多くは農村にあり、交通事情の悪化で教師たちが通えなくなり、休講が続いたというのがその理由だ[8]。

進学率の落ち込みは大学ではさらに大きく、一九九〇〜九一年の二〇・七パーセントが九六年には一二パーセントとなり[2]、九七〜九八年には九〇〜九一年時の五一・三パーセントとほぼ半減する[7]。この低下理由は、入学枠が引き締められたためだ。キューバでは、大学に進学することは、即、卒業後の就職先も保障されることを意味していた。だが、経済事情の悪化で、卒業後の就職先が確保できなくなったのだ[8]。

以前の半分にまで削られた教育予算

経済危機の中でも政府は社会福祉サービスの維持に努めた。GDPがガタ落ちになる中でも、全予算に占める支出額は相対的には増えた。だが、厳しい予算繰りの中で、社会福祉費を捻出するため教育費には大鉈が振るわれた[8]。一九八九年には、GDPの六・七パーセント、政府総予算の一二・八パーセントも占めていたから[5]、九〇〜九四年にかけ一八パーセントもカットされた。無論、最低となったこの時点でさえ、GDPの九パーセントにとどまり、国連が推薦する六パーセントはもちろん、他の中南米諸国よりもはるかに高かった[8]。だが、結果としては、八九年に一六億六四〇〇万ペソあった教育費は、九八年には九億六四〇〇万ペソまで削減され、人口増を加味すれば、一人当たりの教育費は一五二ペソから八七ペソまで半減したから、教師たちは傷んだ設備や教材不足に苦しめられることになる[7]。

観光業に転職していく教師たち

教育予算の削減とも関係して教員不足も深刻化する。一九九〇～九一年には、二三万三四一五人の教師がいたが、九八～九九年には一九万七五六八人と八・五パーセントも減っている。教師を目指す若者たちも減り、九〇～九一年には二万八六五五人が教員免許を取得したが、九七～九八年には六〇二〇人だけとなっている[7]。教育は医療と並んで重視され、教師は人気職であったはずなのに、なぜ、こんな事態を招くことになったのだろうか。それは、経済の自由化に伴って、格差社会が到来したことにある。

政府は、景気回復に向けて様々な経済再編策を講じていく。それは、一言でいえば、従来の基幹産業であった砂糖に代わり、観光業を奨励し、農工業型経済から、サービス産業のソフト経済へとシフトさせることだった。肥大化した省庁や国営産業の贅肉をそぎ落とし、工場を閉鎖してリストラを行う。あわせて、ドル使用を合法化した。それが、格差につながる二重通貨経済を生み出してしまったのだ[8]。

危機以前は、政府の給料だけで、誰もが比較的ゆったりと暮らせたが、ドル解禁で状況はガラリと変わる。例えば、観光ホテルのウェイターは、それまでは賃金が最も低い職業のひとつだったが、チップが手に入るから、実質的にペソの給料しか得られない専門家の何倍も稼げる。キューバ人たちは、これを「逆ピラミッド」と呼ぶ。[8] 教員たちの平均給与三五〇ペソはドル換算すれば一二ドルで、最も給与が高い教師でも二〇ドルにすぎない。[9] ところが、観光業や外資系企業で働けば専門職としてドルが稼げる。[4] 結果として、一九九三～九四年にかけ教師の約八パーセントが、新たに誕生したサービス業に転職した。[8]

革命が最も成果をあげたのは、農村まで教育を普及させたことだった。だが、皮肉なことに、この転職で最も打撃を受けたのは農村だった。常識的には農村までは影響は及ばないように見える。だが、農村で働く教員たちも教職を捨て、観光業へと走った。[9] 観光が発展した東部の州では、年に四～八パーセントも教師が減り、数だけではなく教員のモチベーションを維持することも困難となった。[4]

格差の広がりによる社会の荒廃

自由化の影響は教師だけでなく一般市民にも及んだ。政府は一九九三年に家庭レストラン「パラダル」の経営、タクシー運転手、美容師、漁師と様々な自営業を認め、一九九五年には一三万八〇〇〇人が自営業を営むことになる。だが、ドルは自営業だけではなく、海外、主に米国に住む親戚からももたらされる。その額は年に四億～八億ドルとされるが、これが送金のある家庭とない家庭との格差を生む。男女平等の理想も揺らいだ。一九九七年の失業率は男性では四・四パーセントだったが、女性のそれは一〇・一パーセントにも達した。食料不足で家事のやりくりに時間や手間をとられ、多くが退職を余儀なくされたのだ。格差による社会荒廃は離婚率の増加にもつながり、一九九八年には落ち着くが、一九九〇年の三・五パーセントが九三年には六・〇パーセントに増えている。(6)

社会主義国キューバでは、サラリーマンといえば全員が国家公務員になるのだが、格差の広がりとともに多くが、副業を強いられた。闇市での美術品や工芸品の販売、モグリでの部屋の貸し出し、白タク。副業に励むことは、子どもたちに十分に目をかけられないことを意味する。(8) 程度の差はあれ約三五パーセントの労働者がドルでの報酬を受け、約半数の国民がドルを手にするほどまで浸透すれば、子どもたちへの影響も大きい。ドルショップで物を買ってあげたくても、ドルを稼げない親は買えない。だが、午後の半日、世界遺産の指定も受けた旧市街地アバナ・ビエハで観光ガイドをするだけで、政府で働く父親の一月分以上の給料を稼げてしまうのだ。親の権威は丸つぶれになり、観光が盛んな地区では、ティーンエイジャーの売春や犯罪といった社会問題が表れ始め、(6) 学生たちは学業の道から外れていく。(9) 北アリゾナ大学のシェリル・リュートイェンス氏は、一九九六年には二万人以上がこうした影響を受け、アバナ・ビエハの「カスコ・イストリコ」通りで、五〜一一歳の二二〇〇人以上の少年が働いているとリポートしている。(6)

若者たちに広まる社会の閉塞感

毛沢東の言葉に「貧しきを憂えず、均しからざるを憂える」という発言があるが、これは、ソーシャル・キャピタルの本質をふまえた名言だ。誰もが同じく貧しい中で共通の目標を目指している限りは、社会はかなりの困難も克服できる。戦後の日本が焼け跡から復興していった姿をイメージしていただければいい。だが、格差社会はこのソーシャル・キャピタルそのものをぶち壊す。九〇年代後半に、キューバが直面したのは、物質主義、利己主義、個人主義、助けあいの気持ちの喪失と、半世紀近くをかけて育んできた革命の根本理念を揺るがしかねない危機だった。しかも、同時に、社会科学者が「階級固定」と呼ぶ問題にも直面していた。夢多き経済成長時代から閉塞した停滞社会へのシフトだ。[10]

革命を直接体験した世代やその子どもまでは、ばら色の未来が開けていた。サトウキビ刈り労働者や売春婦等の社会の最底辺で虐げられていた「ワーキングプア」たちも、無料の教育を受ける機会を持てた。勉学に打ち込み資格をとれば、誰もが医師、技術者、教師や指導者になれる道が平等に開かれた。[10] 学校を卒業した子どもたちが出会うのも、学歴に基づく平等で公平な社会だった。医師や技師等の専門家と最低賃金労働者とでは四・五倍もの給料差があったが、それは努力したことへの評価であり、努力は確実に報われたから希望に格差はなかった。[6] 多くの人材が米国に流出したことは痛手だったが、そのおかげで逆に、空いたポストに就くこともできたし、革命以降の経済発展で創出された様々な職業にも就職できた。ところが、九〇年代の経済危機を体験した若者たち、革命の第三世代には、そうした立身出世のチャンスはもはやほとんど残されていなかったのだ。[10]

深刻な原材料やスペア部品の不足で工場が操業できなくなったときでさえ、政府は労働者に賃金を支払い続けることで、所得水準の維持に努めてきた[10]。一九九〇～九八年にかけては、一五万五〇〇〇人が失業したが、九一年から給与の最低六〇パーセントを維持する失業手当政策を講じている[6]。だが、若者たちにとって魅力的な雇用先は創出できなかった。城繁幸氏は『若者はなぜ3年で辞めるのか？』で世代間の格差固定が若者の夢を奪っていると指摘しているが、それを想起させる話ではないか。しかも、将来の幹部候補生となるエリート校に入学するのは、専門家の子弟ばかりになってしまっていた[10]。試験は平等であっても、成績は家族の文化や教養水準と無関係ではない[5]。それは専門家以外の家庭に生まれた子どもが、出世できるチャンスが少ないことを意味していた。労働者階級の子どもの多くが、自分たちには機会がないと感じる一方で、専門家たちに見合った就職先を創出することも経済的に不可能になったから、大学進学への道も狭くなる。そのうえ、苦労して大学を出たところで、稼げる給料はたかが知れている。観光業では楽をしてその何十倍も稼げてしまうのだ。専門家の子弟さえ、両親と同じような地位に就くことに魅力を感じなくなっていた[10]。

いくら生活保護を手厚くしても、働くインセンティブがなくなる「失業の罠」はヨーロッパでも問題となっている。つまり、キューバが直面したのは、財源削減を強いられる中でも、さらに教育内容を充実させること。社会格差を解消すると同時に、従来の生活保護型の所得保障から誰もがやる気を出して自立につながる雇用型の社会福祉政策にシフトすること。そして、グローバル化に直面する中で、若者たちに夢をもたらす新たなビジョンと教育モデルを作り出すということに厄介な問題だった。

III

財政危機の中でも
さらに充実した教育制度

教育制度を充実させようにも国家財政は破綻し、採算があわない産業はリストラしなければならない。この厄介な問題に直面したキューバが取り組んだのが、乳幼児や障害者、リストラされた失業者等の社会的弱者を切り捨てず、コミュニティを巻き込んだ総合学習社会を構築することだった。

街中の公園を保育園の代わりとし、地域住民がボランティアで作った紙製の応接セットで遊ぶ幼児たち

1 保育園からコミュニティへ——キューバの乳幼児教育

ユニセフや世界銀行も評価する総合的な幼児教育

財政が破綻する中でも、さらに教育内容を充実させる。この難題で成果をあげたひとつに幼児教育がある。プロローグでは教育モデル国としてカナダが評価されていると述べたが、そのカナダの幼児教育の専門家、ハリファクス大学子どもセンターのマーゴ・カーク所長は、キューバに学ばなければならないと主張する。

「カナダの幼児教育はまだ十分なものではありません。働く母親のための『ケア』と子どもを成長させるための『教育』とが別立てのままなのです。ところが、キューバでは生涯学習に幼児教育を位置づけていきます。先進国として資金が十分あるはずなのに、キューバでやれて、どうしてカナダではできないのでしょうか(3)」

所長の指摘は日本にもいえるかもしれない。保育園は児童福祉法に基づくが、幼稚園は学校教育法に依拠していて、対象年齢層や保育時間が違う等バラバラなのだ。

「子どもたちほど大切なものはない」。これはキューバではどこでも目にできる政府のスローガンだが[3]、単なるプロパガンダではない。革命のごく初期からカストロは「教育は基本的な人権であり、生まれた瞬間から始まる生涯学習と見なさなければならない」と主張してきた。だから、幼児教育も「ケア・サービス」ではなく、健康や幸福を実現するための「生涯学習戦略」の一環に位置づけられている。総合的な幼児教育が目指すべき目標であって、保育園はそのための一手段にすぎない。しかも、この理想は経済危機の中で進展・充実した。

「財政事情が悪化すれば、普通私たちの政府は予算を削減します。ですが、キューバは違いました。経済危機時には以前と同水準の社会政策を維持する資金がなかったにもかかわらず、『より少ないもので、さらに多くを』という政府の掛け声のもとで充実し、国が創設した幼児教育プログラムを〇～六歳児の九九パーセントが活用しているのです」とカーク所長は驚いている[4]。ユニセフや世界銀行からも称賛される総合的な幼児教育制度をキューバはどうやって誕生させたのだろうか。まずは保育園を訪ねてみよう。

保育園の庭で思い思いに
遊んでいる 1、2歳児

幼児用の教育番組クルク
クを見る園児たち

保育園内にある紙製のテレビ。
ゲバラが写っている

室内の様子を描いた絵の使い方を聞くお母さんたち

何があるのかちゃんと言えるか母親が確認

公園に設置された紙製のキッチンセットで遊ぶ子どもたち

公園に設置された紙製のパソコンを操作してみせる子ども

テレビを見ながらダンスを踊る園児たち

ベダド地区の海岸通りには、超高級ホテル・メリア・コイーバが聳え立つが、そのすぐ裏手には崩れかけた旧市街が広がる。その一角にある保育園の門をくぐると狭い庭で、一歳と二歳の園児たちが、思い思いに遊んでいた。

ユマラ・オラサバル園長先生の案内で、建物に入るとまず広い食堂がある。

「この保育園は一九八六年からあり、一〜四歳児一二二人を預かっています。ここでは食事だけでなく、おやつもとれます」

隣にあるトイレの便器も洗面所も子ども用に小さい。歯ブラシも一人ずつ用意してあるが名前が書いてあるので、もう読めるのかと驚くと、歯ブラシの上を見てくださいと笑われた。

「絵が描いてあるでしょう。ちゃんと自分の歯ブラシがわかるように絵で区別してあるのです[7]」

ちょっとした配慮のようだが、どの保育園も国営だから、政府のガイドライン「就学前教育」に従っている[2]。勉強や遊戯はもちろん、園児の成長や日々の健康を医師と看護師がチェックし、定期健康診断もある。衛生管理も重視され、二歳児は毎日お風呂に入るし、食堂や掃除を担当するスタッフも手抜かりはなく、園長もスタッフの仕事ぶりをチェックする[3]。

二階にあがると園児たちが並んでテレビを見ている。

「これはクルククククというのは、お母さんが子どもを寝かせるためのあやし言葉で、『クルクククク、クルクククク、さあ寝なさい』と声をかけるんです」

その隣の部屋でも別のグループがテレビを見ていたが、ちょうど音楽番組を放送中で、曲にあわせて踊っていた[7]。保育園のカリキュラムでは集団遊戯を重視しているのだ[1]。

現在の国営放送は四チャンネルで、うち二つが教育チャンネルだ。音楽にあわせて踊ったり、人形と話して子どもがお医者さんになったりと、創造力を伸ばすために工夫をこらした教育省制作の子ども向けの番組が全国放送され、保育園ではこれを一緒に見ることが奨励されている[4]。番組を見るのは三歳からだが、四、五歳児向けのクルククククのほか、六歳児向けの「これからお話しするよ」もある。計一万二六七四の小学校や保育園にテレビやビデオが導入され、二六万九〇六人の子どもが番組を楽しんでいるという[5]。

保育園は義務教育ではないが、子どもの身体や知性、道徳心や芸術性を伸ばし、その後の学習の基礎固めには欠かせないと[1]、新生児～一歳、二～三歳、三～四歳、五歳と四段階できめ細かい幼児教育が行われている[2]。国語、芸術、音楽、世界の知識等の科目があり、年齢に応じたカリキュラムは学校規則二二条第二項で「遵守すべき」とされている[3]。

もっとも園内の教材は他の学校と同じで貧しく、キッチンセットや応接セット、おもちゃはリサイクルの段ボール等で作った手作り品ばかりだ。二〇〇一年三月に、ハバナ郊外にあるビジャ・グランデ保育園を視察した米国グループも、その困窮ぶりを次のようにリポートしている。

三人の教師と四人のスタッフ、看護師が二教室で六〇人の三、四歳児の面倒を見ていた。ブランコ、砂場、家事コーナー等とコーナー毎に遊んでいたが、教材は乏しい。家事コーナーの五人の園児は、ひとつしかない人形を共有していたし、人形の寝室用の「家具」を作るのに、歩道にチョークで描いていた。別のコーナーでも、飛行機や花をチョークで描き、自分たちで考えた石蹴りと似たゲームで遊んでいた。おもちゃもほとんど手に入らず、保育園に二個しかないボールは特別なときにしか持ち出されない貴重品だ。だが、それでも教師は、愛情を込めて園児たちに接し、図形の形を当てるゲームをさせていたし、お互いが積極的に関わりあうことを奨励していた。

保育園は社会にも開かれている。例えば、四月四日は「子どもとピオネーロの祝日」で、こうしたイベント毎に保育園に両親を招くのだ。共働きの両親が参加しやすいよう、イベントは早朝に開かれる。

子どもたちはイベントに披露する歌を練習していた。最初の歌は「さあ、急ぎましょう。お友達と遊ぶには、早く学校にいかなければなりませんよ」という歌で、どの保育園でも園児が練習するものだ。子どもたちは、クラベス、マラカスやタンバリンを使って熱心に歌い、両親も、家具を修繕したり、おもちゃを作ったり、保育園を応援している。(2)

物資が不足する中でも、熱心に取り組む姿が伝わってくる。オラサバル園長も「園児教育にずっと携わってきて、園児たちの知識が伸びているのがわかります。研究も進み、幼児教育はますます充実しています」と胸を張る。この保育園が預かっているのは四歳児までだが、小学校にあがる一年前の五歳からは発音の練習も始まるという(7)。この就学前教育(幼稚園)も義務ではないが、たいがい保育園か小学校と同じ敷地内に設けられ、教育省が制作したワーク・ブックを用いて、四子音(m、p、s、l)と五母音をまず学び、一年生では残りの子音を習得し、絵入りの歌や詩の本で書き方を学んでいく。国語力の高さを支える文章表現力の練習は幼稚園から始まっているのだ(2)。

働く母親たちのための保育園

だが、保育園や幼稚園には全員が通えているわけではない。教育省のマリ・カルメン・ロハス・トレス幼児教育専門官に聞いてみると「足りていません。保育園はお母さんが働いている場合にだけ入れます。希望者が多ければ、お母さんの勤め先の仕事の重要度に応じて人民権力(地方の行政事務所)が選ぶのです」との回答が返ってきた。平等とはいいながら、親の仕事で優先権があるわけだ(7)。

というのも、全国では保育園は一一一六、小学校内の幼稚園は一〇六八あるのだが、州別ではハバナがそれぞれ四一二園、一〇六八園と圧倒的に多い。ハバナでは比較的カバー率は高いが全国的にならすと、全幼児のそれぞれ一六・九、一二・二パーセントと、あわせても三〇パーセントに満たない(二〇〇二年値)[5]。もちろん、親が病気がちで育児が困難であったり、問題を抱えた子どもを預かる寄宿舎付の専門保育園、混合乳幼児サークルや視力や聴力や知的障害のある子どものための特別な保育園、特別乳幼児サークルもある。だが、一般にあるのは「通学用乳幼児保育園」と呼ばれ、働く母親に代わって、月曜から金曜の朝六時半から夜六時半まで、生後一カ月から五歳までの子どもを預かるのが原則なのだ[6]。これには、働く母親のために保育園が作られたという歴史的経緯も関係している。

時計の針を半世紀ほど遡ってみよう。第二章にも書いたように革命以前は超格差社会だったから、保育園どころではなかった。福祉施設や慈善団体による乳幼児教育もあったものの恩恵を受けられたのはたった一六〇〇人だけだった。だから、革命二年後の一九六一年には早くも生後四五日から六歳児までを預かる新タイプの保育園制度が発足している。

当初、三七カ所、二四一五人の園児から出発した保育園制度は、一〇年後の七〇年には六〇六園、四万七三七〇人と急速に充実し、あわせて、都市部を中心に全国で小学校内での五歳からの就学前教育も広まる[5]。だが、その主目的は、女性たちが安心して働き学べるためだったから[3]、制度を立ち上げたのも、女性たちの権利を守る組織、キューバ女性連盟だった。女性たちが職場進出するには、保育制度の充実が必要だったのだ[1]。

だが、間もなく幼児教育の重要性が改めて認識されると、国の長期計画にも組み込まれ、一九七一年には乳幼児研究所が設立される[3]。一九七六〜八〇年にかけては、児童教育心理の研究も実施され、小学校内に設けられた就学前教室に通う子ども向けの幼児教育プログラムも作成されていく。[5] 一九八〇年には女性連盟に代わって、教育省が保育園や乳幼児研究所を管轄することとなり、[3] ベースとなる幼児教育思想も初めはソ連のものを踏襲していただけだったが、ひとり一人の幼児の情緒を伸ばす大切さが認められると、キューバ独自の価値観や文化を生かす教育モデルが発展していく。[4]

経済危機の中で誕生した新モデル

だが、共働きが増えたため保育園の収容力は不十分なものとなっていた。[2] そこを経済危機が見舞う。教科書、鉛筆、ノート、その他の教材も不足し、一九六二年の創刊以来版を重ねてきた幼児教育の専門誌「シミエンテス（種子）」も、一九九二年には廃刊を余儀なくされ、以前に出版した一部を増刷することで間に合わせるしかなかった。だが、政府は「ただひとつの学校も保育園も閉鎖しない」と宣言し、口先だけではなくその政策を実施した。一九九〇年に一一一六あった保育園が一九九三年には一一五六園になるなど、わずかだが増えすらした。[4] とはいえ、建築資材不足で新たな保育園は建てられないし、増やすだけの金もない。苦肉の対応策として一九九二年から実施されたのが、出産前後に各三カ月間取得できるようにした産休政策だった。[2] 有給での産休は最長一年で、無給でもかまわなければさらに半年延ばせる。同じ法律では、夫と育児休暇をわけあうことも規定した。[3] 優秀な女性には早く職場復帰してもらいたいというわけだ。

つまり、それまでの保育園は働く母親だけが利用できたが、育児休暇を延ばしたために一齢児までは自宅での子育てが可能となった。となれば、幼児教育も家庭が中心となる。[5] ではどうするか。教育関係の研究者たちは、新たな状況に対応できる方策に知恵を絞った。こうして危機の最中の九二年にユニセフの支援も受けて誕生したのが、保育園に頼らずに幼児教育を行うプログラム、「子どもを教育しよう」だった。[4]

地域で子育て「子どもを教育しよう」プログラム

ハバナのベダド区にあるアマデオ・ロルダン公園に足を運んでみると、早朝から公園の片隅に一五人ほどのお母さんたちが子どもと一緒に集まっていた。

「いま六歳までの家庭教育をやっているところです。共同活動と呼ばれ、両親や子どもたちだけでなく、コミュニティのボランティアも参加しています」

前出のカルメン専門官が説明するように、会場にいた女性のボランティアのスタッフは、輪になって集まる両親たちを前に「昨日、お子さんは家で何をしましたか」と質問をし始めた。

「中庭に水をやりました」

「おもちゃで遊んだ後も散らかしませんでした」

「朝早く起きると自分で歯を磨いて洋服を着てしまいました」

「女の子なので、すぐ私の真似をしてしまいます」

「ねぇ、ママ、ママと次から次に質問をします」

スタッフの女性は満足そうにうなずくとコメントを添える。

「子どもは両親の姿を見ていますから、家庭内では家族のハーモニーがなければいけません。そして、いつも本当のことを言わなければいけません。おねがいします。失礼します。ありがとうございます。この三つの言葉はちゃんと教えなければなりません。では、前回にお渡ししたパンフレットを復習しましょう。子どもの前で歯を磨いてみせなければなりませんとありますね。では、今日はさらに次のステップです」

全員が手にした茶色の大きな封筒からごそごそと絵を取り出す。室内の様子が描かれているが、これはグループ内で絵が上手な両親が手作りで作っているものだという。

それまで隣でままごとをしていた子どもたちが呼ばれると、お母さんと車座になっていっせいに座る。

「お母さんは絵の中で何をしていますか。ちゃんと言えますか」

絵は描かれた父親や母親を言葉で表現できるかどうかのテキストだったのだ。これが終わると、青、赤、黄色と丸く切った紙が封筒から取り出され、その言葉どおりカードが選べるかどうかの練習が始まる。続いて、手製の詩も配られる。

「子どもさんは、ちゃんと詩の内容を話せましたか。良い発音もとても大切ですよ」

見ていると、一人の女の子はもう詩を覚えており、それを諳んじて見せた。続けて、子どもたちは紙を丸めてボールを作ると、それを輪に入れる練習を始めた。

「これから後は体操をやります。ですが、いきなりやって身体を痛めないように、まず少しずつ身体を動かして血行をよくするのです」とカルメン専門官が理由を説明する。

公園での子どもを交えての集会は、週に二回ほど開催され、子どもの成長とともにメンバーが入れ替わりながらすでに四年目を迎えるという。

「保育園の先生にも手伝ってもらっていますが、活動の本当の目的は、幼児ではなく親たちを教育することにあるのです」

参加している人たちの感想を聞いてみると、保育園と同じ教育が受けられるとなかなか評判がいい。あるおばあさんは「我が家では母親が働いているので、代わって私が孫の面倒を見ていますが、とても助かっています。それに、孫が見るテレビの幼児向け番組もとても良い内容です」と微笑んだ。(7)

子どもを教育しようプログラムは発足した当初は四〇パーセントそこそこの普及率だったが、一〇年後の二〇〇二年には全国に八七万四〇一六人いる〇〜六歳児の七〇・九パーセントをケアし、既存の保育園と幼稚園をあわせると、九九・五パーセントをカバーするまでになっている。(5) カーク所長が評価する普遍的な幼児教育が一〇年で達成できたのだ。

モデルとなった山村での育児実験

だが、カルメン専門官によれば、急速に普及したのは参考となる先例がすでにあったからだという。「実はプログラムは、経済危機以前からスタートしていました。東部のオリエンテ地方には山が多く、子どもたちは長い道を歩かなければ学校に通えませんし、ただ一人の子どものためだけの保育園もありません。そこで、小学校にあがる前の子どものために、山奥に住む両親を指導して先生になってもらうプログラムがスタートしていたのです。良い結果が得られ、それが後に都市部にも広がったのです[7]」

専門官のいうプログラムとは、八一～八二年にサンティアゴ・デ・クーバ州のパルマ・ソリアノ・ムニシピオで、学校に通うことが難しく就学前教育を受けられない農山村の五～六歳児のために行われたパイロット・プロジェクトのことをさす。さらに、一九八四～八五年には農山村での幼児教育の特別研究プロジェクトが実施される。率いたのは中央教育科学研究所だが[4]、教師だけでなく、体育の専門家、心理学者、小児科医、栄養学者、衛生士、社会学者等も参加し、事前診断、実施、結果のモニタリング評価という三段階で〇～六歳児への教育成果を戦略的に実験した[5]。

こうした研究は、一九八三～九三年までなされるが、都市、都市近郊、農村・山村とその居住地を問わず、幼児教育の効果が確認され、各家庭内で教育を行える可能性も見えてきた。続く第二段階の研究では、教師やカウンセラーも参加し、さらに家庭内での子育てを支援していく。こうして新たな幼児教育の手法が模索されていた時期とちょうど重なり、「万人のための教育世界宣言」が開かれる。宣言を受けて、キューバは、就学前教育を受けられずにいた五歳児の一〇パーセントをカバーし、〇〜四歳児では一九九六年までに五〇パーセント、二〇〇〇年には七〇パーセントまで幼児教育を伸ばす目標を掲げる(5)。一九九二年に作られたユニセフ・キューバ事務所の支援も受けて、コミュニティベースで全国プログラムが展開されていく。

全国展開には、教材作りやモニタリング評価も伴い、一九九二〜九三年には、ハバナとグランマ州内から選んだムニシピオで、普及に必要な支援体制やスタッフへのトレーニング内容、教材デザイン等を検討し、コミュニティも参加して効果の確認作業を行っている。

一九九四年には、成果を確認し戦略を再設計するため、第一回全国モニタリング評価がなされ、その三年後の九七年にも、保育園や幼稚園とこのプログラムを比較した分析がされている。

この結果、運動では八九パーセント、知性では八三パーセント、自立心では、九〇パーセントの子どもに期待され成果が見られたのだ(5)。

地域が育てる子どもたち

プログラムの鍵となるのは九二年にユニセフの支援で出版された幼児教育用の冊子だ。これは、一九八七年に発行された「子どもを教育しよう」を簡略化したもので、全国の各地区や組合、その他の大規模団体に配布された。現在、発行されているのは、九冊のシリーズだが、質問とそれに答える形で、誕生から六歳までの子どもの健康から情緒面での発育や、両親の果たす役割等、子育てに必要な情報がふんだんに盛り込まれたイラストによって一目でわかるように作られている。また、祖父母も孫の子育てに加わることが奨励されている。

最重視されているのは、情緒面での発育で、しからずに粘り強く愛情を込めて育てることの大切さが強調されているが、この背景には児童心理学の理論がある。知性や身体の面では、遊びをベースに高価なおもちゃがなくてもすむように具体的な事例が満載され、家庭を清潔に保ち、幼児が十分な睡眠や栄養をとることや健康診断や免疫接種を受けに定期的にファミリー・ドクターを訪れ、育児について自由に質問するようにとも勧めている。

冊子と並ぶもうひとつのポイントは、積極的なコミュニティ参加だ。小学校にあがる準備として、二歳になると、体育館でのスポーツ、集団でのお誕生日会、芸術・音楽・ダンス等の文化行事とコミュニティが組織する様々な活動に両親と一緒に参加する。地域の大人たちも幼児教育を無理なく支えられるよう各地域の教育省、厚生省、文化・スポーツ省、革命防衛委員会、若者共産党連盟の代表が集まり、コーディネーター・グループも作られている。もちろん、キューバ女性連盟も重要な役割を果たす。(4)

そして、教師や医師等の専門家スタッフも各グループに派遣される。(6) 健康面では、ファミリー・ドクターと看護師が妊娠中から母親や両親をガイドし、文化面では、芸術インストラクター、文化コミュニティ・センターや博物館が参加する。体育ではスポーツの教師が加わり、保育園はプロモーターや実践者のためのトレーニング・センターとして働く。二万七八九九人いる推進者の七五パーセントはヘルスケアや教育関係者で、九万六八〇五人いる実践者も六〇パーセントはヘルスケアや教育関係者だ。しかも、教育関係の実践者はほとんどが保育園の教師だから、自分が面倒を見た幼児を自分の生徒として受け入れることになる。[5]

冊子に沿った各家庭での教育が基本になるとはいえ、人数的には幼児六人に対して一人いる計算になる[5]スタッフが各家族を訪問して遊び方を教えたり、各種相談もに応じるし、[3]公園やコミュニティ・センターに集まって、[1]同年齢の幼児を抱えた両親たちが出会う機会もあるから、[3][4]一人で育児に悩む必要もない。[6]つまり、不足する保育施設やスタッフをコミュニティを巻き込み、地域で子どもを育てることで補完したのだ。

「プログラムは家でかわいがり、保育園に入れたくない親からも喜ばれています」とカルメン専門官は胸を張った。[7]

他国も手本とするキューバの乳幼児教育

「子どもを育てようプログラム」の取り組み経験は、ユニセフ、ユネスコ等の国際機関ともわかちあわれ、プログラムの存在は、国際会議を通じて、他国の専門家にも知られていく。経費がかからず、様々な地域のニーズに適合できるから、当然注目される。キューバでは、ラテンアメリカ各地域で幼児教育に関わる専門家との交流を推進する目的で、ラテンアメリカ就学前教育参考センターが一九九八年に設立されているが、センターや教育省には、「我が国での立ち上げを支援してほしい」との要請が寄せられるようになってきた。センターのアドバイスで、すでにメキシコ、グアテマラ、エクアドルでは「子どもを育てよう」と同様のプロジェクトが立ち上がり、例えば、メキシコではサン・ルイス・ポトシ州の八三町村で一九〇〇家族、三〇〇〇人以上の子どもが、同じ手法で学んでいるという(5)。経済危機の中から誕生したプログラムは、キューバ以外の幼児たちにも恩恵をもたらしていることになる。

雨宮処凛さんの著作を紐解くと、夜中に目を覚まし、母親がいないことに子どもがパニックになることを恐れて、睡眠薬を飲ませてから働きに出かけるシングルマザーが登場する。

「一日に二件も三件も仕事を掛け持ちし、早朝から深夜まで働かなければならない。日本ほど子どもを産みづらく、育てづらい国はない」と雨宮さんは指摘する（二〇〇八年二月二七日　社会新報「文化人コラム」「過労のシングルマザー」より）。

どの自治体も行財政事情が逼迫している昨今だ。ない袖は振れないという行政の立場もわからないわけではない。だが、こうしたケースが生まれるのは、それ以上に日本では子育てがあくまでも親の自己責任とされているからではないだろうか。一方、日本以上に財政が破綻する中でも、ここまでキューバが努力したのは、どの子どもも平等に知識や文化を身に付けて成長する権利があるとの哲学があるからだ[5]。第一章第五節でふれたように教育はコミュニティの共同責任とされ、育児を母親に任せきりにするのではなく、子どもは社会全体の宝とされている[3]。プラトンは『国家』の中で子どもを社会の共有財産とする理想を描いたが、キューバの取り組みはこの原始共和制を想起させるものがある。

だが、哲学だけでなく科学的な理由もある。人類は進化の過程で直立二足歩行をしたために子宮口が狭く出産がしにくいという難題を抱え込むこととなった。だから、サルやチンパンジーは脳の七〇パーセントを完成させて生まれてくるが、ヒトの場合は二三パーセントと未発達なままに誕生し、その後に急成長する。これが、そもそも育児が必要となった生物学的な理由だ。キューバは医療が盛んだから、脳神経科学の研究から、ニューロン結合の七五パーセントが二歳以下で形成され、その結合カーブが一〇歳になると落ちていくことを意識している。だから、子どもたちの教育は普通発想されるように三〜四歳から始めるのでは遅く、その出生時から始めなければならず[5]、価値観の約七五パーセントが幼少期に形成されると主張する[4]。

冒頭で登場したカーク所長はこんな感想を述べている。

「九〇年代のキューバが受けたすさまじい経済危機の実態は、他国で暮らす者にはとうてい理解できないものでしょう。ですが、この危機の中でも『万人のための教育』は堅持され、経済混乱の最中に、幼児教育の機会が拡大されたのです。キューバは『子どもたちほど大切なものはない』とのスローガンどおり、貴重な試みをしたように思えます[4]」

2 キューバの教育を支える先生たち

子どもたちへの深い愛情でモノ不足を克服

財政破綻する中でさらに教育を充実させること。二番目の課題はニュー・ビジネスへ転職していった教師の穴埋めだった。もともと貧しいうえに経済封鎖で、ちょっとした教材すら得られない。このキューバが抱える深刻な問題については、繰り返しふれてきた。(5) にもかかわらず、高い教育水準を維持できている大きな理由には、先生たちの頑張りがある。(3) 一九九九年の米国グループの視察リポートは、生徒との強い絆を次のように高く評価する。

「教室には米国なら絶対に欠かせないはずのモノが不足している。コンピューターもろくになければ、あったとしても時代遅れで、図書室の鉄製の本棚には埃をかぶった古本があるだけだ。だが、子どもたちはとても規律正しい。教師は生徒に知識を伝えたいと願い、生徒も学びたいと思っている。米国と同

モデル校として訪問する際に案内されるセサレオ・フェルナンデス小学校。新築の建物の内装は目新しく、校庭には有機学校菜園も整えられている

じだけの教材や機材をふんだんに使えたなら、どれほど成果があがることだろう。つまり、キューバはハイテク機器がなくても成果をあげられることを示している。どんな科目であれ、教育の基本となるのは教師と生徒との関係で、それが学力向上には決定的なのだ(1)」

二〇〇四年のカナダからのスタディー・ツアーも教師のやる気に驚いている。

「キューバの教育は遅れたもので、知識も不足しているとばかり思っていた。だが、実際に現地を訪れて、その信念や子どもたちにかける情熱を目にしてうらやましくなった」。キューバ人たちは、子どもたちを心底から愛して働いている。子どもや高齢者たちへの愛の深さは感動ものだ。三〇年以上も教鞭をとるある教師はこう言った。

「もし明日死んで、また生き返ることができたとしたら、ずっとやってきたこの仕事をまたしたいと思いますね(9)」

一六歳の高校生が教壇に立つ小学校

いまではプラヤ区にあるセサレオ・フェルナンデス小学校のように、カラフルに塗装された学校もあるが、ハコ物よりもその中で教える先生たちの熱意と情熱が重要だということだろう。だが、驚かされるのは、教師たちの多くが若くて、かつ、圧倒的に女性が多いことだ。校長はもちろん教室にいるのも、二二歳とか二七歳の女性ばかりだ。おまけに、ペドロ・マリア・ロドリゲス小学校のジェシカ・マルチネス・サラビアさんに至ってはメレナ・スルにあるハンガリー革命教育専門高校の二年生で「姉がこの学校の教師をしている縁でここで勉強していますが、子どもが大好きなので、毎日がとても充実していて楽しいのです」とにっこりと笑う。ビジェナス・フ

左がお姉さんで右がジェシカさん。日本では高校生に授業を任せて大丈夫なのだろうかと心配になろう

中学で15人の生徒を見るネイシ・ゴンサレス先生は、マヌエル・ヒスベ教育大の3年生

ローレス中で教えていたネイシ・ゴンサレスさんも二〇歳で、まだマヌエル・ヒスベ教育大の三年生だ。

「ここには一年生のときから来ています。大学には週に一度出かけ、一五日毎に二〜三時間の講義を受けています。もちろん教師という職業は大好きです」

ゴンサレスさんが受け持つのは教室の半分の一五人だが、ベテランのファン・アントニオ先生が同じ教室で授業をしているから、実践スキルを学べるし、何か問題が生じれば、アントニオ先生が指導し、ゴンサレスさんはそれをノートに書き記すなどの役を果たす。つまり、大学入学と同時に教育実習に励んでいることになる。だが、若い未熟な教師に不安はないのだろうか。小学校でもサブ・ティーチャー制が取り入れられ、マルチネスさんだけで授業を受け持つわけではない。ベテラン教師と一緒にいるから心配ないというのが政府の見解だが、第二章第二節でふれたようにこれまで若い教師の質の低さにずっと悩まされてきたではないか。「生徒と教師の年齢が近すぎて頼りない」との声が父母から寄せられているとも聞く(12)。そこで、先生がいない場所で、生徒たちに感想を聞いてみると、中学二年のディアナさんは「若いといっても、勉強がよくできますし、本当に好きで授業をやっています。授業の準備も万全だし、年が離れていない分、身の回りのこととかを相談しやすいのです。とても良い先生です」と答えた。それを隣で聞いていた同じ二年のディエシカさんも、「私も先生になりたいわ。子どもたちに良いことをたくさん教えたいし」と将来の夢を語る。取材統制されたキューバでは外国人には一切本音を言わないとの指摘もあるが、筆者の体験では否定的なことを一切口にしないわけではない。例えば、ホセ・アントニオ・エチェリベ大のマリベルさんらのグループは「若い先生は知識もあるし教え方もうまいけど、年配の先生の中にはつまらない授業もする先生もいるからちょっとね」と率直に不満を口にしていた。つまり、若くて熱心な先生の後ろ姿が、生徒たちに好印象を与えていることは間違いない(12)。

教師は誰からも尊敬される難関の専門職

教師が子どもたちのあこがれの職業のひとつとなっているのは、皆から尊敬される専門職だということもある。第一章第五節に登場したハーバード大学のチェン・ツァイは「米国では小学校教師は社会的に高く評価されないし、多くの州ではそれ以外の職業に比べて給料も安い。他の仕事に就けるチャンスが多いこともあいまって、教職はあまり魅力的な職業となっていない。だが、キューバでは人々から尊敬される職業で、給与もそれ以外の専門職に引けをとらない。エンジニアになれない二流の学生が就く仕事ではないのだ」と正鵠を射た指摘をしている[4]。

キューバでは教師のステータスはかなり高く[2]、いまでは保育園の教師になるのも大学を卒業して「教員免許」を取得することが必要だし、なかには特別な科目の授業で免許を持たずに一時的に教壇に立つ専門家もいるものの、非常勤講師はあくまでも例外であって、どの教員も免許を持っている。免許は、幼児教育、初等教育、中等教育、特殊教育など分野毎に二一種にも及び複雑に思えるが、一九七六年に一般教育改革法で定められて以来、すでに三〇年も経過しているから社会に定着している[3]。

給料も一九七五年以来確立された賃金表に基づき[6]、保育園の教師でも大学教授と同水準で、医師や技師といった専門職ともほとんど遜色がない[2]。

とはいえ、経済危機が格差を広げ、多くの教師が離職していったことは大問題だったから、九五年に危機が底を打つと政府は教育への再投資を始め[7]、九六年以降は教育費も徐々に増えていく[8]。その際、まず実施したのは、金銭面でのインセンティブを与えることで、人材の観光業などへの流出をくい止めることだった。九九年二月には教員や補助教員の給与が、三〇パーセントアップされることが決まり、二〇〇〇年の政府リポートによれば、以前に他産業に就いていた教師たちも、その約三分の一は、その後に教育現場に戻っている。

景気回復とともに、学生の進学率も復活する。中学の入学率は九〇年時の八九パーセントにとどまっていたが、中学以上の入学率は一九九〇年時を上回った。高等教育機関への進学率も、一九九六年には

一二パーセントまで落ち込んでいたが、二〇〇〇年には二四パーセントにまで高まる。(7)

教師を目指す若者たちは、高校卒業後に「高等教育機関」と称される教員養成用の専門大学に進学するが、[注1](3)志望者が増えたためにこれがかなりの難関となっている。

「教育大は全国に一五あり、試験科目は、国語と数学、歴史ですが、合格するのはとても大変です。以前に弟も教師になろうと志願したのですが、点がとれずに入学できませんでした」と、高等教育局のヨナル・デル・サル・アヴィラ視学官はコネも効かないと苦笑いする。(12)だから、教師を目指す学生たちは、高校生の段階から勉強を始める。(6)しかも、試験では学力だけでなく、教師としての適正や専門的能力、道徳観も面接試験で試される。(3)(6)[注2]視学官によれば、こうした難関を突破した一万七〇〇〇人以上の若者たちが教師を夢見て勉学に励んでいるという。(12)フィンランドでも教員養成大学はすべてが国立で、優秀な学生が教師となっているが、キューバもすべてが国立で授業料や教科書代は無料だから、教師になるのに学費はかからない。(3)そして、生徒の成績も他のラテンアメリカよりもいい。ハイレベルの中から、選りすぐりの生徒が教師を目指すから、教師になってもハイレベルの授業ができ、それがまたできる生徒を生むという「好循環」が働く。(11)

実習を重んじた実践的な授業

さて、難関をかいくぐった後に教師の卵たちが受けるのは、ヴィゴツキーやマカレンコ[注3]等の教育哲学をベースとした包括的な教育だ[11]。例えば、一、二年生では国語、英語、数学、キューバ革命史、体育、芸術鑑賞等の一般科目が中心だが、三年生からは専門科目が加わる[6]。専門科目は、幼稚園、小学校、特殊教育等、希望する教員免許に応じて選択科目制となっていて、中学や高校教師の場合、①数学・コンピューター科学、②物理とエレクトロニクス、③化学、④生物学、⑤地理、⑥職業教育、⑦マルクス・レーニン主義と歴史、⑧国語と文学、⑨英語、⑩ロシア語、⑪芸術教育、⑫音楽教育と一二分野を専門にできる。だが、専攻分野にかかわらず、発達学、教育史、教師と社会、思春期の成長、教育心理学は専門科目として必須だ。

一方、技術・職業校の教師になることを目指す学生の場合は、普通高校ではなく、技術系の専門校を卒業した後に教育大に入学する。この場合は、①力学、②エレクトロニクス、③建築、④経済、⑤農業・畜産、⑥機械の六分野のひとつを専門にできる[3]。

だが、いずれの科目も教壇でどう教えるかに重きがおかれている[11]。児童発育理論等の理論も学ぶが、一番重視されているのは、教育実習を含めた現場での実践で、カリキュラムのほぼ半分を占める。一年生と二年生では週に一日と一カ月の実習があるだけだが、三年生と四年生になると実習はカリキュラムの半分にまで増え[3]、ベテラン教師からきめ細かい実習指導を受けることになる[6]。そして、最後の五年生では週に一日、「高等教育学研究所」で講義を受けながら、選んだ専攻と関連する二つのプロジェクト研究をこなし、さらに卒業研究もこなさなければならない。プロジェクトとは、自分が身をおくことになる環境、つまり、学校や家庭、コミュニティの現場課題に、学んだスキルをどう適用するのかの研究だ。これほど実践が重視されているのも、現場で実習を重ねる中でこそ、生徒の技量が伸びていくと考えられているからだ[3]。

手厚い新米教師へのサポート体制と教員研修

日本では教員免許を取得したからといって、すぐさま教職に就けるとは限らない。だが、キューバでは卒業生全員の就職先は保証されている[3]。就職先としてはたいがい出身地近郊の学校が割り当てられるが[5]、適切な教員採用枠がない場合でも、教育者としての身分は得ているから、ムニシピオや州で教育行政に携わることになる。そして、その後は毎年の評価を通じて給料もアップしていく[3]。

つまり、入学は難関であっても、入学と同時に就職もほぼ自動的に決まる。というよりも、入学定員数そのものが、国が必要とする教員数によって定められている。端的にいえば「教育大入学試験＝教員採用試験」というわけで、戦前の日本の師範学校をイメージしていただければよいだろう。

そして、教師になった後のフォローも手厚い。新米教師を受け入れるムニシピオと、生徒を卒業させた教育大の双方は、定期研修を行うとともに、教室を訪れて授業のやり方の成長ぶりをチェックする責務を負う[3]。これだけ実習を重ねてきているのだから、もういい加減よさそうなものだが、教師になってからも、さらに良い授業ができるよう正規の「現職教育」と非公式のオン・ザ・ジョブ・トレーニング

マリアナオ区のシウダ・デ・リベルタ（自由都市）内に位置するエンリケ・ホセ・バローナ大は教育大の総元締め。隣はラテンアメリカ教育高等研究所だ

が続いていく。例えば、幼稚園や小中学校の教員向けには、教育大と高等教育学研究所の教育学部が研修を行い、高校を卒業しただけの緊急教員や技術・職業訓練校で教鞭をとる中間レベルの教師向けには、教育大が昼間コースを開いている[2]。

こうした自己研鑽のためのセミナーや研修は、勤務時間内に行われ、その間の授業は免除されるし[3]、研究中も給与が出る長期休暇、「サバティカル」もある[5]。日本のように休暇をとって研修に参加したり、上司の目を気にして長期休暇がとれない心配もない。

さらに、将来の教育界の指導者としてのアドバイザーや視学官を養成するための現職の専門家を講師陣とする高度研修コースも設けている[3]。あわせて、校長や教頭等への管理職研修も充実しており[2]、ある校長は、一一週間毎に研修講座に参加すると語っていた。これほど研修が重視されているのも、一人ひとりの生徒の成績の責任が教師にあると考えられているからだ[4]。

学びあう教師たち

教師の専門性を高めるための研修内容は極めて実践的だ。教材づくりから、そのデザイン、出版、配付にいたるまで、すべてを一手に引き受けているのは国だが[2]、どんなに洗練された教材も教師や生徒に活用されなければ、なんら教育的な価値はない。だから、カリキュラムでも、一応全国基準は設けられているが、地元の状況に応じてスケジュールは各校により様々だ。実情に見合った運用をできるよう現場にはかなりの裁量権がゆだねられ、運用にあたっては学生たちも教師と一緒に学習環境を調べる。教師のやる気と創造力を重視しているわけだ[2]。

各学年毎に制作された教師用のガイドブックの優良事例も現場に根ざしたものだ[2]。カリキュラムや教材づくりに生かすため、教師たちは、実践体験を教育大とわかちあうために母校をよく訪ねるし[4]、教員同士の交流も盛んだ。専門分野毎に相互学習するワーキンググループがあり、教師たちは二週間毎に会合を開いては、互いの経験をわかちあう。授業のやり方や教材の作り方、学校が抱える問題への対応策、評価の方法、現場のニーズにカリキュラムをどうあわせるか等が議論され、出された課題は「問題の銀行」として集められ、対応策も立てられる[2]。

経験を生かした実践的な応用研究を行うことも教師たちの大切な役割で、問題への対応策や授業のやり方の研究成果は、「アクション・リサーチ・プログラム」として二年毎にムニシピオの教育委員会に発表される。[3][6]優れた事例は、ムニシピオ、州、国と各段階の教育委員会を経て選考され、ベスト九〇〇に選ばれた研究は、国内外の参加者を前に国際会議で発表される。見事に最高賞を射止めた教師には、観光地での有給休暇や劇場とコンサートのチケット等の特典もある。こうした手法は、現在、国際的にも取り組まれているアプローチとほとんど変わらず、[2]こうした刺激が、教室で教鞭をとり続ける教師たちのやる気を維持するうえで役立っている。[10]

だが、飴がある一方で鞭もあり、教師たちはその能力を常にチェックされている。授業のやり方は、幼稚園、小学校、中学校と段階毎の「全国教育水準管理評価基準」に基づき、校長やムニシピオの代表から評価をされ、優れた教師はその報酬として休暇をもらえることがあるが、成績が悪いとペナルティとして減給されることすらある。[2][4]勤勉さや時間厳守がチェックされるのは当然とはいえ、授業がうまくできずに、受け持つ生徒がノルマを達成できないだけで、減給されるとはまことに手厳しい。指摘された教師は、翌年に向けた「自己開発プラン」も立てなければならない。とはいえ、「教育サークル主任」が、毎月、授業中に教員を訪ねて、何か問題が検出されれば、改善に必要な研修内容を決めるなど、一緒になってサポートするし、教師の評価も校長のような管理職だけでなく、教員の相互学習グループや共産党、教育大、組合、青年共産党組織も加わる参加型で行われ、授業が現場と常に対応することを目指している。つまり、不適切な教員と烙印をおして免職させるための評価ではなく、あくまでも、一人ひとりの教師が生涯学習を通じて、専門性を伸ばし、良い授業ができるように実施されているのだ。[2]

例えば、若い教師の授業内容の責任を持つのは校長で、ベテラン教師、校長や副校長が教室での授業のやり方をチェックするのだが、される側もそれを当然のこととして受け入れている。[11]

少人数教室実現のための改革

教師の給料アップの次になされたのは少人数教室の実現だった。まず小学校で二〇人学級を実現するため、「緊急教員」が養成された。緊急教員とは、一年間のトレーニングを受けた後、現役教師の指導のもとで勉強を続ける制度だ。[7] 若者たちの教職離れに危機感を覚えたカストロは、中学を卒業しただけの生徒を緊急教員とするプログラムを立ち上げ、二〇〇二年九月までに六〇〇〇人の小学校教員を卒業させた。[8] 続けて、中学でも一五人教室を実現させるため、新キャンパス、サルバドル・アジェンデ校で、二〇〇三年秋までに五〇〇〇人の新任教師を確保した。これは、失業中の若者を一年で教員へと養成するコースで、誕生した新任教員の平均年齢はわずか一九歳だった。[8] ハバナでは教員不足で一時は一クラスの人数が平均三七人にまで増えていたが、二〇〇二年九月には市内全校で二〇人学級を実現させた最初の都市となる。[7] 必要な教室を確保するため改修には多くの市民もボランティアで汗を流し、カストロも改築中の学校現場を視察し、新たに教師になった若者たちを前に「これは識字力向上運動の歴史の再

表9　各州にある教育大学

地　　区	大 学 名
①ピナル・デル・リオ州	ラファエル・マリア・デ・ネンディベ大
②青年の島	カルロス・マヌエル・デ・セスペデス大
③ハバナ州	ルベン・マルチネス・ビジェナ大
④ハバナ市	エンリケ・ホセ・バローナ大（本部）
	エクトル・ピネダ・ザルデヴァル大
⑤マタンサス州	フォアン・マリネジョ大
⑥シエンフエゴス州	コンラド・ベニテス大
⑦ビジャ・クララ州	フェリクス・ヴァレーラ大
⑧サンクティ・スピルトゥス州	カピタン・シルベリオ・ブランコ大
⑨シエゴ・デ・アビラ州	マヌエル・アクスンセ大
⑩カマグェイ州	ホセ・マルティ大
⑪ラス・トゥナス州	ペピート・ティ大
⑫オルギン州	ホセ・デ・ラ・ルス・カヴァジェロ大
⑬グランマ州	ブラス・ロカ・カルデリオ大
⑭サンティアゴ・デ・クーバ州	フランク・パイス・ガルシア大
⑮グアンタナモ州	ラウル・ゴメス・ガルシア大

現だ」と励ました(8)。つまり、本節の前半で述べた教育大の授業内容はオーソドックスなもので、いま現場では少人数教室の実現に向けた改革の真っ只中にあるということになる。では、再び現場に戻ろう。

大学生のときから教壇に立つ総合教師

全国に一五ある教育大は表に掲げたとおりだが、ビジェナス・フローレス中のゴンサレス先生が通っているというマヌエル・ヒスベ大の名前が見当たらない。外務省の国際プレスセンターの日本担当のニウルカ・エレナさんに電話帳で調べてもらっても出てこない。

「聞いてみましょう」とエレナさんは校名とゴンサレスさんの名前を確認するとすぐに教育省に問い合わせてみてくれた。

以前の修道院の学校を改築したマヌエル・ヒスベ中学校は、大学の学部も兼ねる

「わかりましたわ。マヌエル・ヒスベ大学は、ミクロ・ウニベルシダドだったのです」

首をかしげていると、エレナさんは補足説明をしてくれた。

「ミクロ・ウニベルシダドとは、全市町村にひとつは大学を設置するといういま政府が進めている改革です。つまり、本部はマリアナオ区にあるエンリケ・ホセ・バローナ教育大なのですが、マヌエル・ヒスベ中学が大学になっているわけです」

「えっ、中学校が大学になっている」

早速、マリアナオ区にあるマヌエル・ヒスベ大学に足を運んでみると確かに、以前の修道院を改築した中学校だった。だが、いくら説明を聞いても、どうも実態がよくわからない。すると通訳を務めてくれているミゲル・バヨナ氏が助け舟を出してくれた。

「私の長男も現在ハバナ大学の社会コミュニケーション学部の学生ですが、自宅のあるディエス・デ・オクトゥブレ区のマイクロ大学に通っています。わざわざアバナ・ビエハにあるハバナ大まで通学しなくてもすむからです」

となると、ハバナ大学はいらなくなってしまうではないか。

「まあ、現場をご覧になればイメージが湧きますよ」とバヨナ氏は早速その中学に案内してくれた。大学になっているというエウヘニオ・マリアデ・オスコス中学で説明を聞くと次のような答えが返ってきた。

「中学には三九七人の生徒が在籍していますが、授業があるのは月曜日から金曜日までで、夕方の四時半から五時二〇分には終わります。そこで、夜六時からは大学に変わるのです。土曜日も朝の八時から昼の一二時、一三時までは大学です」

社会コミュニケーション学部のほか、心理学、司書学、法律、社会文化学、情報科学、会計学やエンジニア向けの数学を学ぶ総勢二五八人もの大学生が在籍しているという。ちょうど訪れたのが土曜日の午前中だったこともあり、三々五々と大学生たちが登校してくる。

つまり、ゴンサレス先生は、「中学」という大学に通っていたことになる。(12) 少人数学級を実現するために、こんな斬新なやり方で新任教員を養成していたのだ。

エウヘニオ・マリアデ・オスコス中学校も夜間や土曜日はハバナ大学に変身する。若い女性はちょうど登校してきた「ハバナ大生」だ

生徒たちの間では、医学や工学といった分野の人気が高く、医師や建築家が過剰となる一方で、それ以外の技術者は不足気味となりがちだ。そこで、小学校のときから将来の職業選択に向けて、仕事への関心を高める授業が行われているが、その一環として、一九九四〜九五年には、将来の教師を目指す生徒のための専門高校も創設された。授業内容は普通高校と同じだが、卒業後に教職への道を選ぶよう、教育大との濃密な連携がとられているという(1)。ジェシカ・マルチネスさんも、こうした制度改革の結果、一六歳で教壇に立っていたわけだ。

ロベルト・ボス中等教育局長は、この制度改革を次のように説明する。

「少人数教室の実現に向けた改革で重要なことは、この改革で教員養成のための大学教育も変わり、総合的な教育ができる教師が養成されたことです。一年生は学部で勉強しますが、二〜五年生では実際に中学校で一五人の生徒を受け持ち、同時に自分の専門科目も学ぶのです。新プロジェクトは発足してすでに五年が経過し、いまでは総合教師が四六〇〇人も卒業しています」

新プログラムでは、さらに多くの時間を生徒たちと一緒にすごせるよう教育大生たちは二年のときから教壇に立っていることになる。[12] 総合的な教師の育成、そして、現場が大学になるという話を聞いて、ふと気がついた。前著『世界がキューバ医療を手本にするわけ』で紹介した「総合医師」と本書の総合教師。そう、医学生たちが、地区診療所を大学として学んでいる医療教育と同じ制度が、教員養成の現場にも導入されていたのである。

注1——なお、体育の教師はこれとは別コースで、「高等体育文化大学」か州にあるその支所に入学することになる。[3]

注2——すでに教員免許を持たずに教育機関で働いている人は、教育大に優先入学でき、倍率の高い入学試験を受ける必要もない。[3] こうした教師の場合は、通常の昼間の五年コースとは異なり、労働時間を加味して授業の時間帯も調整され、受講年数も六年と一年長い。[2][3]

注3——アントン・セミョーノヴィチ・マカレンコ（Anton Semyonovich Makarenko, 1888―1939）ロシアの教育者。元は小学校の教員だったが、高等師範学校を卒業後、視学官となり、勤労活動を通して非行少年の矯正教育を行う少年院の院長となり、そこから集団主義教育の教育実践を行った。当時の盛んだった子どもの自発性や個性に着目する新教育運動とは一線を画し、集団内での忠誠や協同に重きをおいた。

◉コラム2
チリの教育改革の教訓

成果のあがらないグループ学習

フィンランドが「社会的構成主義理論」に基づく学習で高成績をあげていることから「ならばことは簡単だ。早速ヴィゴツキーとやらのグループ学習を取り入れてやれ。すぐにでも学力が伸びるわけだからな」と考えられるかもしれない。だが、ことはそれほど簡単ではない。実はラテンアメリカ諸国ではグループ学習がすでに普及している。黒板やチョークを使う従来型の授業は退屈で、私語や、ノートに落書きをしたりと、どうしても授業に集中しない。そこで、これに代わる授業手法として各国で取り入れられているのだが、成績はあがっていない。

例えば、チリの二〇〇六年のPISAの成績は国際平均以下だし、TIMSSでも他国と大きな違いが出ていない。

チリはキューバとは正反対に二〇年にわたって市場制度を教育に導入し、様々な社会実験を行ってきた。一九九六年には全国統一試験で学校をランクづけ、各地区で成績のいい学校の最大二五パーセントまで奨励金を出す制度を設けた。奨励金の九割は授業時間に応じて各教師に割り振られ、残りは特に優れた授業をした教師のものになる。成績を伸ばした教師に金銭を出せばやる気も出るし、両親も良い学校を選び、優良校ほど学生を集められるから、学校も教師も努力するはずだという理屈だった。だが、市場競争原理による序列化の推進は、生徒の学力向上には結びつかず、当初想定された経費節減も達成できなかった。改革が失敗した大きな理由は、第一章第五節で述べたように社会的格差が開いたためだが、教員の養成方法でミスったことも大きい。

授業に役立たない講義と教師任せの教育現場

チリの教育短大や教育学部でも児童心理学に基づく教育理論が教えられ、最終学年では教育実習も行う。だが、キューバと違って、その授業内容は国からの干渉を受けずに教育学の教授たちが決める。教員養成と教育政策とが切り離されているから、教授たちは現場で実際に使われる教材の内容をよく知らないことがある。授業内容も抽象的な理論となりがちで、教室で教える際にあまり役立たない。だから、多くの学生からは「教育理論やスペイン文学はたくさん学べても、具体的な国語の教え方がほとんどわからない」との不満の声が出ることになる。

理論が優先され、授業の進め方をほとんど教わっていないのだ。だから、スキルは実際に教師になってから教壇で身に付けていくしかないのだが、我流でやっていると効果の出ない癖が付いてしまい、そのことに自分でも気づかないことがある。だが、自由放任主義の伝統が強いチリでは、校長も教頭も新任教師の授業にタッチしない。それには理由が三つある。

一つは、伝統的に授業のチェックは視学官がやればよいとされてきたことだ。だが、視学官制度はピノチェト政権時代に軽視され、質の向上には市場原理だけで十分だとされたため、管理の役目しか果たしていない。

二つ目は、校長たちに現場を指導する能力もゆとりもないことだ。各校は学生獲得の競争にあけくれ、校長には授業の指導よりも学校経営の方が大切で、校舎の改善やPR、資金調達に追われる。成績アップが宣伝になることはわかっていても、具体的な指示は出せず、ただ命令するだけで教職員に頼り切りだ。

三つ目は、教職員組合が「教室は教師の聖域だ」と主張して、たとえ良いアドバイスであっても教師のやり方に校長が口を挟むことを嫌っていることだ。もちろん、教師に自由な裁量権があることにはメリットがある。カリキュラムを柔軟に変えたり新しい教材を使ったりと「世界一受けたい授業」をやってくれる理想的な教師像を頭に描いて期待する。なるほど教師全員がそうなら、子どもたちも幸せだ。だが、それはあくまでも優秀な場合であって、能力の低い教師はやれない。

統一的な教育水準を確保するため、チリでは国定教科書が使われているが、どんなに素晴らしい教科書も、内容を教えられるだけの力量が教師に伴わなければ宝の持ち腐れだ。ところが、小学校教師の四人に三人は大卒なのだが、ほとんどは高校卒業後に自分が担当する授業科目の内容を学んでいない。だから、数学や理科の知識は高校レベルにとどまっている。中学や高校で優れた授業を受けていれば、知識も深くなろうが、ろくな授業を受けてこなければ乏しいことになる。そこで、現場の教師が教科書を使いこなせず、教材と授業内容とが大きく食い違うという問題が出てくる。教師の能力にばらつきがあるのに使えもしない高レベルの教科書を勝手に作るというばかばかしさは米国にもある。米国では数学の授業で新カリキュラムが導入されたが、わずかな教師しかうまく教えられず、内容を理解できた両親はさらに少なかったという。

なお、苅谷剛彦東大教授の『教育改革の幻想』には、カリフォルニア州で子ども中心主義のグループ学習を行ったところ、全米教育評価テストで最底辺近くまで落ち込んだ失敗例が出ている。教師の質あってのグループ学習の大切さをこうした事例は教えてくれる。

3 障害者に優しい教育

世界の流れと逆行し、障害児を特別にケア

幼児教育と並んで経済危機の中でも揺るがず、その後充実したのは障害者教育だ。

「全世界にいる六億人の障害者のうち、ケアされているのはわずか三パーセントにすぎません。ですが、キューバでは人道的な見地から全員がケアを保障されています」

二〇〇七年に開催された第四五回特殊教育記念総会でルイス・イグナシオ・ゴメス教育大臣（当時）はこう発言したが、革命以前には養護学校は八校しかなく、一三四人の生徒と二〇人の教師がいるだけだった。(6) それが、いまでは表10のように四一四施設で、四万四五六二人の子どもたちが学んでいる。それを支えるのは、一万四九五五人のスタッフだ。視力、聴覚、身体・行動障害、精神障害、知恵遅れ、言語障害……。様々なハンディを持った子どもたちが能力を伸ばし、(1)(7) 社会の構成員として活躍できる

表10　養護学校の状況

区　分	2001/02	2002/03	2003/04	2004/05	2005/06	2006/07
養護学校数	436	435	430	426	422	414
生徒数	55,053	51,595	49,756	46,853	45,620	44,562
教育スタッフ	14,481	14,612	14,479	14,412	14,642	14,955
教室教師	8,672	8,886	8,885	8,902	9,094	9,614
スタッフ／生徒数	3.8	3.5	3.4	3.3	3.1	3.0

oficina nacional de estadistaicasより筆者作成

よう専門教育が行われている。それもごく幼少期から始まり、全ムニシピオにある指導診断センターが[1][6]、四歳児以下から各家庭で[5]、障害の兆候をいち早くチェックする。その後の成長ぶりを見守り[2]、問題ないと判断すれば普通校に進学するが[1]、そうでなければ、センターの紹介で[7]、心理学者、言語学者、作業療法士、心理学療法士、医師、看護師等の専門スタッフが揃った「養護学校」に通うことになる。ボタンをかける程度の基本的なスキルから、料理の作り方まで、一人ひとりの興味関心や能力に応じて将来の自立に向けた個別カリキュラムを学んでいく[5]。障害度がさらに重く、病院や家庭から出られなければ、「旅の教師」と称されるグループが、家庭や病院を訪ねて特別授業を行う[2]。まさに至れり尽せりというわけだ。

だが、国際的には障害児も可能な限り健常児と一緒に学ばせるのが主流となってきている。一九九四年六月七～一〇日にスペインで開催された「ユネスコ・特別ニーズ教育に関する世界会議」では、障害児も区別せずに普通校に入学させるべきだとの「サラマンサ宣言」がなされている。その方が本人にも望ましく、教育費も削減できるというわけだ。だが、ハバナのラテンアメリカ特殊教育参照センター所長は「個別の養護学校教育こそが最善の方法だ」と主張し[2]、隔離教育は役立たないとの世界的コンセンサスとは別の見解を示す[3]。

子ども一人ひとりに気を配る全寮制の養護学校

養護学校としては、視覚障害のある子どもが通うアベル・サンタ・マリア校や先天障害や事故等で四肢にハンディがある子どものためのパナマ特殊学校が有名だ。パナマ特殊学校には小学校四年生から中学三年までの一六二人が在校し、一三二人のスタッフと五一人の教師が指導する。二～五名の少人数教室で、教育モットーは、無理な期待を子どもにかけず、子ども自身も分をわきまえたうえで、強く生きていくことを応援することだ。手がない子どもには、足で字を書きたいのか、口を使って書きたいのか、希望を確認したうえで、教師やリハビリスタッフが、その能力を高めていく。いずれも所在地はハバナだが、国内には身体障害がある子ども向けの学校が他に二校ある[2]。

パナマ校は全寮制で、ハバナ市内に自宅がある子どもは週末に帰宅するが、地方出身の子どもが帰省できるのは、夏と一二月の年二回だけだ[2]。その代わりに、教職員は子どもを「養子」として「家庭」を作る[5]。ちなみに、教職員が子どもの親代わりとなるのは孤児を預かる養護施設でも同じだ。子どもを置き去りに亡命してしまった親に代わって、一九七六年に政府が養護施設を創設しており、二〇〇四年に視察したカナダのグループのリポートを一部紹介するとこうなる。

「六～一八歳の約二〇人の子どもたちがいる養護施設を訪ねたが、とても清潔で快適だ。大学で専門教育を受けたスタッフは、子どもたちを心から愛しており、入院するときは一緒に付き添う。人事異動が少なく、メンバーはずっと変わらないから、一八歳を過ぎても養護施設出身者たちは自分の家庭のような絆をホームに抱いている。何歳になろうと孤児たちに『家庭』を与えようと国家は精一杯努力している」(4)

もちろん、親代わりとなる教職員は大変だから、養護学校でも基本給に加えて、四〇ペソの手当が出る。しかし、全部が施設任せではなく、保護者にもちゃんと義務がある。(2)

社会に開かれた養護学校

特殊教育でも威力を発揮するのは、前章で指摘したソーシャル・キャピタルだ。養護学校内でケアするといっても、学校は社会に開かれている。

保護者は、なるべく学校を訪ねてボランティアで手伝うことが奨励されているし、ハバナの居住者には、子どもへの対応法を教える「親の学校」も定期的に開かれる。遠方に住む父母も特別な行事の際には参加が勧められ、その際、学校の近くに泊まることになるが、旅費と食費は学校が負担する。イベントは社会的に有意義なこととされているから、参加は仕事として認められ、その日の給料は職場から支給される。(2)(5)

社会とつながっている点では生徒も同じだ。パナマ校の生徒も、ピオネーロ、革命防衛委員会等、普通校の生徒と同じ組織に加わる。[2] そして、養護学校はあくまでも通過点でしかないことも忘れてはならない。平均滞在期間は一・五年で、[4] ほとんどの生徒は専門訓練を受けた後に普通校に移っていく。進学した後も二年間はパナマ校の教職員からのサポートを受けられる。転校した子どもは、体験を後輩とわかちあうため、母校によく招かれる。[2] ヴィゴツキーの特殊教育での先駆的な研究は第一章第四節で紹介したが、いきなり健常児と一緒にするのではなく、ステップを踏んで、転校させるやり方はなかなか合理的なのではないだろうか。

様々なセラピーを通じて自閉症児をケア

「本校にも自閉症児が一人、三年生のときに養護学校から転入してきました。もう五年生になっています。特に問題がなかったので、また一人別の子どもも転入する予定です」

第一章第一節で登場したペドロ・マリア・ロドリゲス小学校にもそんな生徒がいた。ロペス校長によれば、自閉症児のためにドラ・アロンソという学校が最近できたという。

ドラ・アロンソとは、マタンサス州出身のキューバを代表するジャーナリストだ。小説、短編、詩、劇と多彩な作品を残したが、特に知られるのが児童文学で、作品は他国にも翻訳されている。作品の主要テーマは、自然を愛する農民で、一九三四年に反帝国主義組織、ホーベン・クーバに加わって革命運

イニジャ・カンポ・バルデス校長。2004年にはサンティアゴ・デ・クーバにもウィルアム・ソレルという自閉症児のための学校ができたと語る

緑に囲まれたドラ・アロンソ校では男子44人、女子11人、2〜18歳までの55人の子どもたちが学ぶ

テレビを見るネストル・アドルア・バスケス君（5歳）。「元気がよいのですが、以前は落ち着きがありませんでした。そこで、絵やテレビを見せて言葉を教えています」。つききりで指導するのはジャネト・ソウサ・ロドリゲス先生

動に身を投じているし、六一年のピッグス湾侵攻時には従軍記者も務めている。

「ドラ・アロンソは有名な作家でしたが、二〇〇一年の三月に九〇歳でおなくなりになりました。そこで、キューバの特殊教育の四〇周年を記念し、二〇〇二年一月四日に、初めての自閉症児のための学校を開校するにあたり、フィデルがこの名前を付けたのです」

イニジャ・カンポ・バルデス校長（三四歳）は、校名の由来から説明を始めたが、木に囲まれた周辺環境は閑静だ。

「ここはバスが入ってこないので空気がきれいです。自然が豊かで静かな環境ですから、子どもたちの教育には最適です。この地区には保育園から大学まであらゆる学校が揃っていて、症状がある程度改善した生徒を転校させることもできますし、専門の小児病院も近くにあり、自閉症の専門家もいます」と周辺状況も付け足す。

教室は11あり、5〜6人に1人の教師が張り付き、コンピューター、体育、国語、図工、絵画、音楽等の様々な授業を行う。ここは音楽教室

「自閉症は三歳から始まります。その七五パーセントは脳の障害ですが、コミュニケーションの問題があって、人間関係が築けずうまく社会にも溶け込めません。そこで、様々な特殊教育をやっています。週に一度、馬に乗るヒポ・セラピーや園芸セラピー、ミラマル区にある水族館で魚とのふれあい体験をさせていますし、将来の可能性を試すため、近くの伝統医療の薬草園で薬草を瓶に詰める作業とかもさせています。また、初めは週に一度、次には二度と普通校に通わせ、健常児とも慣れさせています」

ホセ・エルネスト・スアレス・マルティンス君は、こうしたセラピーで症状が改善し、ペドロ・マリア・ロドリゲス学校に無事入学したが、転校をアテンドするアポヨ・トランジドさんによれば、そうした生徒は四四人に及ぶという(8)。

障害者も大学に進学でき社会的自立を促す

このように養護学校を卒業した後、さらに進学することも可能だ。ただし、職業校へはストレートに入学できるが、大学進学は、それ以外の生徒と同じく、高校を卒業することが条件になる(5)。

二〇〇五～〇六の学校年には、四三〇〇人以上が、高等教育水準の特殊教育を受け、三四〇〇人が大学に入学した。教育用のソフト等を活用することで、こうした若者たちはコンピューターも使いこなしているという(6)。

だが、カンポ校長によれば、ドラ・アロンソ校の最上級は一八歳までだ。それまでに回復が見込めず転校できない子どもはどうなるのだろうか。思わず浮かんだ疑問を口にすると、ミゲル・バヨナ氏が訳し終える前に校長はふきだした。

「一八歳というところで、聞きたいことがすぐわかりましたわ。だって、ここに来られるジャーナリストは、誰も皆同じことを質問するからです。一八歳を過ぎてからの子どもはまだ一人だけで、ある程度回復したのでここの中庭の管理作業をしてもらっています。ですが、それ以外の例はまだないのです。まだ、できて新しい学校ですもの」

なるほどいわれてみればそのとおりだ(8)。

障害者の社会参加を支える社会の仕組み

ではすでに成人となった障害者たちはどうしているのだろうか。ハバナのアラヨ・ナランホ区に有機農業を生かした精神病患者のためのコミュニティ・センターがあると耳にして訪れてみた。

「ご覧ください。マンゴー、マンダリン、レモン、オレンジと三四種類の果樹が植えてあります。ここはハバナ内でも最も貧しい地区のひとつで、以前はゴミが散乱していたのです。まず、地力を付けるためにカナバリアというマメ科の植物を植え、土壌の流亡を止めることから始めました。ようやく六年目になりますが、将来はここを食料の森に作り変えたいのです」

農場を案内してくれたのは、ファン・マヌエル・ヒメネス・オランダ氏と奥さんのレティシア・マリア・ゲラ・クリエルさんだ。夫妻は九〇年代後半からゴミ捨て場だった土地を農園に転換するプロジェクトに取り組み始め、二〇〇五年からは、有機農業の技術のひとつ、パーマカルチャーの技術も導入し始めた。

だが、ハバナのいたるところにある他の有機農場と若干違うのは、一〇人ほどの精神病患者たちが働いていることだ。

「患者さんたちは全員が厚生省から給料をもらっています。園芸セラピーで心の病を癒そうと心がけていて、治っていく人もいますが、完治してもここが気に入って働き続けたいと残っている人もいます」

畑で働く精神病患者たち。見た目にはごく普通だ。誰もがマイペースで畑仕事にいそしんでいる

精神科医でもあるクリエルさんによれば、生産された果実やハーブ、薬用植物は原則として販売はされず、地元の診療所や病院、コミュニティに寄付されているという。つまり、農場はあくまでも社会福祉政策の一環なのだ。キューバの時の流れはどこもスローだが、採算性と無関係なだけに、この農場の雰囲気はいっそうのんびりしている。農場の従業員と接するクリエルさんの目線もやさしい。キューバは、ラテンアメリカの特殊教育関係者を対象に、数多くの国際会議も開催しており(1)、養護教育では高い評価を受けているのだが、学校を出た後も雇用先がちゃんと確保されていることが、もっと意義深いのではないだろうか。成人の雇用対策はどうなっているのだろうか。新たな疑問が浮かんだ(9)。

◉コラム3

キューバの人工内耳

ホセ・カルロス少年がまったく耳が聞こえなくなったのは、生後七カ月のことだった。聴覚への副作用がある抗生物質ゲンタマイシンを新生児のときに使ったのが原因だった。

「あらゆる手立てが尽くされましたが、障害の進行は止まりませんでした。初めての子どもだっただけに、夫にも私にもそれは辛いものでした」

少年は専門の養護教育保育園に通い、その後、セロ地区にある聾学校に入学した。だが、母親のヤシミ・ゴリン・ゴンサレスさんが弟ともわけへだてなく育てたために、どうしても弟と一緒の学校に通いたいと、小学校三年でプラサ・デ・ラ・レボルシオン区にあるオルマニ・アレナド小学校に転入することになる。普通校に転校できたのは、言語療法士、ルイサ・アメリカ・トレドさんから読唇術《どくしんじゅつ》を教えられてきたからだった。受け入れたのは三〇年以上の教師経験のあるベテランのマリア・デル・カルメン先生のクラスだ。

「こんな特殊ケースは経験がありませんでしたから、大変な挑戦でした。そこで、『カルロス君がうまくいくかどうかは皆にかかっているのよ』と生徒たちにまず説明したんです」

登校の初日からカルロス君は皆に歓迎され、励まされる。

「とても社交性に富んだ子どもでしたから、同級生ともすぐに打ち解けあい、人気者になりました」

先生や両親、クラスメートたちの励ましで六年まで進級した時点で、少年に転機が訪れる。人工内耳の手術を受けたのだ。

人工内耳とは、補聴器で音声を増幅しても聞こえない患者用に、内耳の蝸牛内の第八聴覚神経を電気的なインパルスで直接刺激する電子装置だ。

「手術を受けたのは七カ月前ですが、もう名前を呼べば答えるのです。まだ、音声を識別する段階ですが、日々よくなっています。とても幸せです」と母親は感謝する。

聴覚機能の回復には、その後の様々なフォローも必要となるが、こうした制度作りはキューバが得意とするところだ。

カルロス君を小学校でサポートしている言語療法士のヤネリス・エルナンデスさんが「経過は良好です。私たちは楽観主義で熱意を持って応援しています」と語れば、ヤンドリス・デュラン先生も頻繁に教室を訪ねてくる。

「学校同士が連携していますから、中学校に進学しても小学校のクラスメートが一緒に学ぶのです。そこで、クラスの生徒やカルロス君のことを知っておいて翌年に備えるのです」とデュル・カルメン先生は訪問理由を説明する。デュラン先生は、翌年にカルロス君を受け持つ中学校の先生なのだ。カルロス君は間もなく、自然の音や音楽だけでなく、両親や友達の言葉も完全にわかるようになるだろう。(2)

人工内耳の実験が初めて行われたのは一九五七年のことで、試作品の初移植手術がなされたのは七八年、日本での初手術は八五年のことだからまだ新しい技術だ。だが、装置だけで一万五〇〇〇米ドルもし、電極を埋め込む複雑な外科手術や術後のリハビリ経費を含めれば六万米ドルもかかる。ところが、キューバではカルロス君のように人工内耳の手術を受けた子どもがハバナだけでも二三人、全国では一二〇人以上いる。(2)二〇〇六年五月一〇日にはカストロの立会いのもと、第一回の国際聴覚障害会議が開催されているが、世界的に見ても移植数の多さでは飛びぬけ[1]、施術後の子どもたちをフォロー、モニターする支援グループも創設されている[2]。

　年収がドル換算で二〇〇ドルにも満たないキューバでは六万ドルは大金だが、政府が全経費を負担しているから治療代は無料だ。日本でも使用者は四〇〇〇人を超え珍しいわけではないが、保険を入れても手術・入院だけで一二〇万円はかかる。障害児を持つ親にとっては、キューバの充実した障害者対策はやはりありがたいものといえるだろう。

4 ワーキングプアを生まないキューバ流リストラ

砂糖の島に大リストラの波

まず何はさておきキューバといえば砂糖だ。ちょっと郊外に出れば地平線の彼方まで延々と続くサトウキビ畑を目にできる。コロンブスに「発見」され、スペインの植民地となって以来、キューバを支配し続けてきたのは砂糖だった。[2] 生産が始まったのは一七世紀だが、以来国土利用から、生活文化や習慣、アイデンティティまで、すべてに砂糖は影を落としている。アフリカから奴隷が連れてこられたのもサトウキビ刈りの労働力確保のためだったし、電話や電信、鉄道といった先端技術をもたらしたのも砂糖だった。当時の繁栄ぶりをうかがわせる各地に残るゴージャスな建築物も砂糖がもたらした富の賜物だ。[1]

「砂糖なくば国はなし」。キューバにはこんな言葉があるが、一九七〇～八〇年代にかけてはまさにこの言葉どおりだった。六九年に結ばれた貿易協定で、[1] ソ連や東欧諸国は国際市場の五倍の価格の一ポン

中部マタンサス州のサトウキビ畑で刈りとり作業を行う労働者

ド四〇セントで砂糖を買ってくれたから、毎年三〇億ドルもの外貨をもたらした[2]。砂糖と引き換えにソ連産石油も安く買え、それを再輸出して転売する余裕のある年さえあった[1]。まさにキューバのドル箱そのもので[2]、サトウキビは国の西端部と青年の島を除いて全国で栽培されていた[1]。

だが、夢のような有利な市場はソ連圏崩壊とともに失われる[2]。残されたのは、輸入資材がなければ稼働しない大型トラクターや燃料、化学肥料、農薬等に依存する大規模な国営農場だった。だから、燃料や肥料が入らなくなると、生産量は九二〜九三年にかけて約三〇〇〇万トンと三九パーセントも急落する。外貨が稼げなければ投資もできない。それが、順送りで産出量の低下を招く。業を煮やした政府は悪循環で機能不全に陥った国営農場を九三年に小規模協同組合（ＵＢＰＣ）へと解体する[1]。それとセットで工場改革も必要なはずだった。製糖工場の大半は旧式で効率が悪く[2]、九〇年代半ばでも生産経費が国際市場価格より五〇〜七〇パーセントも高かったからだ[1]。ところが、こちらの改革は立ち遅れた。キューバは、九四年四月には政府の大リストラ計画も発表し、五省庁を廃止、六省庁を統廃合し、各部局を九八四から五七〇へと削減しているが[5]、砂糖省だけが手つかずにとどまったのは、ひとえに同省の抜きん出た中央集権的な体質のためといえた[3]。ようやくリストラに手が付けられるのは、四年後の九八年にウリセス・ロサレス・デル・トロ新大臣が就任してからで、本省職員は一三〇〇人から四〇〇人以下と七三パーセントも削減され、出先地方事務所でも職員の半分がリストラされ、省に所属する関係公社も一九二を残し、二八九が合理化された。残った公社も補助金依存をやめ、生産性に応じた俸給制度を導入し、収益をあげるよう奨励された。一九九八〜二〇〇二年には、非効率な四五ほどの工場の操業を一時的だが休止している。だが、成果はあがらず、この一〇年で平均収量は三八パーセントも落ち込み、生産国としての世界ランクも三位から一〇位まで下がってしまう[1]。

生産低迷に加えて辛かったのは、国際市場での砂糖価格の半値以下への暴落だった。生産量と同じく消費量は年率二・二パーセントで伸びていたのだが、コーンシロップ等の砂糖以外の甘味料が市場を圧迫し、備蓄量は一二〇〇万トンも増えていた。このダブつきで、ポンド当たり価格は八九年の一三セントから二〇〇二年には六セントと下落したのだ[3]。おまけに、ソ連崩壊の対応策に追われる間に、他の競

表11　各州の製糖工場のリストラ状況

（カ所、トン）

州	砂糖生産		砂糖・糖蜜生産		休業化		合　計	
ピナル・デル・リオ	2	8,300	1	2,000	2	6,000	5	16,300
ハバナ	5	2,000	1	3,000	9	27,200	15	50,200
ハバナ市	0	0	0	0	1	5,000	1	5,000
マタンサス	6	27,600	2	6,000	13	45,000	21	78,600
ビジャ・クララ	11	35,800	2	6,500	15	39,400	28	81,700
シエンフエゴス	7	26,900	0	0	5	15,600	12	42,500
サンクティ・スピルトゥス	3	20,900	2	6,200	4	8,200	9	35,300
シエゴ・デ・アビラ	6	53,000	0	0	3	13,500	9	66,500
カマグェイ	7	42,300	2	12,600	5	24,100	14	79,000
ラス・トゥナス	4	30,800	1	7,400	2	19,500	7	57,700
オルギン	6	27,000	1	8,000	3	20,100	10	55,100
グランマ	6	25,300	0	0	5	14,100	11	39,400
サンティアゴ・デ・クーバ	6	21,400	1	4,600	1	1,800	8	27,800
グアンタナモ	2	3,600	1	2,500	3	6,000	6	12,100
計	71	342,900	14	58,800	71	245,500	156	647,200

José Alvarez, F. Pérez-Lópezの文献より筆者作成

合産地に決定的に後れをとった。最大のライバルはブラジルだが、キューバの生産量が八九〜二〇〇二年にかけて五六パーセントも減少する一方で、同時期にブラジルはその生産量を倍以上に伸ばした。二〇〇二年のブラジルの輸出量は一一六〇万トンとキューバの全生産量の三倍以上となっている。中国、タイ、インド、オーストラリアの生産量もキューバのそれの倍以上となった[2]。競争に勝ち抜くには、ポンド当たり約二〇セントかかる現在の生産コストを国際市場価格以下の四セントまで引き下げなければならない。キューバは大リストラに踏み切ることになる[2]。

表12

内　容	工場数	生産力(トン)	前生産能力比
砂糖生産	71	342,900	53.0%
家畜飼料用の糖蜜生産	14	58,800	9.1%
計	85	401,700	62.1%

José Alvarez, F. Pérez-Lópezの文献より筆者作成

工場の半分を閉鎖し、サトウキビ畑を三分の一に

拙著で以前に「砂糖産業には四〇万人もの人が働いている。政府は非効率な製糖工場を閉鎖することも検討したが、最終的には失業の痛みにかんがみ、リストラを履行していない」と書いたことがある[5]。だがこれは誤りだ。というよりもその後に状況が変化した。

二〇〇二年四月一〇日、最高の意思決定機関である大臣委員会は、サトウキビの生産面積と製糖工場をほぼ半減し、その代わりに砂糖副産物の生産量を増やし、効率性を高めるよう砂糖省に指示を下す。翌五月に開かれた製糖業労働者の集会では、カストロは規模縮小すれば、初年度だけで二億ドルの経費が節減できると指摘し「行動するか、さもなくば崩壊に直面しなければならない」と語り[1]、翌二〇〇三年二月にも「輸入するより生産する方が経費がかかるものを生産しようと努力するのはばかげている」と述べ、産業の合理化を呼びかけた[3]。

砂糖省が立てたリストラ計画は、国内需要七〇万トンを含めても、年間生産量を四〇〇万トンとするもので[1][2][3]。サトウキビ栽培に貢献した一九世紀の著名な

科学者の名にちなみアルバロ・レイノスと名づけられた。[3] 一五六ある工場のうち、最も効率的な工場に生産を集中し、五つは観光用の博物館に転換し、五つは将来的な需要増を見込んで操業停止をしておくものの、それ以外の六一は閉鎖・解体してしまうというすさまじい内容だった。日平均処理力が三〇〇〇トン以下の工場を閉鎖すれば、残った八五工場のそれは四七二六トンと現在の四一四九トンよりも一五パーセントほど高くなる。[3] 同じ理屈でサトウキビ畑もランクづけ、優良農地に作付けを限定し、三四トン／ヘクタールの平均収量を五四トンに高める目標を掲げた。二〇〇万ヘクタール以上ある畑のうち、砂糖用七〇万ヘクタールと糖蜜用一二万七〇〇〇ヘクタールの計八二万七〇〇〇ヘクタールだけを残し、残りの一三七万八〇〇〇ヘクタールは他品目に転換することとしたのだ。

うちほぼ半分は森林、残りは作物、そして、ごく一部では養殖業が行われることとなる。[1][3] 大変な方向転換だが、この全面撤退作戦はほぼ成功する。生産量は二〇〇二年が三六〇万トン、二〇〇三年が二〇〇万トンと激減したが、生産性は向上した。五四トンの生産目標を達成した協同組合数は二〇〇二年には七〇八のうち六四にすぎなかったが、二〇〇三年は四倍近い二五〇が達成したのだ。[1]

話しあいを重ねて納得づくでリストラを実施

だが、問題はこの撤退に伴い、製糖産業に従事する労働者も二五パーセント以上がリストラされてしまうことだった。

「砂糖産業には約四二万人が雇用され、間接的には一五〇万人以上の生活がかかっていましたから、影響は大変なものでした」と全国砂糖労働者組合のミゲル・トレド氏は指摘する。(2)

とりわけ、打撃を受けたのは小規模な工場が多い中部地域だった。例えば、マタンサス州には、二一の工場があったが六しか残らず、州単位では最も生産量が多く二八も工場があったビジャ・クララ州でも一一と半分以下となり、これに生産が継ぐカマグェイ州も七万九〇〇〇トンが四万二三〇〇トンと半減された。国内には一六九のムニシピオがあるが、うち一〇〇に工場はちりばめられていた。それ以外の二五のムニシピオには工場はなかったがサトウキビが基幹産業だった。(3)

延々と続くサトウキビ畑の中に聳え立つ高い煙突と工場を中心に取り囲む管理施設や従業員の住宅、診療所や商業施設。これは「バティ」と呼ばれる独特のコミュニティだが、その多くは何世紀もの歴史を持つ。(1)もともとはキューバの原住民、タイノ族が宗教儀式を行う広場を意味する言葉だったが、製糖業の発展とともに、工場周囲に発展した集落がバティと呼ばれるようになったのだ。工場の多くはそれ以外に産業がない農村にあるから、バティを中心に発展した町がムニシピオの政庁所在地となっているケースも多い。まさに地域経済の生命線だったのだが、ムニシピオの中心にあった二九工場のうち七つがリストラで閉鎖してしまったのだ。(3)

ハバナから東に五〇キロ、サンタ・クルス・デル・ノルテにあるカミロ・シエンフエゴス製糖工場も閉鎖が決まったひとつだった。

工場の歴史は古く、以前は米国で最大手のハーシー・チョコレート社のもので、その後は一四もの工場を所有していた砂糖大富豪フリオ・ロボの所有物となっていた。革命後には国有化されたが、なにぶん歴史があるだけに、技術が古かった。サトウキビの絞り汁から砂糖を精製するには、原料糖を漂白して不純物を取り除き、砂糖の結晶を抽出するという工程を繰り返さねばならないが、その濾過工程に「骨炭法」という一九世紀に作られた技術を国内で唯一使っていたのだ。濾過に使う骨はイギリスから輸入していたが、経費がかさみ、スペアパーツや燃料、化学肥料、農薬などの資材不足で工場に付随する農場の生産も落ち込み、収穫期毎に一〇〇〇万ペソ以上の赤字を出していた。だから、閉鎖の第一候補となったのだ。

「もちろん、反対しました。ですが、最終的には正しい判断だとの合意に達したのです」

こう語るのは、同工場のエドアルド・ゴンサレス人事管理長だ。リストラが決まると政府は、一三州と一五六の全工場毎に直ちに検討委員会を立ち上げるが、カミロ・シエンフエゴス製糖工場でも、工場長と労働組合の三人の代表からなる委員会が結成された。そして、議論を始めるに先立ち、砂糖省と全国砂糖労働者組合は、リストラがなぜ必要なのかを詳しく書いた説明書を準備した。(2)

旧ソ連時代には優先価格で販売でき、変動する国際市場価格の影響も受けずにすんだが、二〇〇二年には前年よりも一〇万トンも輸出が増えたにもかかわらず、歳入が一億二〇〇〇万ドルも減った。ポンド六セントという市場価格ではとうてい利益をあげられず、ことここにいたってはやむなし、と国が直面する苦しい状況を指摘した[1]。

「ですから、閉鎖が必要なことは労働者たちも納得していました。ですが、誰もが心配したのは、将来がどうなるか。賃金や仕事、そして家族のことでした。親子で働いている組合員も多くいたのです」

とゴンサレス氏は会議の模様を説明する。

「そこで、第一回の会議以降も、今後の身の振り方の相談に応じるため、委員会は一七五〇人いる全従業員と会ったのです。病気や怪我で休んでいれば、自宅まで足を運びました。必要があれば、二度、三度、六度と繰り返し話しあい、一人ひとりの不安や疑問に応え、ようやく合意に達したのです」

話しあいはどの工場でも進められた[2]。ハバナ南東部にあるアルテミサ近郊でもエドゥアルド・ガルシア・ラバンデロ製糖工場が解体されたが、ラウル・スアレス・ガルシア工場長によれば、三〇〇〇人のバティ住民と五回もの集会を開いたという。

「誰もが心配していたのは、水、電気、交通、救急車等のサービスがこれからも続くかどうかでした。そこで、どのサービスもこれまでどおり続くと説明したのです」

ロサレス砂糖大臣も、労働者たちの最大の心配事がサービスにあると二〇〇〇年の国会で議論し、将来的には砂糖省以外の組織が運営することになるとしても、診療所や食料から葬式にいたるまでのサービスが打ち切られることは一切ないと確約した[1]。

撤退作戦は、全職場で徹底的に説明され、政府や組合、その他の大組織は、労働者全員が参加する会議を八カ月にわたり開き続け、リストラとその影響を議論しあった。延べ回数では七八五〇回に及び、計九四万二〇〇〇人が参加したという[1][2]。

しかも、砂糖関係者だけではなく、ハバナにあるアントニオ・マセオ、スーツ工場でも労働組合が会議を組織したし、農業協同組合や全国小規模農民組合でも会議が組織され、幅広い議論が繰り返された。社会主義の国だけあって、特定産業のリストラを他人事とは受け止めず、同じ労働者として誰もが仲間たちの行く末を気にかけていたのだ。

工場閉鎖では、五ラウンドにわたる会議が組織されたが、うち三ラウンドは全国砂糖労働者組合が組織した。特に、第四ラウンドはリストラの影響にかんがみ、革命防衛委員会と共催され、砂糖大臣や国家評議会副議長も製糖工場の各現場に足を運んで、労働者の不安に直接応えた。

労働組合中央本部のペドロ・ロス書記長は「重要だったことは、自己責任で自活せよと一方的にリストラ通告された労働者がただの一人もいなかったことです」と話しあいの重要性を指摘する。将来の仕事についての最終決定通知の内容に納得がいかなければ、全国組合に訴える権利もあった。

「結果として、失業した労働者は一〇万人以上もいたのですが、再チェックしてほしいと組合に訴えたのはたった五人だけだったのです」と砂糖労働組合のマヌエル・コルデロ組合長も納得ずくでリストラが行われたことを強調する[2]。

リストラされて給料がむしろアップ——勉強することで給料を支給

「しかも、リストラされた労働者やコミュニティは、むしろ利益を受けたことに気づくでしょう」と、ペドロ・ロス書記長はリストラのメリットを指摘する。その利益とは、失業者全員の賃金が保証されたことだった。

「国の提案をそのまま受け入れるために、会議は招集されたのではありません。失業後の賃金は、職場会議で議論して決めたのです。砂糖労働者は基本給に加えて数カ月の収穫期にはボーナスももらっていましたから、最後の収穫期の平均ボーナスを今後も受け取れることが提案されて採択されたのです。ですから、以前の月給よりも少しだけ多くをもらっていることになります」とミゲル・トレド氏は交渉結果を誇る。政府側から提示された当初案は、給与の六〇パーセントを保証するとの内容だったが、それでは暮らせないとの組合員たちの声を受け、労使交渉が行われたのだ。そして、転職しても、全国砂糖従業員組合の会員資格はなくならない。

「四一四人は以前のサトウキビ農場を再編成した国営農場で牛の飼育や野菜生産に従事することとなり、三六八人は他の砂糖工場で働くことを選び、三三六人は新たな農業公社で働くことにし、二六人は早期退職、三一人は地区内で別の仕事に就きました」とカミロ・シエンフエゴス製糖工場のゴンサレス人事管理長は言う。そして、残りの六〇〇人は「仕事としての学習」を選んだ。

ハバナ市内ボジェロス区の製糖工場の煙突は残るが工場は操業していない。しかし、バティと呼ばれる周囲の住宅ではごく普通の生活が営まれていた

仕事としての学習とは、再就職のためのトレーニングや教育を受けることに賃金を出す制度だ。製糖業に従事していた労働者全員は、学校に通おうが、新たな仕事に就こうが、以前の給料を保証されることになったのだ。(2)

新制度は二〇〇二年の一〇月にハバナ州のアルテミサでの集会で、一万人以上もの労働者やその家族を前にカストロが三時間に及ぶ演説をしたことから始まった。(1)(2)

「社会主義は終わったと口にする者もいる。だが、彼らは資本主義体制下の国では行うことを、いや夢見ることすらできないことに取り組んでいる国家をここに見出すだろう。雇用創出だ。そう、最も確実な雇用形態のひとつが初めて実施されている。未来のなかった多くの若者のために、ありとあらゆる種類の雇用が創出されている。こうした雇用計画は、若者たちの知識、尊厳、自尊心、そして、将来展望を広げる機会をもたらす。いまという時代は、確実に歴史に残ることだろう」

カストロは続ける。

「各工場は大学になることだろう。繰り返して言いたい。中学校や職業訓練校があるどの町も大学になれるのだ。それは通常ではありえないことだし、夢と思えるかもしれない。だが、文学においても、一般教養においても、全人的な教育においても、専門的技術知識のみならず、科学、芸術、人文学に関する知識もすべて含め、世界で最も教養高き国家となること。それが、我々の目標なのだ(2)」

教育省のマリア・ホセファ・ペレス・ビジャ成人教育局長もこの新プランで失業者が出ずにすんだと補足する。

「フィデルが、アルテミサでの集会で話したプログラム、学ぶことに給料を支払う手法を用いたおかげで、労働者たちは失業せずにすんだのです。ハバナにはトレドという製糖工場がありますが、全員が資格労働者となる学習を終え、いまでは砂糖とは無関係の情報等の産業で職を得ています(4)」

ちなみに、学ぶことに金銭を支払う政策はカストロの専売特許ではなく、ワークフェアと呼ばれ、スウェーデンでも実施されている。同国が深刻な失業や格差問題を回避できたのは、リストラで失業した人に対し無料で質の高い教育を提供する制度を構築したことが大きいという。米国も従来のばらまき形の福祉政策を改め、教育訓練や就業に重点をおいた福祉政策ワークフェアに転換した。ただし米国では、訓練用の勤労体験プログラムと称して、十分な訓練も受けさせずに生死に関わる危険な作業に従事させたり、不当に低い賃金や過酷な労働条件で働かされるケースが後を絶たず、あまりの重労働に根をあげて自立をあきらめ、あえてホームレスになることを選ぶ人も多いという。ワークフェアと一口でいっても、政策運用で成果はわかれるわけで、ただ制度を取り入れれば万事解決するものではない(6)。

自分たちで工場内に学校を作る

キューバで再び学生となった労働者たちは、小卒、中卒、高卒、技術、大学院技術コースと就学レベルや年齢に応じて好きな課程を選ぶ。

「誰でも受講でき、年齢制限もありません。革命以前は学校に通うにはお金が必要で、ほとんどの労働者には時間的にも金銭的にもそのゆとりがありませんでしたが、いまでは、勉強することでお金がもらえるのです」と語るのはカミロ・シエンフエゴス工場の元従業員、ミサエル・フォンセカ氏だ。

労働者たちは工場解体で発生した資材で使えるものはすべてリサイクルし、授業が始まるにあたり、自分たちで敷地に新しく教室を建てた。壁にペンキを塗り、サトウキビの副産物、バガスで机を作って図書館も改良した。中卒コースを受ける一六〜一九歳の約一〇〇人や高卒コースの一二〇人もいるが、ほとんどは三〇〜四五歳と学生としてはいささか年をとっていた。

「ですから、再入学を恐れている者も最初は何人かいました。また勉強するのは大変だと思っていたのです。ですが、働きながら学ぶこともできますし、先生がとてもいいのです」とアルベルト・アフォンソ氏は言う。授業時間は、午前か午後の四時間だから、働きながら受けられる。ホアキン・アルマグエル氏は、午前中に授業を受けた後は、電気技師として六〜七時間働いている。

「新たな職に就くのに必要な技術を取得する就業準備コースはもちろん、英語、地理、数学等の科目もあります」と学校を運営するマリオ・ビクトル・ロドリゲス氏は言う。教員は五二人で、氏のように地元の学校から転職した教師もいれば、教師となる指導を新たに受けた従業員もいる。マルレネ・コルデロ氏がそうで、前は工場で梱包作業や警備員をしていたが、いまは、コンピューター・コースを受け持っている。サンタ・クルス・デル・ノルテの成人教育の責任者、ディオスダド・フォンセカ氏によればすでに成果が見えている。「四カ月前とは様子が違うのです。断定はできませんが、文化がどの家庭にも広がっていると感じられます。居間で科学や地理、数学について話しているのを耳にできるのです」[2]。

マタンサス州のホベジャノス近郊にあるフリオ・レジェス工場も一〇〇年前に建てられた工場で一九九五年には操業を停止し、再利用できる機械部品を稼働中の工場に転用するため解体作業が行われている。この工場でも元ボイラー操業技師は、解体作業に携わりながら、残りの時間で数学、科学、歴史、コンピューターを学び、その学力を高校一年から三年まであげた。そして、以前の給与三九八ペソを全額もらいながら農業の専門家になることを目指している。別の労働者は三年で会計学の学士号を得ようとフルタイムで学んでいる[1]。

エドゥアルド・ガルシア工場でも一部解体された工場の脇にある建物に二〇〇二年の一〇月から新しく教室が設けられ、四〇〇人以上が、将来、会計学、農学、情報技術、機械学、その他の専門分野を学ぶ基礎となる一般コースを受講している。大半は中学を卒業後に四年間学ぶことで取得できる「中級技術者」の資格取得を希望しているが、望めば大卒の資格を得るまで在籍できる。

農業を選んだ者もいる。三五人は近くの工場で働き、四五五人は別の工場に転職したが、一二人はコミュニティ内に設けられた有機菜園オルガノポニコで働いている。スアレス工場長は二〇〇三年一月に立ち上げられた農畜業の新公社を経営しており、サトウキビ農場や工場労働者を再雇用している。事業は好調なスタートを切っており、生産された果実、野菜、家禽、豚肉の一部は、観光用に国営企業に交換可能通貨(CUC)で販売されている。(注1)

全国民が望めば大学へ

砂糖省が行った調査によれば、工場閉鎖やサトウキビの生産中止で影響を受けた二一万三〇〇〇人以上のうち、五八パーセントは従来の仕事にとどまり、二〇パーセントはフルタイムの学生となり、一〇パーセントは砂糖以外の農業生産に移り、八パーセントは、引退するか他の業種に移り、四パーセントは、精糖工場を解体しながら常勤で働いている。(1)

砂糖労働者たちの教育コースは、二〇〇二年一〇月にスタートし、八万四〇〇〇人が入学したが、(2)(3)参加者はその後も増え、翌二〇〇三年一二月には、当初予想を上回る一二万二〇〇〇人が登録した[1]。うち、五四パーセントはフルタイムで学んでおり、一万四〇〇〇人は大学コースに入学した[2]。高校コースを終え、さらに学びたければ、各ムニシピオに設立された三六二の新大学のひとつに入学し[1]、産業、電気、機械、農業、会計学、社会学の六課程を選べるのだ。政府はこの対策用に二〇〇三年に三億八〇〇〇万ペソの予算を組んだ[2]。

「プログラムは教育省、砂糖省、高等教育省、社会労働省が連携して実施しています。①学ぶことで給料を得る『ラモラリア・エストゥディオ』、②仕事のあるときにはそれで給料を得て仕事がないときには学ぶ『サ・プエデ・サフラ』、③仕事を辞めずに工場内で週のうちに一日だけ学ぶ『エストゥディオ・フエラ・オラリオ・ラボラル』、④同じく、仕事を終えた後で学ぶ方法、⑤労働者が暮らす工場周辺の家庭で学ぶ『ポブラシオン・デル・バティ』と五種類あります。卒業後に資格労働者になるか。中級技術者になるか。大卒を目指すかは自分で選べます」と教育省のマリア・ホセファ成人教育局長は語る[4]。

ある砂糖省の職員は「エコノミストとして、私はそれを投資と見なします。以前は赤字産業に従事しながら彼らは賃金を支払われていました。ですが、いまはもっと役立つことをしているのです」と述べているが、減産は経済政策としては正解だったろう。もちろん、いまでも砂糖が重要であることには変わりはなく、歴史や文化上での痕跡が消えることもあるまい。とはいえ、経済的には主役ではなくなっている。砂糖にこだわらずに、観光業、ニッケル、エネルギー、バイオテクノロジー、製薬業、テレコミュニケーション等のインフラに投資したことで、その経済を多様化できた。砂糖価格が下落し[1]、収穫高も二〇〇一～〇二年は三六〇万トン、翌二〇〇二～〇三年は、二二〇万五〇〇〇トン、二〇〇七年には一一〇～一二〇万トンと激減しながらも[3]、経済は観光業とニッケルの高価格に支えられ成長している[1]。

この展開は歴史的に見れば皮肉なものがある。革命以前の最大の買い主は米国で一九五九年の米国のキューバからの砂糖購入量は二九〇万トンもあった。だが、カストロは革命戦の最中から、経済を支配する産業を代表するものが砂糖で、海外の投資家や所有者がコントロールする国際市場に変動され、労働者を不適切な労働環境におくものとしてモノカルチャーを批判していた。この構想が逆転したのは、ソ連との協定が結ばれたからだ。つまり、砂糖生産のリストラは革命のオリジナル計画だったが、ソ連の存在によって半世紀ほど先送りされたともいえる[1]。

コンピューター・クラスを受講しているカミロ・シエンフエゴス工場の元労働者へスス・アブレウ氏は学ぶ理由をこう述べる。

「ホセ・マルティは『教育されることが自由になることだ』と語りました。私たちはその言葉に導かれて勉強しているのです[2]」。この発言が象徴するように、リストラ対策としての学習は、全国民の教育や文化水準を高める「万人のための大学」へと拡充されていく。高齢者も定年退職者向けに新たに創設された大学のひとつに参加できる[2]。

二〇〇三年二月にハバナで開催された国際教育会議で、カストロはこう演説した。

「教育は、平等、社会福祉、そして、社会正義を求めるための特別な鍵だ。であるからこそ、さらに深化した革命として、教育の高き目的が模索されていることがおわかりいただけよう。我が人民の将来は、まさに知識と文化に基づく。世界経済が大きな危機にある中、我が国は、多くの面で前進している。最近なされた中でも最も大胆な決定は、雇用形態での学習のそれだった。その原則があってこそ、七〇もの製糖工場閉鎖が可能となったのだ[2]」

全国砂糖専門家協会のティルソ・サエンス会長もカストロの指摘を補足し「我々が『仕事としての学習』と呼ぶ前進は、『思想の戦い』で可能となりました。思想の戦いなくしては、リストラにはとうてい着手できなかったことでしょう[2]」と述べ、マリア・ホセファ成人教育局長も同じ指摘をする。

「二〇〇二年の三月にフィデルはマンサニージョ市で、新しい総合的な学習コース、クルソ・インテグラルについて語っています。砂糖産業の改革ができたのも、すでに思想の戦いで経験があったからなのです[4]」。では、この「思想の戦い」とは何なのだろうか。局長の言う製糖業リストラに先立つ体験とはなんだったのだろうか。

注——誰もが望んで農業に転職したわけではなく、同工場では、半分解体された工場を目にしつつ「こうなるのは悲しいことです。ここでは皆自分の仕事に愛着を持っていましたから。彼らは農民ではなく工員なのです」との嘆きの声が聞かれる[1]。

◉コラム4
サトウキビ労働者

米国の砂糖消費量は、一八六一年には二八万トンだったが、一八九七年には二五〇万トンと約九倍に増えている。これは、当時の世界の消

革命前のことなら１週間でも話したいというシスト・フランシスコ・ミラバル・コレア氏（右・68歳）と仕事仲間だったホセ・メサ・ゴメス（74歳）氏。メサ氏は工場の裏手のバラコンと呼ばれるバラックで生まれた

費量のほぼ三分の一にあたる膨大なものだったから、米国はキューバの砂糖を求めて資本を投下する。この米国資本でインヘニオと称された小規模な製糖工場が一八八〇年代には近代設備を備えた巨大工場へと変貌していく。一八五九年には約二〇〇〇あった工場数が、一〇年後には一二〇〇、一八九四年には四〇〇と減少したから大変な変化だ。この統合でインヘニオ時代には一体だった工場と農場が分離する。当時の砂糖の輸出先の九四パーセントも米国だったが、一九〇二年に米西戦争に勝利すると、さらに米国による経済支配でがんじがらめにされていく。米国はキューバの輸入関税を二〇パーセント、米国からキューバへの輸入関税を二五〜四〇パーセントに設定したから、富は一方的に米国に流れた。砂糖価格はウォール街の資本家がコントロールし、砂糖景気が人工的に作られた(1)。

ハバナ市内のボジェロス区にあるマヌエル・

マルティネス・プリエト製糖工場で働いていたシスト・フランシスコ・ミラバル・コレア氏(六八歳)は、当時の暮らしぶりを回顧する。

「革命以前の工場のオーナーはマヌエル・アスプルという人物で、私はこの工場の手伝いの仕事をしていたのです。当時の工場の正規職員は一二八人で、八時間ずつ交代制で二四時間ずっと休みなく工場を稼働させていました。ところが、当時は、失業者があふれていましたから、正規職員がたまたま休んだり、出勤しなかったときのために七〇人の手伝いがいたのです。六台のバスに乗って労働者はやってきましたが、この工場の門の外に並んでいて、朝七時にサイレンが鳴っても来なければ交代するわけです。まあ、せいぜい、三人か四人でしたがね」

だが、失業者たちはやさしかった。

「ある日、一番から四番が仕事にありつければ、次には五番から六番がというように仕事をわかちあっていました」

氏は今流にいえば、フリーターだったが、七〇人の仲間で組合を作り平等に仕事をワーク・シェアしていたのだ。

「革命があってからはそりゃあよかったです。失業者の組合もなくなりました。なにしろ、以前の社会的格差はすごいもんだったんです。例えば、そこに立派な家が見えるでしょう」

と氏は一角にある建物を指差す。

「あそこは、オーナーの弟、そして、その奥の邸宅は従兄弟のでした。事務所でも偉い席は息子が継いで、それ以外は出世できませんでした。そして、格差は労働者の間でもあったんです」

貧しい氏は、当然のことながら学校にも通えず、革命前は非識字者だった。

「ですが、向こうに緑色の建物が見えるでしょう」と氏はまた別の建物を指差す。

「あそこが、以前の労働者のための学校でした。革命後に毎日、先生に教わってやっと読み書きができるようになったのです」

氏は読み書きができるようになってからも働きながら勉強を続け、中卒レベルまで習得した。

革命はワーキングプアの身分から脱出する大きな機会となったのだ。だが、長年働いてきた工場はその後、リストラで閉鎖した。だが、周辺のコミュニティには変わりがなく、ごく普通に多くの人々が暮らしている。街がなくなっていないのも革命の成果だ、と氏は強調する。[注]

「工場閉鎖も急にはしなかったのです。まず、二〇〇〇年からは黒砂糖の白砂糖への精錬作業だけとなりましたが、工場は稼働し続けました。二〇〇二～〇三年にかけて、徐々に仕事を減らし、その間、働きたい労働者には別の仕事を斡旋してくれ、それ以外の学びたい失業者は勉強をしたのです」

すでに退職した氏の年金は多くはないが、少なくとも不幸には見えなかった。

「いまはもう仕事を引退して悠々自適の年金生活です。ですから、時間はいくらでもあります。革命以前のことを話せば一週間でも語れます。また、来てください」。そういって氏は微笑んだ。[(2)]

注――一九八〇年代後半から、砂糖省と共産党は、製糖業のリストラの影響を受けるコミュニティを支援するため、社会的コミュニケーション・プログラムを作成し、ハバナ州のエクトル・モリーナでパイロット事業を実施し、これに基づき、全国コミュニケーションプランを策定している。砂糖省は、工場が閉鎖しても交通、教育、医療サービスのほか、地元野球チームといった文化活動やレクリエーション活動も従来どおり支援することとしている。しかし、リストラされた労働者への影響緩和政策を評価しつつも、コミュニティは長期的にはリストラの影響を受け、わずかな例外を除き、解体された工場のバティはゴーストタウンと化したと指摘する論文もある。[(3)]

IV

脱ワーキングプア社会を求めて

グローバル化で広がる格差の中で、若者たちが未来への夢と希望を持って歩むにはどうするか。失業した若者を高齢者介護のためのソーシャル・ワーカーとして雇用し、情報化社会に後塵を拝さぬようコンピューター教育を充実させ、誰しもが高き教養を身に付ければよい。このシナリオを描いたのは、半世紀前に革命を起こしたのと同じ若者、ハバナ大生を中心とした青年たちだった。

格差と無知が生むテロや戦争を一掃するため、読み書きができない人間をこの地球上からなくす。無謀ともいうべき野望を胸に全世界に識字力向上の支援を行っているキューバが平和を求める背景には、半世紀も前に日本のある都市が経験した惨事があった。

アメリカ大陸で最も古い伝統を持つ大学、ハバナ大学のキャンパスで語りあう学生たち

1 社会とつながる総合教育

子どもたちの興味関心を伸ばす総合教育

豊かなソーシャル・キャピタルと地域ぐるみの子育て。学力の高さの秘訣はここにあると第一章で述べた。そして、教育は、リストラ労働者の雇用等、地域や社会とも深くつながっている。この視点で見ると、日本には見られないユニークな授業が小学校からあることにも気づかされる。ペドロ・マリア・ロドリゲス小学校のロペス校長は、「シルクロ・デ・インテレサ、趣味サークルもやっていますし、子どもたち全員は、ピオネーロ活動にも参加しています」と語る。(14) 校長のいう「趣味サークル」とは、子どもたちの興味や関心を伸ばす科目だ。ホセ・マルティ・ピオネーロスとは、小さな探検家という意味で、ソ連をモデルに作られた六～一四歳の小中学生が所属するボーイ・ガールスカウト組織だ。作られたのは一九六一年四日四日だが、六六年には学校とも深くつながる大組織に発展し、現在では一五〇万

ペドロ・マリア・ロドリゲス小学校の芸術教室。スポーツ、教育、民芸工芸、読書、環境、算数、農業、歴史と様々なクラブがある

人が所属する[2][5]。

七〜八月の夏休みにはサマースクールやキャンプがあるが、これを開くのもピオネーロだ。キャンプ代は無料で、土日は、お誕生日会、ハイキングやビーチへの遠足になる。二〇〇三年にトリニダードでのキャンプの様子を視察した米国のリポートを見てみよう。

「キャンプの授業はユニークだ。農業では、サトウキビはもちろん、それ以外のマメ、コーヒー、種子や土のことも学ぶ。海の授業では、魚釣りから、ボート、ダイビングまである。刺繍作りなど各地域の伝統工芸や自動車の修理も体験する。様々な体験を積むことで、子どもたちは自分が好きなことを見つけ出す。子どもたちは勉強以外の活動を目いっぱい楽しんでいた。我々のツアーには公立校から四人の教師が参加

元ホセ・マルティ・キャンプ場。1990年から同施設はチェルノブイリ原発事故の子どもたちを治療する施設となっている

していたが、バスに戻ると二人が泣いていた。何かあったのかと理由を聞くと彼らはこう答えた。

『私たちが教師になったときに夢見ていたことをここではやっています。でも、米国の学校ではそれが実現できないのです』[9]

ピオネーロ・キャンプ場がハバナ郊外のタララ・ビーチに最初に作られたのは一九七五年のことで七八年には五二六ものビーチ・ハウスが設けられ、ソ連にある同様の施設よりも広く拡充された[2]。

ピオネーロス宮殿での職業体験

趣味サークルも農業や文学、芸術まで二〇六もの分野をカバーする。週に一度はピオネーロス宮殿を訪ね、専門家からさらに深い内容の実

チェ・ゲバラ・ピオネーロス宮殿が建てられたのは1979年。80年代半ばには日2回転で1717もの趣味サークルに3万人の小中学生を受け入れられるまで進展した。現在は改装中(15)

習を受ける。国内にはこうした宮殿が五九あるが、(2)ジャーナリスト、工藤律子さんはそのひとつの様子をこう描いている。

「ハバナ市内のチェ・ゲバラ・ピオネーロス宮殿では一七九種ものクラスが用意され、子どもたちを『小さな労働者』として指導していた。金属加工のクラスでは、実際に町を走るバスに使われる部品を作っていた。

『僕たちが作れば他の国から買わなくてすむからキューバは助かるんだ』

少年は誇らしげにそう語った。子どもたちはピオネーロ活動を通じて、社会を少しずつ知ると同時に、自分たちも社会の一員として貢献できることを実感する(12)」

つまり、ピオネーロスや趣味サークルは、日本のゆとり教育や総合学習とは異なり、本格的に子どもたちを社会とつなげる準備活動なのだ。

校則を自分たちで管理する子どもたち

学校での規律の高さも保護者とピオネーロとが密接に連携することで保たれている。学校委員会は、きちんと宿題をやることから始まり、出席、進級といったあらゆる問題に首を突っ込む。学校をサボったり不登校になったりすれば、委員会代表がその理由を突き止めに両親を訪ね、他人の家庭でも問題があれば応援する。[2] こうした地域ぐるみのしつけをさらに完璧なものにしているのが、ピオネーロなのだ。[7] 活動内容は、成績、進級、出席にまで及び、校則を破ったり子どもたちだけでは手におえない生徒がいれば、リーダーが、そのことを話し、周囲から圧力がかかることになる。[2] 遅刻も厳禁で六年生の担当が校門で遅れた生徒をチェックし、遅刻ノートに記録する。生徒はその理由を担任から聞かれ、何度も繰り返せば校長にも話が伝わり、父母との話しあいが持たれる。[13]

東京大学の苅谷剛彦教授は、基礎教育の大切さは実はルーティンで、それがしっかりしていれば、そこから先のプラスアルファは欲ばりすぎない方がよく、生徒が主人公の教室とか、子どもの自主性といった発想は響きはよくても危険だと警告する。そして、子ども中心主義の教育思想は、裕福な家庭出身の学習意欲の高い子どもを対象に米国のジョン・デューイが行った実験に根ざし、自主的には学ぼうとはしない子どもをおきざりにすると懸念する。[17]

キューバがしつけに厳しいのは、「子どもは大人よりも無条件に善だ」との米国発のロマン主義とは正反対の教育観を持っているからだ。二〇〇二年の新学期に向けた小学校の若き緊急教員の卒業式でのカストロの発言がそれを象徴している。

「私にとっては、教育とは価値観を蒔くためにある。多くの人々は連帯感、寛大さ、勇気、兄弟愛等を美徳として称賛するが、子どもたちはたいがいこれとは相反する本能を持ってこの世に生まれてくる。生物としての本能を良心が克服するように担保することが教育だ。それは、小さな動物を人間に変えることから始まる（略）。みなさんは、この人間社会で最も重要な使命を負っている。家族は、諸君らの手に、その最も大切な最大の宝、希望をゆだねるのだ。革命は諸君らに最も重き社会的責務、最も高貴にして最も人道的な仕事を託している(8)」

小学校から手伝いを求める労働教育

社会性を身に付けさせるために、校舎の掃除や校庭管理の手伝いをさせる労働教育の授業もある。小学校では六年間で延べ五六八〇の授業時間があるが、うち四八〇時間と八・五パーセントが木工や裁縫等の「労働教育」にあてられている。プロローグで紹介した小学校での「学校菜園」も労働教育の一部で、農作業を通じて動植物や自然界の仕組みを学んだり、農業労働者への連帯感を抱くことが期待されている(3)(5)。九〇年代の半ばからは、エコロジーや、社会道徳を組みあわせ新科目、「私たちが暮らす世界」

も導入された[11]。三、四年生ではピオネーロスのアウトドア体験学習が始まり[12]、五、六年生では、政治、道徳等の授業も加わる[10]。

中学生では労働教育は総授業五七九九時間のうち、二八〇時間と四・八パーセントを占め、小学校よりは少ないが、それでも歴史の授業時間の半分に該当し、それ以外の文科系の授業科目と比べてもかなり多い[5]。そして、「農村学校プログラム」も始まる[6]。

農村の寄宿学校で農作業に汗する中高生

農村学校とは、農作業を行う全寮制の寄宿学校だ[6]。作業の多くは柑橘類プランテーションでの収穫労働等だが、生徒たちは二班にわかれ、半分が午前中に作物や家畜の世話をすれば、残りは教室で学び、午後には交代する。働くことを通じて、責任感や倫理観を育み、協力しあって仕事を進めることを学んでいく[3][11]。以前は中高生のほとんどが親元を離れてこの寄宿舎で集団生活を行い[6]、特に大学まで進学を希望する高校生は、農村学校への入学が義務づけられていた[5]。

農村学校プログラムが正式に動きだしたのは一九七一年のことで、七〇年代末には農村の寄宿学校には約五〇万人もの生徒がいるまでにいたり[2]、一九八一～八二年には中学生だけでも二八万八八四六人のうち、三四・九パーセントがこの農村学校に入学している[6]。ただし、都市部の学校では適切な労働が見つからなかったことから[2]、その代わりとして年に四五日間、農村で働くことが求められた[3]。

朝にペンを持たば、午後には耕せ

労働と学習、手作業と頭脳労働とを組みあわせるという発想のオリジナルは、キューバで国民的英雄として尊敬されるホセ・マルティに由来する[6]。「朝にペンを持たば、午後には耕せ」はマルティの言葉だが、マルティは、「男も女も大地の知識を養われなければならない。不毛で間接的な書物での学びを、直接で実りの多い自然についての知識に置き換えることが緊急課題だ」と書き記している[3]。

だが、オリジナルがどうであれ、これが具体化されたのは革命後で、労働と学習との結びつけは、都市と農村との格差を埋めあわせる主な手段として、ごく初期から重視され[6]、一九六二年には早くも大学での研究と仕事との統合がなされ、学生や教師が農作業に参加しているし、一九六六年には、二万人もの中学生や教師が農村に働きに出かけている[6][11]。

都市と農村の交流の失敗と農村中学の見直し

労働教育は、今流にいえば「現場学習」という革新的な方法ともいえる。だが、反キューバ派からは、「子どもたちの奴隷労働」として描かれ[3]、コラムで描いたように酷評されることも多い[6]。

比較的中立と思えるガスペリーニも次のように語り、懸念している。

「たしかに年齢に適した労働なら、知性や社会性、責任をわかちあう機会になるだろう。だが、作業を強制してしまえば、学生の反感を呼ぶだけに終わるリスクもある。勉強と労働とをつなげるというアイデアは本来の目的を失い、形骸化する危険性もあるように思える」

たしかに、ある時期までは農村学校は、キューバ教育の成果ともされてきた[5]。だが、各学校を地域の農業開発プランと連携させ、学校と地域農業、農村と都会の学生とをつなぐというアイデアは結果として失敗している。中学生から寄宿校に入れるのは、早すぎるとの生徒や家族からの声も多く、最近では高校から入学させるようになってきている[5]。

だが、いま現在も各分野の教育で労働が重視され、カリキュラムの柱であり続けていることは確かだ[5]。例えば、一九九二年の夏からは、経済危機で不足する物資を補うために小学生も初めて活動に参加した。低学年は農作業ではなく、公園の掃除やリサイクル用品の収集等だったが[6]、活動はその後も継続され、二〇〇一年には国連グローバル五〇〇賞を受賞している。

レーニン高校のパス副校長も「労働教育には、校内清掃、自分たちでの配膳、バッテリー交換作業と様々ですが、月に四八時間あります。七二ヘクタールの農場での農作業もやっています」と語る。校内にある農場ではオルガノポニコで野菜が育てられていた。レーニン高校生のような幹部候補生までなぜ、農作業をやらなければならないのだろうか[16]。カストロは労働教育について繰り返し語っているが、ここからその理由が垣間見えるのではないだろうか。以下の抜粋はいまから三、四〇年も前の発言だが、いま見ても古びていないどころか、より意味を持つように筆者には思えるのだが、どうであろう。

レーニン高校のオルガノポニコ。全体では72haもある。左はロドリゲス農業担当副校長、右がパス副校長

「我々は、読み書きだけでなく、他の人々のためにいかに働き、尽くすべきかも教えるべきだろう。さすれば、生徒たちはわかるだろう。人生でただの一度もシャツに汗をかかずして暮らす人間がいることを。自分の周囲で何が起きているのかをまったく理解できない人々がいることを」

「諸君らは、鍬を手にして働くことだろう。なぜなら、諸君らが将来、技師となり責任ある業務に従事するとき、仕事が何であるかを知ることがとても役立つからだ。諸君らが下す指示でなされるきつい仕事のことも知っておくことが、同じく必要なことだからだ」

「革命の技術者とインテリは、人民の実生活に密着して養成されなければならぬ。なぜなら、革命により教育を授かり、大学に進学した若者においてすら、暮らしの実体験に根ざした知識がないケースがあるかもしれないからだ」

「時に我々は学生を働かせるという考え方にアレルギーを見出す。学力を下げるというわけだ。だが、そう口にする教師は、実は教育のことをほとんど知らない。なぜなら、人間形成の本質を無視しており、我々が単なる技術者ではなく、より良き市民を育成することに関心を持っていることを忘れているからだ」

「もし単純労働しかさせられないなら、それは残忍で悲惨なことだ。だが、知的労働だけに従事する人間もどこか歪んでいる。これは不自然でまことに異常なことだ。それが、誰しもが肉体労働と同時に知的労働をやる社会を求める理由だ。未来は、誰しもが物的生産に参加し、誰しもが精神的な商品やサービス創造に参加できると我々は考える」

「最も重要なことは、学習と労働とをつなぎあわせるという原則だ。なぜなら、技術者やインテリ、知的教育を受けたすべての人に伴う難点の根にこの問題があるように思えるからだ。資本主義は知的生産と肉体労働との間にギャップを作り出し、それがすさまじく浮いた人間を生み出している。私は、マルクスが最も気にかけていたひとつが、この知的労働と手作業との残酷な分離という問題だったと考える。もし、生まれた瞬間から完全に生産から隔離されたならばどうなるか。保育園、小中高、そして、大学を卒業するまで、生産労働に一切タッチしなかったらどうなるだろうか。そう、それが、歴史的な教育制度だ。人類が現在まで知っている教育制度だ。資本主義の遊離された人間教育制度だ。自分の名前を書けずに足し算ができない子どもは想像できまい。とすれば、同じく社会参加を一切体験することなく成長し、サービス活動のことをまったく知らずに育つ人間がいることに驚くべきなのだ。これが、我々が、学びと労働との組みあわせが、基本的な革命の原則だと考えなければならない理由だ(1)」

注――勤勉によく学び、学校を愛し、大人を尊敬する倫理観を育むうえではピオネーロは役立つが、一歩バランスを崩すと危険な管理組織になりかねない危険性を抱えているともいえる。ソ連と米国との児童教育を比較研究したウリエ・ブロンフェンブレナー(Urie Bronfenbrenner)教授は、「幼年期の二つの世界」(In Two World of childhood)で、ソ連では子どもが熱心になりすぎ父親すらも糾弾している例をあげ警告している(2)。

◉コラム5

人気の高い農業専門学校

実践を重んじる少人数教育

ハバナ郊外のボジェロス区にあるビジェナ・レボルシオン校は農業、とりわけ、畜産に特化した専門校だ。カストロの立会いのもとに開校したのは一九六二年四月のことで、以来、多くの人材を農業界に供給してきた。第四章第一節に登場したレーニン高校のロドリゲス農業担当副校長も卒業生だ。

「専門は農業、畜産、林業、農業機械にわかれますが、農業と関連することすべてを学べます。授業内容は普通高校と同じですが、普通高の生徒が三年かけて学ぶのと同じ内容を二年間で習得しなければなりません。そして、三年では専門技術を学び、四年では実際に農業公社で働きながら勉強するのです。学校は全寮制で農家と同じ生活時間をここで体験するのです」とホルヘ・サルバドル・ロペス・クエスタ氏は実践的な授業を重視していることを強調する。同席しているファン・ラファエロ・コエヨ博士もこう付け足す。

「一、二年生は週に一日農家で働き、三年生になると各コースにわかれますが、ほぼ半分を農業公社で働き、四年生では全時間を公社で働くことになるのです」

農業においても労働を通じた体験実習は重視されている。制度的には日本の農業高校に該当する教育機関だが、スケールが違う。在校生は二一〇〇人、キャンパスは九〇八ヘクタールもあり、牛、豚、羊、ヤギ、馬、家禽類が飼育され、家畜の飼料作物も生産されている。自給用の穀類、作物も生産されているが、その目的は将来の食料危機に備えてのことだという。だが、二〇〇〇人以上も生徒がいるが、ここでも少人数できめ細かい教育がされている。

「本校も以前は一クラスが四〇～四八人でしたがいまは三〇人です。実習ではさらに少人数で、例えば、トラクター作業は二人、搾乳は二～六人、牛耕は一～二人で、最大でも一五人です。インターネット時代に備え、コンピューター教育を充実するとともに、教師数を増やしたのです」とロペス氏は実習風景を映したビデオを映しながら説明する。

研究と教育との連携、教授陣は自前で育成

興味深いのは、この教師増員にあたって学校の卒業生が先生になっていることだ。ロペス氏によれば、講師陣は二七〇人だが、うち六八人が大学講師で、現在九八人の生徒が「大学」で学んでいるという。ここにもマイクロ大学があるわけだ。

「学生の一部は卒業後にそのままマイクロ大学に進学しますが、社会人となって何年か働いた後に入学する学生もいます。そして、卒業後には中級技術者、学士、修士、博士号も取得できます。本校は講師陣を学内で育成していることでも有名です。長年本校で教鞭をとっている講師も多いですし、卒業生が教師となっていますから、若者たちに一種の模範となっているのです」

ロペス氏は研究の重要性も指摘する。

「教育だけでなく研究も重視しています。研究をしていなければ良い教師とはいえません。学内には研究所があり、一二五ヘクタールの農地で実験をしていますし、家畜用の医薬品も研究・生産しています」

キューバでは学生たちが授業の一環として生産するバイオ農薬や医薬品が実際に販売されて

いるケースも多いが、ここでも家畜の医薬品が海外に輸出されていた。実践的な授業を通じて、学生たちは授業が実際に社会で役立つことを体感していく。

農業教育の充実で農業が好きな生徒が入学

マイクロ大学とは別に本来の大学もある。ハバナ農科大学がそれで、以前はハバナ大学の農学部だったが、その後単科大学として独立したが、ここにも一〜二割の生徒が進学するという。学生たちに「大学に進学したい?」と聞いてみるとほとんどの学生が手をあげた。ある女学生は「農業は本当に素敵な仕事です」と嬉しそうに語る。

「以前は全国の学生がハバナに上京していましたが、八八〜八九年にかけ各州に専門校を設置しましたから、本校はハバナ市とハバナ州出身の学生を受け入れています。毎年五五〇人前後が入学しますが、うち四五パーセントは女学生です」とロペス氏が説明すれば、ラファエロ博士は農業に関心がない学生はとらないとコメントする。

「本校は中学生のときから『シルクロ・デ・インテレサ』(趣味サークル)で農業を学んできた学生を選びます。サークルに入っていない学生は入学できません」

都市農業や有機農業も急発展していることもあいまって、農業関連の専門職へのニーズは高い。ラファエロ博士は「本校が抱える大きな課題は、志願者が多すぎることなんです」と贅沢な悩みを口にする。

「農村の若者たちはもともと動物や家畜が好きですから、若者たちの農業への関心が高いうえ、いま都市農業が発展しています。ハバナ郊外にも多くの都市農家がいて、街中でも農業の勉強できます。小学校から農業教育に力を入れた結果、都会の生徒たちの間でも農業の人気は高いのです」

ビジェナ・レボルシオン校のキャンパスは広く見渡す限り農場が続く

しかも、卒業後の就職先も確実に保障されている。

「七五年の教育改革以来、政府は全国統計を見て何人の技術者が必要かを計画的に決めています。人民権力（地方の行政事務所）が、どんな専攻の専門家が何人必要かを決めるのです。本校は教育省に所属する組織ですが、農業省と密接に連携し、学生たちは国が必要としている内容を学びます。つまり、本校を卒業した技術者たちには将来確実に仕事が見つかるというわけなのです」

小中学校で数学、国語、科学をみっちり仕込まれ、基礎学力を身に付けたうえで、学力のある学生が興味のある専門を学び、それを生かした職業に就いていく。

日本では学力が足りずに仕方がなく農業高校に入学する学生もいるが、キューバは違う。もともと農業が好きな学生が専門学校に入学し、さらに研鑽を深めたい学生が大学へと進学する。これはなかなか合理的な制度ではあるまいか。[1]ちなみに日本ではほとんどの生徒が普通高校に進学するが、ヨーロッパは専門学校に進学する生徒の方が多い。広く浅く総論を学ぶよりも興味を持つ専門を学び、それから大学へと進学するというのがヨーロッパでは常識的なスタイルで、専門校への進学率が高い国ほど経済も発展しているとのデータもある。普通高校への進学率が高いのは概して開発途上国で、国際的に見れば日本はいまだに開発途上国型の教育制度を採用していることになる。[2]一方、キューバは開発途上国でありながら、すでにヨーロッパ型の教育制度を導入していることになる。

2 格差なき公正な競争社会を求めて

ソーシャル・ワーカー校の設立と失業者の一掃

経済の一部自由化とグローバル化の影響で所得格差を目のあたりにし、未来への希望も夢も喪失していく若者たち。キューバが一九九〇年代後半に直面した閉塞感はいまの日本がおかれた状況とどこか似ていた。どうすれば閉塞した社会に再び活気を呼び戻せるのだろうか。この一番厄介な課題の答えは、キューバの若者たち自身が考え出した。共産党青年同盟が議論しあい、その中から提案されたのは、ソーシャル・ワーカー養成校を設立し、国民の教養を高めるために全国に大学を設置し、インターネット時代に備えてコンピューター教育を行うというアイデアだった。ここから、「第二の教育革命」「思想の戦い」と呼ばれる一連の改革が始まる。

一番目のソーシャル・ワーカー養成とは、一〇カ月ほどの研修を失業中の若者に対して行い、卒業後

コヒーマルに作られたソーシャル・ワーカー養成校では失業中の若者たちが給料をもらいながら勉強している

には同じ境遇の若者や高齢者等、格差社会の影響を受けた人々のケアをさせるプログラムだ。[5]在学中から給料が支払われ、卒業後もソーシャル・ワーカーとしての仕事が保障される。[7]給料は最高では四〇〇ペソとキューバの水準からすればかなり高く、[5]働きながら大学で学ぶ機会も得られる。それまで無為に過ごしていた若者たちは、コミュニティの課題解決を支援する重要な社会的役割が与えられたのだ。[7]

ハバナのプラサ・デ・ラ・レボルシオン区にあるモンカダ診療所のキンテラ副院長はソーシャル・ワーカーによる老人ケアの大切さを強調する。

「本院の受け持ち住民の二四パーセントが六〇歳以上ですから、老人たちが健康で幸せになれるよう、医師、看護師、ソーシャル・ワーカー、介護士からなる特別チームを組織しています」

日本では一人暮らしの老人がいることを告げると、豊かな国と聞いているのになぜとキンテラ副院長は驚き「キューバでは、そんなことはありません。ソーシャル・ワーカーたちが家族と同じように老人たちの面倒を見ています。メディコス・デ・アルマ、『魂の医師』ともいわれ、お年寄りの息子や娘の役割を果たしています」と述べる。(15)

ソーシャル・ワーカー養成校の校長には、元ハバナ大学のルベン・サルドヤ哲学歴史学部長が就任したが、学校設立のきっかけは若者たちが作った。それまで、政府は、配給による廉価な食料の提供や無料の医療や教育によって社会問題の大半が解決され、残された問題が若干あるとしても、革命防衛委員会やキューバ女性連盟等の大規模組織でこと足りると考えていた。事実、経済危機の中でも膨大な社会福祉予算を組んだ。だが、実態は想定とは違っていた。ドルの解禁や市場経済の一部導入で、中途退学の増加、シングルマザー、年金暮らしの高齢者の低所得といった格差問題が生じていた。これを明らかにしたのは大学生たちだった。二〇〇〇年九月にハバナの最も貧しい家族の実態調査を行い、充実した社会保障政策を講じている以上、問題はないはずだとの見解を覆す。だが、キューバはガチガチの縦割り社会だから、ムニシピオ、州と下からあげていってもラチがあかない。学生たちは、調査結果を中間プロセスをすっ飛ばし、直接国の指導部に報告した。革命政権指導部は事態の深刻さに気づくと直ちに動く。同月に対応策のひとつとしてすぐさま打ち出されたのが、ソーシャル・ワーカーの緊急養成だったのだ。

社会で最も傷つきやすい人々への目線を持つことで社会福祉政策はさらに一歩前進する。例えば、ハバナのマリアナオ地区では、人民委員会やキューバ女性連盟、その他のコミュニティ組織が、シングルマザーの実態調査に取り組む。二九人の母親全員が社会保障を受けてはいたものの、元夫からの支援があるのは二六パーセントにすぎず、半分はそれ以外の親戚や家族からも支援を受けていなかった。ほとんどが働いていたが、安定した職は得られず、保育施設の充実を待ち望んでいた。そこで、諸機関は連携し、彼女たちの就職先の斡旋に奔走する。結果として、三人は新たな就職に向けたトレーニングを受けることとなり、八人には仕事が見つかった。そのほとんどは地区の高齢者へのサービス提供だ。(2) キンテラ副院長がいう老人たちを親身に面倒見る『魂の医師』の中には、こうした人々がいる。

万人のための大学で教養を高める

東京大学の佐藤学教授は、世界で最も勉強していた日本の子どもたちが、いまでは一番勉強しなくなったことを様々な数値をあげて実証し、高度成長の終わりとともに、高収入や地位に学歴が結びつく「学歴神話」が崩壊したことがその理由だと指摘する。思えば、明治時代ほど日本人が猛烈に勉強した時代はなかったかもしれない。江戸時代の身分社会が崩壊し、学力さえ身に付ければ、どんな貧しい家庭の子どもでさえ、出世を夢見ることができたからだ。だが、いまの日本には子どもだけでなく大人にすらその夢がない。佐藤教授は、子どもの学力低下以上に深刻なのは、大人の教養の崩壊だとし、その根底には学びへのニヒリズム（虚無主義）とシニシズム（冷笑主義）があると分析する[10]。佐藤教授の憂いと裏をあわせるかのように、なぜかキューバも教養の喪失こそが危機の本質だと見たらしく、全国民の教養向上対策に着手する。二〇〇〇年一〇月二日からは二チャンネルで「万人のための大学」教育テレビ放送が始まる。キューバの国営放送にはコマーシャルがないから、放送時間は週に三九四時間と全放送時間の六三パーセントにも及ぶ。七七五人の教授陣からなる四三コースが提供され、最高の哲学者や教授の講義を誰もが受けられるようになったのだ。さらに第三章第二節で述べた大学のムニシピオ化も進められる。二〇〇二年の夏にカストロは「いま、我々は複数の大学について話をしているのではない。なぜなら、国家全体がひとつの大学になるからだ[6]」と述べ、二年後の二〇〇四年二月には「達成不可能な夢、大学となった国家を目にすることが、いまや現実のものとなった[7]」と語っている。

犯罪は自己責任でないから刑務所内に大学を作る

カストロは、フランスの月刊紙「ルモンド・ディプロマティーク」の編集長イグナシオ・ラモネと一〇〇時間以上もの対談を行っているが、その中で教養にこだわる理由を次のように述べている。

「多くの人々は教育の決定的な要素を金銭だと考えている。だが、違うのだ。社会の教養水準こそが決定的なのだ。革命後には何千人ものブルジョア階級やそれにあこがれる人々、教育を受けた教養人がマイアミに向けてキューバを去った。革命は底辺の中から八〇万人もの専門家を育てあげてきたのだ。だが、我々はそこで、教養や文化水準の高い家庭出身者ほど良い学校に進学していることを発見する（略）。革命以来、我々は教育制度を全面的に改革した。非識字者は一掃され、学校に通えない子どもはいなくなり、大学入学も成績と試験に基づくようにした（略）。だが、この後でさえ、両親の教育水準が大きく影響し続けた。最低の所得水準や最低限の教育しか受けていない家庭出身の子どもは、良い学校に入学できていない。つまり、これは何十年も継続する傾向があるのだ。もし、そのまま事態を放置すれば、こうした子どもらは決して重要な社会的地位には就けないだろう（略）」

カストロは自らの経験から勝ち組と負け組とが世代間で継承されてしまう問題の深刻さを指摘する。

「これを修正すべく、いま、抜本的な教育革命を行っている（略）。なんらかの社会的理由から、その後は学ばず、定職にも就かなかった中卒の一七〜三〇歳の若者たち全員に勉強するよう説得し続けているのだ（略）。四〇〇〇人以上が入学したが、彼らは、最も革命的な人民となっている。なぜなら、プログラムで再生したからだ。仕事や社会的支援なくして、どうして彼らはやっていけるというのか」とソーシャル・ワーカー養成について語っている。湯浅誠氏は著作『反貧困』で、他に選べる選択肢があるならば自己責任論も成り立つが、その選択肢を奪われた状況におかれているのが貧困だ、とアマルティア・センのケイパビリティの概念を用いてワーキングプア自己責任論に反論するが、カストロも氏と同じく貧困が自己責任ではないことを数字的根拠で示す。

「私は犯罪で投獄された二〇～三〇歳の全四人の状況を調査するよう頼んだ。信じられないことだが、獄中にいる彼らのうち専門家やインテリの子弟はたった二パーセントだったのだ（略）。なればこそ、学校を中退し、失業中の若年たちのために『仕事としての学び』という新たな概念が適用され、一一万三〇〇〇人以上の学生が学校に入学することとなったのだ（略）。何百ものコンピュータークラブや八〇〇〇人以上の学生が在籍する情報科学大学も創設した（略）。すべてが科学部門だが、我が大学には六〇万人以上の学生たちが在籍している（略）。うち、九万人以上は、以前は学校にも通わず仕事もしない若者たちだった。多くが不利な社会環境出身だったが、いまでは立派な研究成果をあげている。高等教育省下に九五八の大学センター、一六九の全ムニシピオにキャンパスがあり、医療研究の大学一三五二は地区診療所や血液バンク内にあり、旧サトウキビ・センターにも八四の大学があり、刑務所にも一八ある(9)」

刑務所内にすら大学があるとは驚きものだが、マリア・ホセファ成人教育局長も「牢獄内でも勉強ができ、例えば、自由の身となって出所するときには元犯人は法学士となっているのです。投獄されたときには社会のお荷物でも、出所するときには社会に役立つ人間となっている。先日も音楽家、シルビオ・ロドリゲスの牢屋コンサートをやりました」と語っている。

ニューヨーク市立大学特別教授のジョック・ヤングは、『排除型社会』（二〇〇七）で、ここ数年米国では「ゼロ・トレランス」がコミュニティの安全を考える際の基本概念にまでなり、社会全体が寛容さを失っていると指摘する。治安悪化の根本原因は格差による社会への絶望なのだが、罪を犯した人間を片端から取り締まることで、米国は対応しようとしているわけだ。一方、教育を施せば犯罪者も社会復帰できるはずだと考え、世界に先駆けて社会更生施設を創設した例もある。鬼平こと長谷川平蔵宣以の「人足寄場制度」だ。キューバの発想は米国よりも平蔵に近いといえよう。

グローバル化の推進を目指してパソコン教育を

思想の戦いには市民も積極的に参加する。ボランティア市民の手によって、剥げた壁が塗装され、壊れた教材は交換され、生物や化学物理実験室には備品が揃い、全小中学校の改修が進められていく。修理にあわせて少人数教室も作られ、全教室にテレビ、ビデオ、コンピューターも設置され、コンピューター学習も始まる(5)。

二〇〇三年の新学期の始まりにあたりカストロはこう述べた。

「幼稚園や小中学校の全校舎には四万六二九〇台のコンピューターがある。農村では、二三六八校にソーラー・パネルで電力を供給した。うち九三校はたった一人しか生徒がいないのだ。これは、一人残さず子どもたちを教育しようという革命の努力の証だ。文書、画像、表計算ソフト、マルチメディアのプレゼンテーション、ホームページの作成、様々な問題の解き方を教えている。他の科目でも教材として活用され、小学生と養護教育用の四一科目と中学生用の三七科目用の新たな教育ソフトは、全教科を教える一助となっている。ソフトは対話型で、ビデオ、音入画像、専門辞書、ベテラン教師の解説、演習や教育ゲームソフトとマルチメディアを活用している。そして、教えるのは一万九二二七人のコンピューター教師で、うち一万三八〇五人は新規採用なのだ(4)」

カストロはこの年七七歳だった。八〇歳近い老人が、マルチメディアやプレゼンテーションの効用を子どもたちを前に必死で説いている姿を想像すると微笑ましくもある。だが、なぜこうまでカストロはパソコンにこだわるのだろうか。その真意は一九九九年九月にグループ七七に寄せたメッセージから読みとれる。グループ七七とは一九六四年に設立され、現在一三二の発展途上国が加盟する団体だが、総会が二〇〇〇年にハバナで開催されることを受け、カストロは次のような論理を展開してみせた。

「グローバリゼーションは、歴史的な過程で、その流れは変えられない。科学技術の進歩で距離は短くなり、地球上のどこに位置する国であれ、直接対話し情報伝送することが可能となってきている。技術の成果で、全人類が大きく発展し、貧困を根絶し、格差なく幸せに暮らせる可能性がグローバリゼーションには秘められている。しかれども、この世界はその持つ可能性の具現化からはまだほど遠く、それは、野放図な市場や放逸なる民営化を進めるネオリベラリズムのもとで展開されている。世界人口の一九パーセントにすぎぬOECD加盟国が、商品やサービス貿易量の七一パーセント、海外直接投資の五八パーセント、インターネットの全利用者の九一パーセントを占めている（略）。知識やイメージが交流しあう光輝く世界は、我ら諸国には縁遠く、手の届かぬところにあるままだ。インターネットを用いるには読めることが欠かせず（略）、ネット上の資料の八〇パーセントは英語が使われているから、その言語にも堪能でなければならぬ。グループ七七諸国がこれを達成することは、まことに至難の業であろう。インターネット利用者の五〇パーセント以上は世界人口のたった五パーセントにも満たぬ米国とカナダだ。そして、どの国よりも多くのコンピューターが米国にはある。

この極端な格差は、開発研究の貧しさによる。世界の研究開発費の八四パーセントはたった一〇カ国に占められ、グローバルなネットワークにアクセスできる人民とできぬ人民とで世界は分割されている（略）。情報のグローバル化に参画し、とどまることを知らぬ『頭脳流出』に終止符を打つことこそが、我らが文化アイデンティティの生き残りにとって来世紀の戦略的な命題なのだ[1]」

廣瀬純氏は「世紀はフィデルのものとなる」となるという小論で、「カストロのイメージからすれば、国民国家や国家主権をなんとしても維持せねばならないとか、グローバリゼーションの荒波に対してナショナルな防波堤を築かなければならないといったことを主張してもよさそうなものだ。常識的とは正反対の主張をしたことこそフィデルが真の進歩派であるゆえんだ。ウィキペディアも存在していなかった九九年の九月にすでに七三歳であった孤島のリーダーからこうした主張が早くもなされていることは驚きに値する[14]」との感想を述べている。

前出のイグナシオ・ラモネとのインタビューの中でも、国民国家再建を唱えることとの反動性をはっきりと指摘し「現在、資本主義は存在していない。存在しているのは独占だけだ。ネオリベラリズムとはグローバル化とは名ばかりの富の独占システムにすぎない」と切って捨てている。つまり、カストロが、反グローバリズムを唱えているのは、それがあるべきグローバル化の全面的な開花を阻害しているからなのだ。

知的財産でグローバル化の中を生き延びる

『キューバ・二一世紀の現実と展望』という本の中で、ハバナ大学のホセ・ベラ・ララ教授は、グローバル経済の中でもキューバは十分に競争力を持ち、先進諸国に伍していけるとの楽観的な二一世紀の展望を描いてみせている。教授がその根拠とするのは高い科学技術力だ。国内には、二〇〇〇以上の科学研究センターがあり、一〇〇〇人当たり一三・四人の技術専門家、一・八人の科学者はEUのそれに匹敵し、活発な研究プロジェクトが進められている。バイテク分野では五〇〇〇もの国際特許を持ち、なかでも第三世代のバイテクでは国際市場に並ぶ主要三六製品のうち一三がキューバ産だ。二四種のワクチンと四九種もの遺伝子組み換え医薬品もあり、うち四つは世界知的所有権機関[注]から賞を受けている。二〇〇三〜〇四年に設立されたばかりの情報科学大も電子商業取引の開発で成果をあげている。医師、技術者等の人材、音楽、芸術等の文化は貴重な輸出製品だし、ヘルス・ツーリズム、エコツーリズム、そして、有機農産物も観光客を魅了して外貨を落とさせる。[(8)] 教授の楽観を裏付けるように、将来を担う子どもたちの学力も年々あがっている。例えば、カストロは少人数教室やパソコンを授業に取り入れた結果、モデル校で成果が出たと誇っている。

「ガガーリン校では二〇〇二年一〇月の学期初めと翌二〇〇三年五月とでは、数学の試験の正解率が三一・九パーセントから六五・七パーセントへ、国語では五七・九パーセントから七七・三パーセントに伸びた。ホセ・マルティ校では同期間に数学では三〇パーセントが五四・三パーセント、国語では五七・二パーセントが七〇・一パーセントにあがった(3)」

人々のために国に尽くすという共有哲学

二一世紀は間違いなく、環境と生命産業と情報、そして、文化の時代だろう。となると、これらの分野に力を入れるキューバは国の生き残り戦略としてかなり的を射ているようにも思える。だが、ここにひとつの逆説が生じる。ホセ・マルティは教養を身に付けてこそ、人は自由になれると説いた。だが、教養と現実を分析、批判する力を身に付けられたからこそ、矛盾にも目が行く。

「先進国並みの教育水準を持ちながら、自由に海外旅行や留学もできず、高収入が得られる仕事に就く機会もほとんどないことから、同じラテンアメリカの貧しい国ではなく米国やヨーロッパの同世代の若者との格差を感じている」と工藤律子さんは鋭く指摘する(18)。

国民に無料で高い教育を施し、医師や研究者のようにグローバルに通用するスキルを備えた人材を育成すれば、世界市場では引く手数多だ。とりわけ、キューバと目の鼻の先にある米国はまさに自由を旗印に全世界から優秀な頭脳を集めることで発展してきた国といってよい。二〇〇一年の全米の大学の科学技術分野の博士号取得者の実に三五パーセントは外国人だ。最近は科学技術の論文数や産業技術の特許件数でＥＵに抜かれているとはいえ、[12]それでも才能ある人には魅力的な国であることには変わりはない。[11]いくらカストロが理念としてグローバル化を肯定してみても、現実の経済や教育への予算投資が国家単位で動いている以上、頭脳流出すれば一番痛手を被るのは国家だ。人材流出に対抗するためにはナショナリズムをあおらなければならず、それがまた抑圧性や息苦しさを生む。

キューバを代表する科学者、コンセプシオン・カンパ博士は、キューバでは頭脳流出は少ないと語る

「テレメンタリー２００８　幸せの指標・世界が注目するキューバ医療」（二〇〇八年三月一〇日テレビ朝日放送）という番組を取材し、現地事情に詳しい中野健太氏が「キューバには素晴らしいこともたくさんありますが、同時に問題だらけです。僕と同じ若者で亡命した友人も身近に何人もいます。多くは情報がない中でよくわからずに海外にあこがれて亡命するわけですがね」と語るように亡命者が多いことは事実だ。[17]

ところが、キューバを代表する科学者、コンセプシオン・カンパ博士は「国民当たりの博士の比率は米国と比べてもかなり高いのですが、頭脳流出は他のラテンアメリカ諸国よりも格段に低いのです。それは科学技術研究が社会のためでなければならないと考えているからです。例えば、皆に役立つワクチンを発明することが大切で、博士になることを目的とした勉強をしていないからです」と語る。[16]

さて、グローバルが進む中、日本のような知識詰め込み型の教育ではなく、起業や雇用につながる創造力の育成に力を入れるべきだとの意見も多い。着目されるフィンランドがその代表だろう。だが、創造力といっても抽象的すぎて、キューバのバイテク薬品のように具体性が見えない。北海道大学の山口二郎教授は、日本人は北欧モデルにあこがれがちだが、製造業だけでそれほど雇用が生み出せるとは思えないし、スウェーデンでも能力が高くても就職できない問題に直面し、日本型の公共事業を通じた所得再配分のあり方に関心が持たれていると述べている。これは重要な指摘だ。イギリスの社会学者フィリップ・ブラウンは、高学歴でも職に就けない問題を「機会の罠」と称しているが、七〇年代には二〇パーセントだった高等教育への進学率が、二〇〇〇年代には六〇パーセントにまではねあがり、高学歴インフレが起こっている。[19]つまり、教育内容にだけ手を付けてみても、社会構造全体が変わらなければ雇用や格差の解決にはならない。人間、誰もが勉強に向いているわけではないし、法科大学院、英語、各種資格とどこまで頑張れば、安定した職に就けるのか、先が見えない努力ほど辛いものはない。

米国化する昨今の社会風潮への反発のためか、いま、キューバは「米国化しない生き方」の象徴としてひそかに人気を呼んでいる。もともとトロピカルな南の島だけに、誰もが個性を生かした無料の教育が受けられ、競争もなく、スローにのんびり有機農業で自給する。そうしたイメージがブログ上でも独り歩きしている。個性、のびのび、スローといったキーワードは、なまじっか理想家肌のインテリほど魅了されやすい。だが、キューバは競争がないのではなく、あえていえば、小学校入学前から機会平等を担保したうえで頑張る「格差なき競争社会」ともいえるのだ。例えば、取材のたびに世話になるハバナ在住の瀬戸くみこさんは大学入試の厳しさを次のように語る。

「大学入試は高校卒業後に一回しか受けられず、浪人はできません。入学後も落第すればチャンスは二度だけで、一回目は落第した試験を、二度目はその年の対象科目の全内容を受けなければなりません」社会人入学では何度も再受験できるが、それも年齢制限があって三一歳までだという。

「ですが、身体を動かす方が好きで、どちらかというと頭を使うのが苦手な子どもには、トロピカーナのダンサーを目指させる等、実に様々な将来の選択肢を国は用意しています」と補足する。

前出の中野健太氏も「軍人や医師、弁護士とゴミ収集の労働者とでは、日本以上に社会的地位は違いますし、給料差もあります。ですが、職業内容で人を見下したりはせず、誰もが同じ人間として平等に扱われる点では、卑賤や偏見は他国よりも少ない。ゴミ収集のおじさんも嬉しそうに働けば、車の荷台に立って通勤する労働者たちも元気です。最低限の暮らしが保障されているから、芸術家になる人も多く、ミュージシャンは一万人もいます。能力で稼ぎは違うにしろ、やりたいことができる社会の気がします」と述べている[17]。

日本も含めて先進国は、政治的には民主主義、経済的には資本主義に立脚しているが、民主主義の「平等」と経済の「自由」とは本来は調和しない。この矛盾を両立させる理論的根拠となってきたのが、ジョン・ロールズの『正義論』だった。ロールズは機会均等を大前提にしながらも、成功した誰かの恩恵が国全体にゆきわたるのであれば、多少の格差は認められるという二段構えでこの矛盾を克服しようとした。後者は、トリックル・ダウンとして知られる原理だが、まさにキューバがやろうとしていることと同じだ。あえて教育という一面からだけ、切ってみれば米国が、①学力とは無関係の富裕階層、②富裕層のもとで高所得を得て働くインテリ層、③グローバル化で転落していく中産階級層、④単純労働力として使役される低学力層に社会分化している一方、キューバは、①選挙で選ばれ国家戦略を構築する指導者階層、②バイテク製品の開発を含め国に外貨をもたらす知的エリート層、③層の厚い中間層として国を支える技術者層、④高齢者、シングルマザー、知的障害者等、生きていくうえでの尊厳を保護される階層となっている。

国民の大半を占める労働者たちが、例えば、「資格労働者」になるという「プチ努力」をするだけでそこそこの暮らしが成り立つのも、人材流出の最有力候補であるカンパ博士や世界的に著名なミュージシャンたちがその能力と稼ぎからすれば薄謝に甘んじ、海外援助に勤しむ医師たちが稼いだ資金を国に還元しているからだ。だが、なぜ、彼らは自由なきキューバを捨ててさっさと国外に亡命しないのだ。

おまけに、カンパ博士ら指導者階層の社会的弱者に寄せる視線は誠にやさしい。前出の湯浅誠氏は貧困問題の難しさが「見えにくさ」にあると述べ、貧困問題に取り組むには豊かさの中に潜む貧困を「再発見」しようとする目が社会にあるかどうかにかかっていると強調するが[13]、この国を動かしている指導者層には、そうした感度がある。

だが、カンパ博士はカストロよりは一回りほど若く、直接革命を体験しているわけではない。いくら、カストロの演説を幼少期から聞かされ、ゲバラが革命のアイコンになったからとはいえ、そう簡単には人の人生観は変わるものではない。まして、キューバは人種的には白人から黒人、混血とバラバラだ。スペイン語は中南米では共通だから、日本のように言語が他国で暮らす障壁にはなるわけでもない。いくら島国とはいえ、日本以上に「国家」、同一民族としてまとまることが難しい。つまり、ナショナリズムのイデオロギーではなく、ごく自然にこの国を「祖国（パトリア）」として愛しまとめあげる何か共通する強烈な社会体験が革命政権を支えてきた五〇代後半から六〇代の世代、それも指導者層にあったのではないだろうか。

注——世界知的所有権機関（WIPO=World Intellectual Property Organization）
一九六七年にストックホルムで署名された「世界知的所有権機関を設立する条約」に基づき、全世界的な知的財産権の保護促進を目的に一九七〇年に発足した国連の専門機関

◉コラム6

キューバから学べるメディア・リテラシー

拙著を読んで実際に現地を訪れた方々からは「少々表現が大げさである。思想的な偏りも感じられる」との批判をいただいている。反米的でキューバに肩入れしすぎているというわけだ。だが、中立的な目線で真実を知ることは簡単なようで意外に難しい。

ハバナ大学で教鞭をとった経験もある新藤通弘氏は、次のようなコメントを筆者に寄せてくれた。

「キューバ政府は、うその発表はしませんが、政府の資料では否定的現象は控えめに表現されており、それをじっくり読みこなす必要があります。すべての制度は歴史的なものですから、多くの資料を丹念に読み、頭の中で歴史的に再整理し、そのときの社会全体の中に位置づけてみることが大切です。インターネットでの資料検索も、キーワードを打ち込む段階から、無意識に期待を込めてしまい自らが描く像に合致する資料を多く取得し、ますます期待像を固める傾向がありますから危険です」

まことに含蓄のあるアドバイスで、本書がこの域に達している自信はとてもない。とはいえ、こと教育に限ってみてもこれほど発信元によって情報に違いがあるのかと驚かされる。例えば、マイアミ・ヘラルド紙に掲載された次の記事の抜粋を読んでみていただきたい。

「米国の学生が、数学、科学や国語を学んでいるとき、キューバの子どもたちは、カストロやチェ・ゲバラ、セリア・サンチェスといった革命の英雄の歌や詩を学ぶだろう。教職員は成績だけでなく、生徒の政治や宗教活動の素行も記録する（略）。小学生たちはピオネーロに参加するが、それは軍事色を帯び、地区の大人たちを監視するボーイスカウトの共産主義バージョンだ（略）。カストロは権力を掌握したとき、新しき人間がモデルとなる社会を作り出す自分の夢に教育が鍵となると考えた（略）。新政権の初代教育大臣はソ連を訪れ、教育、肉体労働と政治的イデオロギーを溶け込ませたアイデアを持ちかえる。反共産主義的な文学は発禁処分にされ、生徒たちは、カストロの長い演説を読み、分析し、書くことを始めた（略）。

ある保育園や幼稚園では、神様を信じるかどうかを教師は幼児にたずねる。「いるよ」と答えた子どもは「目を閉じてキャンディーを神様にお願いしなさい」と言われる。目を開けて手が空だと、「また目を閉じて、今度はフィデルにお願いしてごらんなさい」と告げてから、その子の手にキャンディーをそっとおく。

「ほら、ごらんなさい。神様なんて存在しないでしょう。いるのはフィデルだけなのよ」（略）

小学校一年生の教科書は、一九六一年のピッグズ湾侵攻事変を扱った「ヒロン」という詩で子どもたちに反米主義思想を刷り込む。

「四月はとても美しい月だ。四月には花が咲く。そして、ヒロンの月だ。かつて四月にヤンキーどもが我らを攻撃した。多くの悪人どもを送り込んだ。自由なるキューバを破壊したかったのだ。人民はそれを打ち破る。この戦いを指揮したのはフィデルだ」（略）

中高校生たちは、四五日間、農村学校・夏期作業合宿に送られる。ここでは日の半分を農場で働き、その後、授業に参加する。通年働き学ぶ寄宿校に通う学生もいるが、そこでは、週末しか帰宅できない。農村学校の背後にある思想は、農業を学びながら、学生たちの連帯感やチームワークを深めることだ。だが、現実は、みすぼらしい労働で、子どもたちが早熟する機会につながっている。

今はマイアミで暮らすハバナ工業高等学校の元教師、エミリア・ルビアさんは、妊娠、窃盗、喫煙、近くの街への逃亡が日常茶飯事だと口にする。ルビアさんの仕事には、農村学校での生徒指導もあった。「校舎は木造で、床はセメントがむき出し、食事も酷いものでした。六人の教師と数名のスタッフがいましたが、三〇〇人の子どもを一〇人だけで監視していたのです。一一五歳で好奇心あふれる子どもたちは、ほとんど全員が性交をしていました。避妊薬があったので、それは簡単でした」（略）

「娘は農村学校にゆきたくないといっていました。子どもたちはやりたい放題で、少女と少年はシートで仕切られただけの同じ部屋で眠ります。何千人もの少女が妊娠しました。教師自身によってです」とヤネリスさんは言う（略）

「ヤネリスさんの一六歳の娘は成績がよかったが、家族が亡命を計画していたため、高校には進学できなかった。落ち込んだ彼女は家に閉じこもった。学校関係者は、彼女の友達の親たちを呼びつけ、今後一切彼女と関係するなと告げた」（略）

一方、プロローグでも紹介したイギリス発の記事を読むとこうなる。

「オルギン州にある農村学校、セリア・サンチェス・マンドレイ高校の教師、マウロ・ペーニャ・テアポゾ氏は、農村学校プログラムについてこう語る。

「学校はコミュニティなのです。勉強だけでなく、生徒たちは、農場で家畜の世話をし、週に三回、二時間を畑で働きます。給食用の食材を生産するためで、食事作りや片付けも手伝います。夜は宿題をやり、ニュースを見て、それについて議論します。両親たちは毎週水曜日にやってきますし、家族と週末を一緒にすごすため、金曜日には早めに授業も終わるのです」[4]

いったい、どちらが真実なのであろうか。マイアミ・ヘラルドの記事にはハバナにある独立教員協会の代表、ロベルト・デ・ミランダ氏の発言も出ている。

「若者たちを恐ろしく傷つけるこの制度が目指すのは、誤ったナショナリズムを作り出すことです。それは奇怪な発明で四〇年間も働いているうそっぱちなのです。若者たちはほとんど勉強させられず、共産主義的になる準備をさせられます。あまりに多く介入されるので、若者たちは制度を拒絶しています。共産主義を信じている若者は一人もいません」[2]

キューバにはこの協会のほかに、政府の教育制度に反対する主な団体が二つある。独立図書館プロジェクトとピナル・デル・リオ州の市民のためのカトリック教徒センターだ。独立教員協会は九六年六月に設立され、独立図書館プロジェクトは九八年二月にハバナの国際ブックフェアで、カストロが「キューバには発禁本がまったくなく、それよりも購入するための金がまったくないのだ」[1]と説明したことが契機となり誕生している。

革命以前は、二三しかムニシピオ図書館はなかったが、革命後、カストロは図書館の充実にも力を入れる。現在では学校や大学の図書館を除いても約四〇〇のムニシピオ図書館があり、借りられる書物数は以前の一〇倍となり、毎年六〇〇万人が公立図書館を利用し、市民の教養の中心となっている。また、毎年全国三〇以上の都市で国際ブックフェアが開催され、全世界の書物が集まる。二〇〇四年のフェアでは、五〇〇万冊以上の本が売れたという。

だが、問題はこれが検閲されているかどうかだ。

オレゴン州立大学のケン・ウィノグラド准教授は、カリフォルニア大学の司書学研究者ロンダ・ノイゲバウアさんの調査をもとにカストロの「買うべき金がないだけだ」との発言の方がより真実だと分析する。

独立図書館は未検閲の真実の情報を発信するとし、ブッシュ大統領のスピーチやキューバの人権侵害に関する米国国務省の報告書や米国の暮らしの情報を提供している。だが、ノイゲバウアさんが二〇〇〇年に「独立図書館プロジェクト」を調査した結果、ハバナの米国利益代表部の職員とつながりがあることが判明する。反体制の情報を発信する見返りに、毎月資金提供されていたのだ。

ノイゲバウアさんは「米国は反体制派に過去何百万ドルも資金を提供してきましたが、それはキューバ政府の不安定化、つまるところ、『政権交代』のためです。私の研究から『キューバの図書館の友人キャンペーン』も、米国の重要な外交政策戦略で、様々な反体制グループに資金提供することで、『開かれた市民社会』を作り出すという陰湿な試みであることが立証されました」と指摘する。

全米図書館協会は、独立図書館イニシアチブを「詐欺」として糾弾し、カナダ図書協会もキューバ政権の転覆を目的とする強国による不道徳で違法な内政干渉だと断言している[3]。ネット情報ひとつとっても、これほど左様にキューバは多様な話題を提供してくれている。

3 全国識字教育キャンペーン

読み書きができない者は人類の遺産を奪われている

一九六〇年九月。カストロは、国連総会に先立ち、全世界に向けてこうぶちまけた。

「革命政権は打ち立てられた。まだ、たった二〇カ月しかたっていない。だが、いま、我が国では、農村や都市で二万五〇〇〇戸もの住宅が、そして、五〇もの新たな街が作られつつある。国内最大の軍事基地ではいま何万人もの学生が学んでいる。そして、来る翌年に向け、我が人民は、非識字者全員に対し、あますところなく読み書きを教えるという意欲的な計画を立てている。教師、学生、労働者組織、すなわち、全人民がこの目標に向け懸命に準備している。そして、数カ月後には、アメリカ内でただの一人も非識字者がいないといえる初めての国家となることだろう(3)」

当時の非識字率はハバナでは一一パーセントだったが、農村では四一・七パーセントもあった(2)。だが、カストロの主張は大胆だった。

「我々は文盲と戦うつもりだ。どのようにしてか。目標を示し人民を動員することによってだ。革命と我が人民の力で、我が国が何世紀も一度たりとても勝てなかった戦いに勝利し、いかに革命がこの目標を達成できるかを世界に示すつもりだ。[1]なぜ我々は、たった一年で文盲を根絶すると提案したのだろうか。それは、革命が全力で仕事を進めているからだ……。一年間もあれば十分だろう……。そう。一年でこんなことをやり遂げられるのが革命なのだ[3]」

カストロは「全国識字力向上委員会」や「地方識字力向上委員会」を組織し、すでに入門書や指導書も印刷し、教師の準備も始めていた。[3]この試みのパイロットとして役立ったのは、革命軍そのものだった。カストロは、五九年一月にハバナに進軍するが、付き従っていた兵士たちの多くは非識字者だった。そこで、後の国防省教育局となる「反乱軍文化局」が直ちに創設され、その指揮のもと、すべての本部やキャンプ、警察署が識字力向上センターとなり、兵士たちの識字教育が一九五九年二月から本格的に着手されていたのである。[2]

だが、非識字者を根絶するには、まず実態を把握しなければならない。六〇年一一月、ただ一枚のアンケートを手に、ボランティアたちの全国調査が始まる。多くの農民は、進んで調査を受けようとはしなかったが、八方手を尽くした結果、翌六一年八月までに九八万五〇〇〇人の非識字者が見出される。当時の人口は約七〇〇万人だったが、うち約一〇〇万人が非識字者であることがわかったのだ。[3]この一掃が革命政権の最初の挑戦課題となったが、なぜそれが必要なのかをカストロは彼一流のアジテートで実に明確に述べている。

「貧困、飢餓、大地主制度はいずれも農村の男女を苦しめてきた災難だ。だが、人民が被るあらゆる物的、道徳的苦難の中で、文盲ほど屈辱的なものはないだろう（略）。読み書きができない人に理由を問いかけてみれば、いつも答えは同じだ。学校がひとつもなかったから。教師がまったくいなかったから、読み書きを学べなかったからと。なればこそ、我々は識字力向上運動を立ち上げなければならない。読み書きができないただ一人の人民がいる限り、ここにいる誰一人もどの教師とても、うかうかとはしていられない。なぜなら、それは恥辱だからだ。読み書きができず、その権利を自覚しなければ国民は、その国家を完全に活用できる国民にはなれない。なればこそ、我々は誰しもがその権利を知るべく、抜本から文盲を根絶せねばならない（略）。人類には、文化という素晴らしき遺産がある。その遺産を手にするには金持ちである必要はない。どんなつつましき人であれ、労働者の子どもであれ、この遺産は手にできる。そして、何千年間にもわたる何百万人もの人々の成果を手にするには、ただひとつのものだけが必要だ。そう、読み方を知らなければならない。

教育を美徳とし、無知を恥とするのだ（略）。読み書きを学び、家庭に本がある人ならば、誰しもがその宝を手にしている。真実や知性の宝庫ではなく、利己的な金銭を蓄財する人よりも、はるかに自らが幸せだと見なせる。だから、読み書きができなければ、その人間は人類が生み出してきた莫大な精神的な富を完全に奪われているのだ」

非識字者根絶に向け一〇万人の中高生を農山村に動員

一〇〇万人をたった一年で読み書きができるようにする。無謀とも思える運動に取り組むにあたって、革命政権が前提としたのは、文字にすれば、実に単純な次の二原則だった。

①非識字者が見つかるならば、読み書きを教えられる人も見つけられるはずである。

②読み書きができる人は、できない人に教えなければならない。

そして、生徒一～二人に対し一人の教師が付くことが理想的だとし、現実的な目標として生徒四人に教師一人という計画を立てた[3]。そして、「知っているならば教えよう。知らないならば学ぼう」をスローガンに、六一年を「識字力向上の年、教育の年」と宣言する[2]。

まず、動員されたのは一万人もの失業していた教師たちだった[2]。だが、ほとんどの生徒は農村、それも人里離れた僻村や山村にいる。八カ月以上も家を留守にして農村で動く二五万人もの教師は、どうすれば確保できるのだろうか[3]。六一年一月にカストロはその解決策を述べた。

「国内の全中高校は四月一五日に閉鎖され、小学校六年生以上の生徒たちの中から、ボランティアが求められることになるだろう」

つまり、工場労働者や現職の教師を動員しても不足する残りの一〇万人を一二～一八歳の学生で確保しようとしたのだ[3]。

カストロは着想に思いいたった経過をその後に回想している。

「最初は資格や余裕のある全教師と市民を動員しようとした。並外れた数の人民、労働者と教師が、それを買って出た。だが、非識字者は都市にもいるが、圧倒的多数は農村にいた。そして、教師が最もいないのも農村だった。ボランティアの教師の多くは、毎日働きに出なければならない労働者たちだ。だが、非識字者たちの多くは農村、主に山村にいる。この問題はどう解決すればよいのか。教師を山に送り込めばよい。それが、学生、すなわち、高校生と中学生、師範学校の生徒等、全学生に呼びかけるアイデアが生まれたときだった。

国内の若者たちには力はなかったのか。若年たちは、革命の力、文化の力の呈をなしていなかったのか。いいや。そうした若者たち全員に呼びかけられるのが革命ではないか（略）。そして、農山村に教えに出かけることは、教室では得がたい経験だ。時間の無駄には決してならない。それが、我々が動員した理由だ。そして、声をかけられた若者たちは完全にこれに応じた。呼びかけがなされれば応じることが政府にはわかっていたのだ[1]」

マタンサス州には革命以前に米国人やキューバの金持ちたちが所有していたリゾート地、バラデロがある。六一年四月一五日、このバラデロ・ビーチのホテルや別荘に一〇〇〇人もの学生ボランティアの第一弾がやってくる。

学生たちは、政治から農村での栄養や衛生状態まで細々とした指示と一週間に及ぶ徹底的な訓練を受けた。まず教えられたのは、昼中は農家と一緒に働くことだった。年上の生徒から信頼されるには、共に汗を流して共感を得るしかないと考えられたのだ。(3) また、運動は強制ではなかったから、昼間の教室を設けても、読めない人々がそれを恥じ、通うことを躊躇することも想定された。目立たずに同居できる学生を送り込んだ背景にはこうした配慮もあった。(2) 住み込む農家にはベッドや明かりもないことから、ハンモックとランタンが配られた。(3)

二冊の本、指導書と学習書。一組の靴、二組のソックス、オリーブ・グリーンのベレー帽、そして、二着のズボンと、二枚のシャツ、肘章と毛布を携えて、学生たちは僻村にわけいっていく。昼中は生徒である農民とともに畑で働き、日が落ちると田舎道をランタンで照らしながら歩き、ランタンの光の下で教える。このランタンは、後に学生ボランティアのシンボルとなった。(3)

五月、六月と経過し、さらに教師が必要なことがわかると、バラデロの教員養成所は一度に約一万二〇〇〇人の学生を訓練できるまで拡充され、八月までには一〇万五六六四人もの若者たちが教師養成プログラムに参加する。(3) しかも、その半数以上は女性だった。(4)

夏の終わりには、主に都市で教える成人の識字力教師一七万八〇〇〇人(3)や工場労働者三万人も動員され、革命防衛委員会や小規模農民協会、キューバ女性連盟等の大規模組織も援助に加わる。

九月にはハバナ・リブレ・ホテルに、全国、州、ムニシピオの八〇〇人以上の各識字力委員会の委員や大規模組織の代表らが集まった。これまでの進捗状況を確認するためだった。だが、結果は芳しくなく、非識字者の四分の三以上が勉強を始めていたが、認定試験に合格し非識字者ではなくなったとされた者は、一一万九〇〇〇人にすぎなかった。

結果を受けて、やっきとなった革命政権は、さらに極端な対策を講じていく。学生たちがボランティアを続けられるよう、本来ならば九月からスタートする新学期の始まりを翌年の一月まで延ばし、教師の参加も義務づけ、大半の学校が八カ月も閉鎖される。[注]

プラヤ・ヒロン博物館に展示されている当時使われたランタンと制服

特別キャンプも設置し、進度が遅れている生徒は、キャンプ場でベテラン教師と終日学び働き、キャンプに来られない者には、特別なコーチが張り付いた。学生たちは奨学金を約束され、コーチはさらに力を入れ、コミュニティも競争しあう。家族全員が試験に合格すれば、その家庭は戸口に赤旗を掲げることができ、全部の家に旗があがると、その町は大きな旗を掲げて「非識字者根絶宣言」ができた。一一月五日には、ハバナ州のメレナ・デル・スル村に初めてこの旗があがる。一一月、一二月とキャンペーンのスピードはさらに加速した。[2]

成功したカストロ

一二月二二日。カストロは革命広場で、高らかに全国非識字者根絶宣言を行うのだが、述べ二六万八四二〇人ものボランティア教師が努力したかいがあって、七〇万七二一二人が小学校一年生と同水準の識字力を身に付け、読み書きができるようになったのだ。[3] 二三・六パーセントもあった非識字率が一挙に三・九パーセントに下がり、どのラテンアメリカ諸国よりも低くなった。[2][3] ハバナ等の都市部では九・二パーセントが一・四パーセントに低下しただけだったが、オリエンテ州では三五・三パーセントが五・二パーセントと七分の一となった。「四五〇年にわたる無知を破壊した」とカストロは成果を誇る。[2]

「貧しい人々には直接、恩恵となろう。だがそれは同時に国家にとっても重要だ。教育なくして国家の発展はありえない。革命が計画している科学や経済の一大プロジェクトを推進するのに欠かせない。貧困を根絶し、生活水準を向上させるには、これが不可欠なのだ」[4]

だが、経済発展を唱えながらも、それが経済効率を度外視してなされたことを実証する格好の記録が識字教育博物館には残されている。カストロと一緒に写っているのは、読み書きを習い終えたばかりの一〇六歳の老農婦だ。一〇〇歳以上の老人に教育投資をしても無意味に思えるが、革命はそれをやったのだ。読み書きを学んだ彼女は一一七歳まで生きた。[2]

政治と軍事色を帯びていたキャンペーン

カストロの批判者たちも、成果自体は否定できなかった。だが、評価するにはあまりにも政治色、軍国色を帯びすぎているとの批判がされた。(3) 例えば、運動で用いられた教育手法は、規模こそ異なれ、六〇年代にブラジルで成果をあげたパウロ・フレイレのそれと類似している、(2)(3) フレイレも思想的な教育を通じて生徒たちの自覚を促そうとした。だが、フレイレの穏やかなやり方と比べて、キューバの入門書「ベンセレーモス」は、過激なまでにストレートだった。入門書は一五課からなっていたが、革命、フィデルは我らが指導者だ、OEA（米州機構）、INRA（農業改革国家機関）、協同組合、人種差別、住宅の権利と革命が推進する経済社会改革と呼応する内容となっていた。(3)

その理由をキャンペーンで活躍したアベル・プリエト・モラレスは次のように説明している。「テキストの内容が現実を反映しており、読めれば実施している改革のことがもっとわかる。そうすれば、非識字者たちがより目覚めると考えたからなのです」。

入門書のタイトル「ベンセレーモス」は、「我々は勝利する」「我々は征服する」との意味を持つ。ここでいう敵とは文盲のことだが、軍事色を帯びていることには変わりはない。ボランティアの学生たちはブリガディスタスと呼ばれたが、これも「旅団」という軍事用語だし、学生たちが村々で歌った歌には、こんな歌詞が付いていた。

「帝国主義を自由で打ち倒そう！　我ら、言葉とともに真実の光を運ばん」

軍服に身を固めたカストロの姿もあいまって、キューバ革命が共産主義軍事革命とイメージされがちな理由はこんなところにもある。だが、識字運動は革命政権が社会主義を唱える以前から着手されていたのだし、軍事色も当時のキューバが内外のリアルな脅威にさらされていたことも理解してやらなければなるまい。例えば、キャンペーンの初日には、CIAが援助する無差別爆撃でハバナ近郊では多くの死傷者が出たし、その二日後の一七日には、CIAが組織した反革命軍がプラヤ・ヒロンに上陸し、ピッグス湾侵攻事変が始まる。[3] 数校が攻撃を受け、教師や生徒が死傷したが、運動はそうした張り詰めた社会情勢のもとで取り組まれたのだ。

学生ボランティア旅団は、「コンラド・ベニテス・ブリガディスタス」と呼ばれたが、その名はボ

無差別爆撃で犠牲となった少年が死の前に自分の血で扉に書き残したフィデルの文字。カストロはこれを見て感極まったという

ランティア教師だった一八歳の黒人青年の名にちなんでいる。ベニテスは、運動の準備を進めていたが、六一年の一月五日に、サンクティ・スピルトゥス州の南海岸、トリニダード近郊の山中で反革命軍により農民エリオドロ・ロドリゲス・リナレスとともに惨殺される。(3)(4) さらに一二月にもベニテスに次いで訃報が入る。中部のエスカンブライ山地でマヌエル・アスクンセ・ドメネクが、反革命ゲリラに殺されたのだ。だが、カストロはひるむことなく「マヌエルの敵を討て」とさらに励ました。(3)

連帯意識の醸成につながった運動

全国に張られたボランティア募集ポスターには檄文が書かれていた。

「若き男女よ。青年識字力向上旅団に参加せよ！　字が読めない小作農の家族が、いま諸君らを待っている……。彼らを見捨てるな！」

動員は強制ではなかった。だが、多くの若者たちは、命を落とす危険を顧みず熱狂的に自ら農村に赴いていった。そこには、カストロやゲバラにあやかって、不公正な社会を改革する運動に参加したいという若者たちの純粋な想いがあったのだ。当時の気運をカストロは自らこう表現している。

「なぜ一年で目標を達成するとのスローガンを革命は掲げたのか。二年、三年、あるいは一〇年ではなかったのか。それでは、かくも多くの旅団を動員できず、かくも多くの熱意を喚起できないことがわかっていたからだ。もし、この仕事が我が国に持つ意味を理解しても、この困難な業務をなせなかったとすれば、キューバ人民の熱意はさほどではないことがわかる（略）だが、いつであれ、政府は大衆、人民を信頼してきた。それは一度たりとて誤ることはなかった。全国各地にすでにいる若年たちの数がそれを示している」(1)

一六歳で運動に参加し、シエラ・マエストラ山中の小さな村で、識字教育にあたったハバナのジャーナリスト、イレネ・ルイス・ナルバエスさんは、当時の経験をこう想起している。

「私は子どもでした。そして、この経験を通じて大きく成長しました。私は、勉強の手伝いはしましたが、逆にどれほど私が教えられたのかを、あの生徒たちは知らないんです」

シエラ・マエストラには反革命グループがおり、危険度が高すぎることから、女性の参加は公式には禁止されていた。だが、イレネさんは両親や当局を説得し、この僻村に住み込む。そして、その経験は彼女の人生を変えた。八カ月後にハバナに戻ったときには、村でやった仕事の意味も理解できたし、ハバナで飲むコーヒーもまったく違った意味を帯びていた。

別の運動に参加した学生、レネ・ムヒカ氏も言う。

「もし、人生で最も重要なただひとつの経験を問われるならば、それは識字力向上運動だったといわざるをえません。なぜなら、私の個人的な信念に最も深く影響した出来事だったからです。私は都会の中流家庭の出身でしたが、この世に存在するとは一度も夢見なかった貧困という現実にふれたんです」

プラヤ・ヒロンの戦闘地の跡に作られた博物館。上の戦車に乗ってカストロは戦闘現場に駆けつけた

農村に向けて旅立つ学徒の動員にあたって、カストロはこう呼びかけた。

「諸君らは教えることであろう。だが、諸君らは教えるとともに、また学ぶことにもなろう」

まさにカストロの言ったとおりだった。運動は、都市と農村との格差を解消しただけでなく、都会の若者と農村のカンペシーノとの連帯感を生み出したのだ。

人材も資金も乏しい革命政権には大衆動員しか手がなかったことも事実だ。だが、都市と農村、老若男女、豊かな人と貧しい人と、社会的な階級や背景が異なるありとあらゆるキューバ人たちが、非識字者の一掃という目標に向けて団結し、濃密な経験をわかちあったことが、それ以外の国の識字力向上運動との決定的な違いとなった。革命が掲げる社会正義の実現と市民の連帯意識を醸成するうえで、運動が果たした役割は大きく、これまで見てきたとおり、その後の教育政策にも大きな影響を与えた(3)。

カストロは教育の年を祝う式典でこんなことも口にしている。

「我々が、ただ一年で文盲を根絶すると口にしたとき、それは不可能であるかのように思えた。我々の敵は、おそらく我ら人民が描いた目標を面白がりあざけ笑ったことであろう。なぜなら、かくも短期間に仕事を成し遂げることはまことに困難だったからだ。虐げられて生きてきた民族にとっては不可能なことだったからだ。たしかに世界のいかなる人民にも不可能な仕事であろう。ただ革命の中にいる人民を除いては。そう、革命の中にいる人民だけが、かくも巨大な仕事を成し遂げるパワーとエネルギーを手にしている。もちろん、我々は、世界でキューバだけがやれる唯一の国だとは思わない。断じてそうではない。我が人民の如く誘起されれば世界のいかなる地域の全民族にもそれはある。人民こそが、エネルギー、勇気、戦いの精神、知性、そして、歴史を意味するのだ(1)」

だが、本当にカストロの言葉どおり、それ以外の国でも意識誘起だけで達成されるほど非識字者根絶とはたやすい仕事なのだろうか。

注――学校閉鎖に伴う子どもたちへの影響を軽減するため、両親他のボランティアが募集され、特別の「出席プラン」(plan asistencial) を実施する。こうした活動の価値やこの時期に学校から離れていた子どもたちへの影響を評価する一助となる記録はまったくない。政府は、当時の教育の最優先課題として、全国識字力向上キャンペーンを選んだことを明確に示している(3)。

4 世界に広まるキューバの識字教育法

いまも八億人以上いる非識字者たち

識字率向上運動はキューバでは半世紀も前のことだが、他国に目を向ければ、いまも進行形の物語だ。[11]教育は基本的人権で、個人の資質向上や社会改善にも欠かせない。にもかかわらず、一九九〇年当時の成人非識字者は九億六〇〇〇万人、非識字率は世界平均で二五パーセント、開発途上国では三四パーセントにも及んでいた。そこで、世界銀行、UNDP(国連開発計画)、ユネスコ、ユニセフが共催し、タイで開催された「万人のための教育世界会議」では、二〇〇〇年までに全児童の小学校入学と、一四歳での八〇パーセントの初等教育の修了、そして、成人非識字率の半減をうたった「万人のための教育世界宣言」が採択された。だが、一〇年後にセネガルのダカールで開催された「世界教育フォーラム」では、状況に進展が見られないことが再確認される。そこで、二〇〇一年末の国連総会で、コフィ・アナン国連事務総長（当時）は、二〇〇三〜二〇一二年を「国連識字の一〇年」とし、本腰を入れて二〇一五年までには非識字者数を半減するとの宣言を行う[10]。その際も、乳児死亡率、貧困格差といった諸課題の解決には識字力が不可欠だと強調された[4]。だが、目標年の半分が経過したいま、ユネスコの見通しはまことに暗い。二〇〇七年の成人非識字者は七億八一〇〇万人で、二〇一五年でもその数値は約七億六五〇〇万人にとどまるとされている[10]。

地域的に見れば、ラテンアメリカ・カリブ海地域の非識字率は一二パーセントで、サハラ以南の熱帯アフリカの四〇パーセントや南アジアの四五パーセントよりは低いが、状況が深刻であることには変わりはなく[4]、国内での格差の開きがより問題を厄介にしている。三九〇〇万人いるとされる成人非識字者の大半は、貧しい農民か先住民なのだ。非識字率が二〇パーセントを超す国は、エルサルバドル、グアテマラ、ハイチ等で、ボリビアやエクアドルは入らない。だが、ボリビアでも都市の識字率は九一パーセントだが、農村では七五パーセントだし、エクアドルも識字力の全国平均は九二パーセントだが、先住民の集落では七二パーセントにとどまる。ユネスコ統計研究所のセサル・グアダルペ氏は、非識字者が社会的格差と直結していると指摘する。

「こうした国々では一五〜一九歳で小学校を卒業できるのが八〇パーセント、ときには七〇パーセント未満です。教育はそれが公正な場合にのみ質を保てます。都市と農村、低所得者や先住民と豊かな人々との格差を問わなければなりません」[6]。ユネスコと国連ラテンアメリカ・カリブ経済委員会が二〇〇五年二月に出した共同研究リポートによれば、今後九年で非識字者を根絶するには約七〇億ドル。[4][8] 三〜五歳までの就学前教育や七五パーセントの中等教育、男女平等といった教育目標を達成するには一五〇〇億ドルもの経費がかかるという。[4] ユネスコの二〇〇八年と二〇〇九年の二カ年予算額は六億ドルほどだから絶望的な金額だ。

だが、キューバの見通しは明るい。同年にハバナで開催された教育会議では、初めの三年間に三〇億ドル、以降は七億ドルずつを九年間投資すれば、ラテンアメリカはおろか、全世界で約一五億人が読み書きを習い、初等教育を修了できるとの見解が示された。[4][8] いったい何を根拠にキューバはこれほど大胆で楽天的な見通しを口にしたのだろうか。

キューバのプログラムで非識字者根絶に取り組む開発途上国

意外に思えるが、ラテンアメリカのいくつかの国ではいま識字率が急速に高まりつつある。例えば、ベネズエラのチャベス政権は、一九九七年から識字力向上キャンペーンに着手し、[1] 一〇万人以上の若いボランティア教師を募った。そして、わずか二年で一五〇万人の非識字者が読み書きを学び、二〇〇五年一〇月には「非識字者根絶宣言」をしている。[3][8][10]

「それは光に向けてトンネルを抜け出ることに似ていました」と六五歳で読み書きを学んだエウヘニア・トア氏は語る。だが、学んでいるのはベネズエラ人だけではない。[4]

ボリビアも公式の統計では九六二万人のうち、一〇〇万人以上が非識字者だ。だが、二〇〇六年一月にエボ・モラレス政権が誕生すると、[10]識字力向上運動が発足し、[12]中部チョチャンバのトラータ村では、七〇〇人が読み書きを学び、初めての非識字者一掃の旗が掲げられる。[12]同年末までには七〇万人以上が学び終え、[10]二〇〇八年中にはベネズエラに続いて非識字者解放宣言をする予定だ。[1]

ニカラグアでも、二〇〇七年一月にサンディニスタ新政権が発足すると、教育改革と非識字者根絶を最重点政策課題に掲げ、ミゲル・デ・カスティーリャ新教育大臣は「同政権の任期中の二〇一二年までには非識字者を根絶する」と語っている。全国統計センサス局によれば、二〇〇五年の非識字率は人口五一四万人のうち、二〇・五パーセントにも及ぶのにだ。[11]いずれも、親キューバの社会主義政権とはいえ、なぜこれほど明るい展望を描けるのだろうか。ただ政権が右から左に交代しただけで、なぜ急速に識字率が向上し始めたのだろうか。

実は、その背景には、キューバが開発した「ジョ・シ・プエド」、直訳すれば「私だってやれるさ!」という名の画期的な識字教育プログラムがある。[13]

例えば、プログラムで読み書きができるようになったボリビアのロサ・ロペスさんは、三〇カ国以上から六〇〇人が参加したハバナでの国際識字力フォーラムで、こう喜びの声をあげる。

「プログラムは私たちに学ぶ機会をたくさんもたらしてくれました。キューバとベネズエラの援助で最僻地にも普及しています……。私は自分が最初に学んだボリビア人の一人であることを誇りに思います。そして、今後も学び続けるつもりです」

同じくアデラ・リベラさんも、とても役立つとプログラムを絶賛する。

「テレビやビデオを使って、これほど学べるなんてまったく想像もできませんでした。信じられません」

リベラさんは若いが、プログラムは年齢もさほど問題にはならない。ホンジュラスのデルフィナ・ドゥボン・アセベドさんは、七六歳で初めて手紙が読めた興奮をこう語る。

「まず、神様に深く感謝します。そして、学ぶことが難儀なこの齢なのに教えてくださった最愛の先生、あなたに」[9]

プログラムはメキシコでも成功を収めている。人口三九〇万人のミチョアカン州の非識字率は一二・六パーセントもあった。同州のホセ・マリア・モレロス教育科学研究のアンヘル・エレディア・メナ教授は次のようにこぼす。

「四〇年代以来、ずっと非識字者を根絶できずにきたのは、いくら教えても学んだことをまた忘れてしまい途中で挫折してしまうからなのです」[6]

だが、キューバの手法で学ぶ農民、ベンジャミン・アバルカ氏（五五歳）の学習意欲は高い。

「自分は村のフットボール・チームのコーチなので、選手のポジションを書く必要があるんです。だんだん書けるようになりましたが、正規の申請書まではまだ書けないので、さらに勉強するつもりです」

プログラムが導入されて以来、同州では三ムニシピオが「脱非識字者宣言」をし、リザロ・カルデナス州知事は、二〇〇五年には非識字率が八・五パーセントに下がる見込みだと語っている。(4)

テレビやビデオを活用して三カ月で読み書きをマスター

わずか三カ月で読み書きが簡単に身に付けられる。この斬新なプログラムを開発したのはハバナにあるラテンアメリカ・カリブ教育研究所のレオネラ・イネス・レイス・ディアス博士（六一歳）だ。ユネスコの試算では読み書きを習得するには一人当たり一六〇ドルがかかる。だが、ジョ・シ・プエドでは、テレビやビデオ等を用いることで、(8)その三分の一の経費で満足のいく学習成果をあげられる。(5)(8)

イネス博士は視聴覚教材を活用するにいたった経過を次のように説明する。

「キューバで識字力向上キャンペーンがされたのは一九六一年のことです。非識字者を根絶するために、教師も子どもも農村に出かけたのです。ですが、それは二〇世紀のことです」(14)

博士がまず運動から話し始めたのは、博士自身が一一歳で参加したからだ。

「ですが、二一世紀は、情報やコミュニケーション技術が発達したのですから、識字力向上運動にも新技術を使わない手はありません。(14)地元の状況や使える資源に応じて調整しますが、学習時間は一日に三〇分を二回、週に五日間だけです。それ以上はありません」(3)(9)

例えば、テレビでは、三〇分の六五回のレッスンからなるが、(8)音声とイメージが組みあわされることで、総合的な学習効果があがり、[9] 三カ月で基本はマスターできる。[8] もっとも、これはあくまでも最低限の水準だ。主体はテレビやラジオだが、テキストもあり、地元のファシリテーターが、クラスを編成してレッスンを指導し、それを補完する。[3][9] 基本をマスターした人々は、第二段階の「ジョ・シ・プエド・セギル」(継続できる)に進んで初等教育を達成する。[4] 最初に試みられたベネズエラでは、これに七〜八週間がかかったが、いまでは視聴覚機器の活用法も洗練され、四週間ほどで初等教育レベルに到達できるという。[9]

どの言語にも汎用性が効き世界二八カ国で活用中

プログラムは全世界に急速に広まっている。「現在、使われているのは二八カ国です」と博士は具体的な国名をあげる。

中南米では、アルゼンチン、ウルグアイ、エクアドル、エルサルバドル、グレナダ、コロンビア、セントクリストファー・ネビス、ドミニカ共和国、ニカラグア、ハイチ、パラグアイ、パナマ、ブラジル、フランス領ギアナ、ペルー、ホンジュラス、ボリビア、メキシコ。アフリカではアンゴラ、ガンビア、ギニアビサウ、赤道ギニア、ケニア、ナイジェリア、ナミビア、モザンビーク、南アフリカ、そして、東ティモールだ。これだけ幅広く活用されているのは、マスターするのに時間を要せず、経費もかからないことに加えて、スペイン語や英語、ポルトガル語といったインド・ヨーロッパ語系の言語だけではなく、先住民たちの在来語にも対応可能だからだ(5)。

「ボリビア、東ティモール、ニュージーランド等、どんなに地理的・文化的にかけ離れた国の状況にもプログラムは当てはめられます(8)。例えば、グラナダ用には英語、アンゴラではポルトガル語、ハイチではクレオール語ですが、ジョ・シ・プエドをそれぞれの言葉で書いてみますと」と博士はペンをとって、スラスラと書き出す。

「フランス語では、シ・ジェ・プモア（Si je peuxmoi）ですが、クレオール語ではウィン・ウェン・カパブ（Win wen Kapab）、アイマラ語では、ヒグア・サタス・ヘイグア（Jiwa Satas Kiwa）、ケチュア語ではアリ・ニョカ・アティニ（Ari nuga atini）となります(14)」

「東ティモールには、あまり知られていませんが、テトン語というものがあります。テトン語ではロス・ハウ・ベベ（Los Hau bebe）です」様々な言葉でジョ・シ・プエドを書き綴るイネス博士

ちなみに、クレオール語はハイチ、アイマラ語とケチュア語は、ラテンアメリカのインディオたちが使う言葉だ。ボリビアで、プログラムが普及しているのも、アイマラ語、ケチュア語、グアラニー語等がカバーできるからだし、メキシコやコロンビアでも、いくつかの州やムニシピオの先住民が活用し(5)、エクアドルでは先住民

たちの間で一番使われるケチュア語でテキストを作っている(4)。

ちなみに、博士は指摘しなかったが、ジョ・シ・プエドは、スペインのセビリア市やグラナダ、カナダやニュージーランドといった先進国でも使われている。カナダにはイヌイット、ニュージーランドにはマオリ人と国内の先住民の言語に応用が利くからだ。ニュージーランドでも五人に一人、四〇〇万人が機能的非識字者で、プロジェクトのコーディネーター、マルシア・クラウルさんによれば「二〇〇三年六月以降、一〇二二人の成人が読み書きを学び、五四〇〇人が小学校のコースに入ったという」という。しかも、目が見えず耳が聞こえない人々にも活用され、ルビア・キング氏は聴覚障害者にキューバのツールを使っている(4)。

だがなぜ、多言語への汎用性があるのだろうか。

「それは、どの人間にも理解できる普遍的な原則に基づいているからです(8)。誰にも身近な数値と文字とを関連づけているのがポイントです。読み書きができなくても、モノを買ったり、電話をかけたり、生活の必要性から経験的に数字はわかっています。ですから、すでに知っている数字をシンボルにして、知らない文字へとつなげていきます。この方法はアルファ・ヌメリコ(alfa numerico)と呼んでいます(14)。また、最もよく使われるのは母音ですから、文字もアルファベット順ではなく、使用頻度に応じて教えていきます」

「家」「家族」「キス」「太陽」「月」。これが、まず学ぶ単語だという。

「どの地域の出身であれ、どこで暮らしているのであれ、それが人生で最も一般的な言葉だからです[8]。数字をどれだけ使っているか、どんな経験をしてきたのかを事前にチェックしますし[14]、生徒の人生経験をもとに教材の内容を作りますから、学ぶのにあきません[9]。そして、身近なところから世界的な意味へと学習を進めていくのです[14]」

最貧国ハイチの草の根から誕生したプログラム

母音を中心に使用頻度で文字を習得させていく。文字と数字との連想で身近な暮らしの話題から経験的に習得してきた知識を生かす。指摘されてみれば合理的だが、こうした地に足の着いたアイデアは[8]、九九年一〇月から二〇〇一年五月にかけて博士がハイチで国際協力に従事していた実践の中から育まれたという[14]。

「ジョ・シ・プエドが誕生したのは二〇〇一年です。ハイチではクレオール語とフランス語のラジオ放送で識字教育をやりました。二年間でクレオール語を学ばなければなりませんでしたが、言葉以上に学んだのは社会の貧困全般でした[14]。女性差別や迷信のことも本当に理解しました。僻地では非識字者はあたりまえで[8]、非識字者は人間としては扱われず、生まれたことや死んだことすら記録されなかったのです[14]。どこでも活用できるプログラムを実施するには、まず各地域のアイデンティティ、習慣、宗教、方言、文化、とりわけ、暮らす人々の個性を尊うことが欠かせない。それを草の根で学んだのです[8]」

ハイチはラテンアメリカの最貧国で、国民の八〇パーセントが貧困状態におかれ、失業率は六〇パーセントに及ぶ。識字率も六一パーセントほどにすぎない。僻地のおかれた過酷な状況は想像するに余りある。

「そして、いまでも忘れもしない感動的なことがありました。二〇〇一年の三月二八日のことです」と博士は懐かしそうに回顧する。

「読み書きを簡単にマスターできる冊子を作ってほしいと、フィデルから直接頼まれたのです」

「直接ですか」

「もちろん、そうですとも。国連の目標をふまえ、フィデルはキューバから全世界の非識字者を根絶しようというアイデアを出したのです。それからというもの、寝る間も惜しんでこの七年、プログラムを考え工夫し続けました(14)」

だが、残念なことに、その後ハイチでは不安定な政情により、プログラムは結局中途半端なまま打ち切られる(6)。

「ですが、フィデルはムベキ大統領が訪れたときも、ハイチでの取り組みを説明してくれたのです(14)」

二〇〇一年五月には南アフリカのムベキ大統領はキューバを訪れ、両国の医療・教育・科学技術協力関係を深めるコミュニケを発表しているが、ハイチでの経験をカストロが語ってくれたと博士は嬉しそうに語る。

評価されてこなかったキューバの識字力向上運動

だが、これだけの成果をあげながらもキューバへの国際社会の評価は低かった。それは古くは一九六〇年代にまで遡る。例えば、ユネスコは、六〇年代に三二〇〇万ドルもの経費を費やし、発展途上国で一一もの識字力プロジェクトを試みたことがあるが、いずれも失敗に終わっていた。海外から一切援助を受けないキューバの識字力向上運動だけが当時唯一の成功事例だった。ならば、その取り組みを調査することが参考になるのではないか。そう考えたユネスコはイタリアの研究者、アンナ・ロレンゼット博士を派遣する。博士は、イデオロギー的な偏向にとらわれず、キューバが用いた手法を高く評価する。そこで、当惑したユネスコは六五年に同博士の報告書を印刷したものの、研究成果が表に出ず一般に利用できないよう手をつくす。六五年にテヘランで国際識字力会議が開催された際も、報告書の配布依頼をユネスコが却下したため、キューバは自ら持参した五〇〇部の冊子を会場で配った。ところが、その後の八四年にユネスコが発表したリポートでは、キューバの取り組みは成功事例として評価されており、そのノウハウはユネスコの識字力プロジェクトにもしっかりと取り入れられていたのだ(2)。冷戦時代の国際関係を想起させるエピソードといえるだろう。だが、冷戦時代が終わったいまも取り組みが正当に評価されていないのはなぜなのだろうか。アルゼンチンの「より良き世界は可能だ財団」のクラウディア・カンバ代表は、その背景には米国の存在があると推察する。

「ユネスコは、どうみても達成できない計画を立てる一方で、ベネズエラのように非識字者根絶をすでに成功させているキューバの手法を認めようとはしません。世界にある識字力向上プログラムのリストにすら含まれていないのです。これは、ユネスコのメンバーである米国からの働きかけによる政治問題で、それが、ジョ・シ・プエドがユネスコから推薦されない理由なのです」

ちなみに、ユネスコの国連識字の一〇年運動の大使となっているのはローラ・ウェルチ、ブッシュ米国大統領夫人だ。カンバ代表はさらにユネスコを強く批判する。

「ユネスコはどっちつかずの日和見の立場を続けることはできません。ユネスコは本物の識字力政策を諸政府が取り入れるよう、その組織力を用いなければなりません(5)」

地球はわたしたちの村。そして、教育は世界の宝物

カンバ代表が批判したのは二〇〇六年一月のことだが、結果的に半年後の六月一九日には、ラテンアメリカ・カリブ教育研究所は、ユネスコから「世宗大王識字賞(注)」を授与されることとなる(7)(10)。賞はそれ以外の数カ国も受賞したが、他国への支援が理由で受賞したのはキューバだけだった(10)。

「様々な地理的、文化的な状況に適合でき、いかなる国の都市や農村においても活用可能で、実刑判決を受けた囚人、少数民族の土着語にも実効力のある極めて経済的で柔軟性に富む革新的でフレキシブルな手法であること。あわせて、女性の教育も特別に考慮していること」。これが、ユネスコが評価し

たポイントだった。[7][9][10]

「読み書きができない人たちのほとんどは女性です。性差別や不平等、社会的差別を受け、雇用機会も乏しいからです。それが女性を最優先しなければならない理由です。女性が読み書きができるようになれば、読み書きができる家庭が作れます。本が読める母親は、自分の子どもにも家庭で読み書きを教えることでしょう」

博士は女性教育の重要さを認識しているから、研修テキストにもさりげない形で、女性優先が織り込まれている。テキストに登場する教師も女性であれば、生徒五人のうち三人は女性で、一人は教育を受ける機会を持てない若者、もう一人は読み書きができないため良い仕事に就けない女性、そして、最後の一人は、最も搾取されている先住民の女性を代表しており、同じ意図はテレビ教材にも盛り込まれているという。[8]

こうしたきめ細かい配慮は博士だけの業績ではなく、国内にある一五の教育大やラテンアメリカ教育研究所の強力なチームワークの賜物だ。[9] 研究所は、教材、スタッフ、専門技術を提供し、[3] 六〇〇〇人以上の専門家が、各国でサポートする体制も整えられている。[9] 同時に、識字力の向上が、環境、家族、コミュニティにどのような成果をもたらすかを個別評価する指標やアセスメント・ツールも開発されている。[7] 様々な地域に適用されることで、さらに汎用性を強化できているといえるだろう。[9]

ジョ・シ・プエドでは、話し方や声音、トーン、そして、言葉の背景にある各地域の地理、音楽、伝

統や風習も考慮する。(9)

「各国の歴史、環境、伝統を尊重することが大切です。ラテンアメリカでは共通するスペイン語のプログラムも、八カ国用に八回作り直しました。各国がおかれた歴史や伝統文化と合致させるためです。そして、先住民の言葉を守ることも忘れてはなりません」(14)

博士は一九六四年に小学校の教師となり、一九六八年にはハバナ大学でスペイン語学を修めて以降、小学校の教師を務め、長らく教育省で働いてきた。だが、ジョ・シ・プエドは、それまでの仕事の中で最も人間的な仕事だと自賛する。

「ユネスコからは賞をもらいましたし、キューバの国家科学賞もいただきました。ですが、世界で三〇〇万人が読めるようになったこと。数百万人もの人々のための仕事であること。それが一番幸せな理由です」(14)

博士の語るとおり、ジョ・シ・プエドが、飢餓や戦争に満ちた絶望的な世界情勢の中であっても貧しい人々に知識や文化の光をもたらしていることは間違いあるまい。キューバは、医療だけでなく教育においても、より良き世界が可能であることを世界に示し続けているのだ。(9)

「非識字者の問題は複雑ですが、政治的な意思と資金、そして、技術があれば、誰もが読み書きができるようになることが可能です。それには国際間の協力も必要です」と博士は、ジャック・ドロールの言葉をあげる。

「ドロールは、『地球はわたしたちの村だ。そして、教育は世界の宝物だ』と語っています。だからこそ、キューバは連帯しているのです[14]」

ドロールは、まだ小さかった欧州委員会を現在の巨大組織にまで育て上げ、欧州委員会長を二度も務めたフランスの経済学者・政治家だ。ユネスコは二一世紀の教育のあり方を検討する教育国際委員会を九三年に発足させるが、委員長として教育問題にも造詣が深いドロールに白羽の矢を立てた。委員会の成果は九六年にリポート「学習：秘められた宝」として提示されている。博士はキューバの使徒、ホセ・マルティの言葉も続けて引用する。

「マルティは、私にとっての祖国は人類だ。パトリア・デ・ウマニダド（Por amor a la patria y a la humanidad）と言いました。そして、自由になるには教育と文化が必要だとも述べました。つまり、人間は文化がなければ自由になれないのです[14]」

人間は教育がなければ自由になれない

ジョ・シ・プエドが、初めて海外で広く使われたのはウーゴ・チャベス大統領からの依頼を受けた二〇〇三年以降のことだが[1]、プロジェクトの立ち上げにあたり、カストロも博士と同じことをチャベスに告げている。

「『教育されることが自由になる唯一の方法だ』。このマルティの言葉は、いまという時代においてはこれまで以上に意味を持つ。何百万人もの人民が読み書きをできないときに、どうして自由や民主主義について語ることができるのだろうか。特権階級や支配者たちは世界人民の多くが非識字者や準識字者状態にとめおかれていることを熱望している。なぜならば、詐欺と偽りが人民を略奪し奴隷化するために選ばれた武器だからだ(3)」

カストロの発言は過激でイデオロギー的偏見に満ちた詭弁にもとれようが、昨今の米国の教育事情を見るとあながち的外れとも思えない。例えば、二〇〇二年に米国は「落ちこぼれを作らない初等中等教育法」を打ち出しているが、二〇〇六年末の一二月一五日に「全米教育統計センター」が公表した成人識字力全国調査によれば、一九九二年～二〇〇三年にかけ、文章やパラグラフの読解力にはほとんど改善が見られず、一六歳以上の成人の二一～二三パーセントにあたる四〇〇〇～四四〇〇万人には最低限の識字力水準しかなく、うち、二一〇〇万人はまったく読み書きができないとしている。イラクやアフガニスタン戦争に何十億ドルも費やしながら、新教育法による資金不足で、デトロイトでは非識字率は四七パーセントにも達しているという(10)。そして、この落ちこぼれゼロ法の真の目的が個人情報の取得と裏口徴兵政策であったことは、堤未果氏の『ルポ貧困大国アメリカ』(岩波新書)でも詳細に描かれている。

ちなみに、ブッシュ政権は、キューバの教育の自由と民主化を推進する以下の政策を掲げている。

・教師と教授法の再教育を組織化するためのプログラムの立ち上げ

・宗教教育を含めた私学教育の開発の推進
・海外からのボランティア教師の活用等による開かれた学校への転換支援[9]

健全な社会はお金だけでは評価できない

独立した他国の教育政策の民主化のためにわざわざ政策提言を行うとは、何事にも口ばしをつっ込む米国らしい。とはいえ、米国の主張にも一理はある。キューバの教育に自由な選択権がないことはまぎれもない事実だからだ。だが、コフィ・アナン元国連事務総長の次のような評価もある。

「キューバの社会発展は、一人当たりのＧＤＰからするととても印象的です。国連の人間開発指標からは、キューバが見かけよりはるかに豊かな国であることが年々明らかになってきています。もし、政策上、正しいことが優先されれば、すなわち、医療や教育や識字教育に力点がおかれるならば、その持てる資源でどれほどのことを国家が成し遂げられるのかをキューバはよく示しています[15]」

また、文化、社会、政治、環境等、多方面からグローバル経済がもたらす影響を分析・批判し、ポスト・グローバル社会のあり方を検討するグループは『ポスト・グローバル社会の可能性』の中で、次のような一文を記している。

「貧しい人たちにいわせれば、必要なのは自分たちの暮らしが依存する食べ物や水への確実な権利、生きていくための人並みの仕事、子どもたちのための医療と教育だというだろう。金銭が必要だとしても『経済成長や株価の値上がりが必要です』とは口にすまい。乳幼児死亡率が低く、識字率が一〇〇パーセントで、貧しい人々や高齢者に食料や住宅が供給され、犯罪率が低く、投票率が高く、コミュニティが行う行事への参加度が高ければ、GDPやGNPや平均株価がどうであれ、健全な社会だといえよう(16)」

注――ユネスコは一九八九年から、識字教育に貢献した団体や個人を授与しており、ハングルを創設した世宗大王の功績を評価し、この賞の名を「世宗大王識字賞」とした。授与式は毎年一〇月九日に行われる。

5 無知こそが戦争を生む

キューバにあるジョン・レノン公園

『永遠のハバナ』（フェルナンド・ペレス監督製作二〇〇三年）という映画がある。朝起きて、学校に出かけ、勉強し、食事を作り、アイロンをかけ、ダンスに出かける……。早朝から深夜までのつつましくも平和な庶民の日常がセリフもないままに、たんたんと描かれていく。ハリウッドのアクション映画とはまさに対極的にある静かな作品で、ラストには、雨の中をジョン・レノンの像を守り続ける住民の姿が登場する。

キューバとレノン。意外な組みあわせに思える。レノンはキューバを訪れたこともない。だが、一九九九年に共産党の機関紙グランマは、キューバと最も関わりの深い二〇世紀の人物リストに、レーニンやゲバラと並んでビートルズも載せた。翌二〇〇〇年の一二月八日には、没後二〇周年を記念してハバナ市内のエル・ベダド公園の一角でレノン像の除幕式も行っている。ブロンズ像の下には「イマジン」の歌詞が刻まれ、式典には参加したカストロは「君は僕のことを夢想家だと言うだろう」という歌詞の一節を引用し、「レノンは革命家であり、私とレノンの夢はまったく同じだ。私もレノンの夢が実現することを夢見ている夢想家なのだ」と述べた。

だが、レノンの夢を語りながらも、除幕式に出たカストロはゲリラ以来、トレードマークとなったオリーブ色の軍服に身を固めていた。軍服姿で平和を語るカストロ。そこに、キューバがおかれた立場を理解するヒントが眠っている。

キューバは経済危機時にも、福祉医療や高齢者年金、教育費を維持するために、九〇年と九七年比では医療費は一三四パーセント、社会保障予算は一四〇パーセントも増額した。厳しい予算繰りの中でこの経費を捻出するために軍事費は五五パーセントまで削った。だが、一度削減された軍事費も景気回復とともに再び増額されているし、小学校の朝礼では国旗を前に直立不動の子どもたちが「チェのようになろう」と叫び、高校からは本格的な軍事教練も始まる。ピオネーロのボーイスカウト活動も偏見を持ってみれば、ゲリラ戦への準備そのものだし、ハーブを中心とした伝統医療も盛んだが、これも最初に研究を始めたのは軍だった。ヘンリー・リーブ国際救助隊に所属する医師たちは辺境での医療活動に従事できるよう、パラシュートの降下訓練まで受けているが、これも、有事の際にはゲリラ部隊の従軍医師に転用できる証だろう。国防軍を影で支える民兵組織も健在だ。地域防衛軍は一九八〇年に創設され

ジョン・レノンの像がおかれたベンチでくつろぐカップル。足元の石版にはイマジンの歌詞の一節が刻まれている

たが、二〇〇万人もの男女がボランティアで参加し、学校等の各公共施設には武器弾薬が装備されているという。つまり、一一〇〇万人の小国でありながら、有事の際には五人に一人の市民が武器を手に携えて国土防衛戦に参加できる準備が整えられている(3)。

通訳を務めてくれているミゲル・バヨナ氏は、冗談をよく口にする陽気な人物だが、米国のキューバ侵攻の可能性を話題にしたところ、急に真顔になり「そのときには祖国のために武器を手にとって戦います」と語った。その顔を見て「ああ、この人は言葉どおり死ぬ覚悟だろうな」と思った。だが、いくら米国と対立しているとはいえ、この対応はいささか過剰なのではないだろうか。カストロも引退したことだ。きちんと対話の道を開き、軍事費を減らして教育・福祉にさらに多くの予算を投入すれば、もっと発展できるはずなのに、なぜ、コスタリカのような平和の道を歩もうとはしないのだろうか。

挫折したニカラグアの八〇年代の教育改革

前節でベネズエラやボリビアが識字力向上で成果をあげていることにふれた。だが、それほど成果があがる手法ならば、なぜ、半世紀ものブランクが生じたのだろうか。同じことを試みた国はそれまでなかったのだろうかと率直な疑問が頭をよぎる。この問いかけは正しい。実は真似した国がある。ニカラグアがそうなのだ。ニカラグアは中南米の最貧国で、小学校には子どもの六五パーセントしか入学できず、六年生までやめずにとどまる率は二二パーセントという有様だったから、国民の半数が非識字者だった。そこで、七九年にサンディニスタ革命政権が誕生すると、まず大胆な医療と教育改革に取り組む。医療費は無料になり、貧しい人でも医師にかかれるようになった。大がかりな識字力向上運動も始まり、非識字率は七九年の五四パーセントから、一挙に一三パーセントまで下がる。ニカラグア文化を目覚めさせるために文化政策も推進され、一連の女性解放政策を通じて、様々な場に女性たちも参加するようになっていく。八一年には農地改革法を制定し、旧政権がいいように私物化していた大農場を解体・国有化し、貧しい農民たちに分け与えていく。だが、前述したとおり、二〇〇五年の非識字率は、二〇・五パーセントと再び悪化してしまい、五一四万人の国で八〇万人もの子どもが学校に通えていない。教育改革はなぜ挫折してしまったのだろうか。

平和でなければ教育改革も進まない

「『夕方五時頃になるときまって強姦されました。来る日も来る日も交代で犯されたのです。膣が使い物にならないとみるや、今度はいっせいに肛門を犯しました。五日間にわたって六〇回も犯されたのです』

これは、ある農場の二児の母親の発言だ。農場には彼女を含め、八人の女と一五人の男が暮らしていたが、彼女は目の前で夫を殺され、もう一人の住民は眼球をえぐりだされた。別の農民はこう語る。

『農場には一五歳の少年がいました。おなかをざっくりと切り裂かれ、腸が地面に引き伸ばされておいてありました。まるで縄みたいにね』

住民たちを面白半分に殺戮し、女たちを乱暴し、少女を拉致して売春婦として売り飛ばす。赤ん坊を石でたたき潰したり、女たちの乳房を切り落としたり、顔の皮を剥いで、逆さ吊りにして出血死させる。切り取った首を棒の先に突き刺す。一九八〇年代のニカラグアではこんな状況はあたりまえだった……」

いささか、ショッキングな内容で申し訳ないが、これは、ノーム・チョムスキーの著作からの引用だ。一九七九年の革命政権の登場は、中南米ではキューバ革命以来二〇年ぶりの出来事だったから、危険視した米国は露骨な内政干渉を始める。その手法のひとつが、CIAを用いて、旧独裁政権時代の国家警備隊を中心に反革命ゲリラ勢力を集結させ、内乱を起こさせたことだった。

スペイン語では反革命のことをコントラ・レボルシオンというが、この米国が組織したゲリラ部隊は「コントラ」と呼ばれた。だが、形はどうであれ、兵士の給料は米国が支払い、食料から戦闘服、武器弾薬まですべてを提供していたから実態は米国の傭兵部隊といってよかった。

八一年、国境を越えて、南北からこのコントラが雪崩れ込む。だが、革命を守る大儀に燃えた政府軍は強く、簡単には敗走しない。そこで、米国は軍事面での援助を強化する。だが、いくら金で雇われた私兵部隊といってもニカラグアには国境があるし、侵攻ルートを確保しなければならないし、隣接国に軍事拠点を設けることも必要だ。そこで、米軍と協力し、この侵攻の道を提供したのが、コスタリカだった。米国はコスタリカ領内にコントラ訓練用の基地を建設し、毎年多額の援助を行い、破壊活動や民間人の誘拐・殺害を繰り返させた。上述した惨劇はこの結果生じた。

もちろん、ニカラグア政府は、国連やハーグ国際司法裁判所などを介して訴え、一九八六年には国際司法裁判所が「ニカラグアへの攻撃は国連憲章をふくむ国際法に違反する」との判決を下す。だが、当然のことながら米国は無視し、軍事介入をますますエスカレートさせた。最盛期には兵力は一万五〇〇〇人にまでに膨れあがり、その対応でニカラグアの戦費もとめどもなく増大し、国家予算の五〇パーセントにまで達した。その分、教育や社会保障予算も削減されるが、なおも革命政権は教育改革を続けようとした。キューバも支援の手を差し伸べる。そこで、コントラは、革命政権のシンボルである学校と教師に重点攻撃を加えた。多くの教師が殺され、学校が破壊された。学徒は戦場にかりだされ、命を落とす。一九九〇年の総選挙では米国が後押しする候補に敗れ、一一年続いた革命は終わりを遂げる。つまり、ニカラグアの失敗は、平和でなければ、格差社会の改革が難しいことを教訓として示してくれている。

ちなみに、新藤通弘氏によれば、コントラの出撃や支援基地の自国内設置を認める見返りにコスタリカ政府は八〇年代に米国から四億ドル以上の資金援助を受けたという。国民一人当たりにすれば、当時のイスラエルに次ぐ援助額で、コスタリカはその多くを警察隊の軍事訓練や装備強化に充てることができた。日本では「軍隊を捨てた平和な国」として評価されているコスタリカだが、新藤氏によれば、憲法で常備軍を禁止しているとはいえ、非常時には軍を組織できるし、警察の半分を占める治安警備隊は対戦車ロケット砲等の重火器を装備しており、海外では、軍隊と見られているという。治安、諜報、対テロ特殊部隊も存在し、多くの将校が米国やイスラエル等の軍事学校で軍事教練を受け、こうした「治安警備隊」の治安対策費を軍事費とカウントすれば一一三億ドルで、金額的には中米では第三位の軍事大国なのだという。

もちろん、当時のコスタリカ政権の選択は絶対に正しかったであろう。米国の傘の下で平和を求めずに、侵攻への協力を意固地になって拒めば、政権そのものが米国に打倒された可能性もあるからだ。だが、対米従属路線を歩むコスタリカでは平和は守られたものの格差は進んだ。貧困ライン以下の家庭は一八パーセントで、日常の生活必需品に事欠く絶対的貧困ライン以下の家庭も七・五パーセントいる。つまり、貧困率はキューバよりも高い(4)。

広島にこだわるカストロ

ハバナの街角でレノンが市民に愛されるようになった九カ月後に九・一一テロが起きた。このとき、カストロが世界に向けて直ちに発信したのは「報復は何も生まない。ブッシュ氏よ、冷静になれ!」というメッセージだった。あわせて、キューバはニューヨークに緊急医師団を送る旨を提案し、同時に実現はしなかったものの、米国内に足止めさせた世界の旅行者の便宜を図るため、キューバ国内の全空港を開放すると述べた。

その二年後の二〇〇三年、一九九五年に次いで二度目の来日を果たしたカストロは、多忙な日程の合間をぬって三月三日に広島の原爆慰霊碑と原爆資料館を訪れ「このような野蛮な行為を決して犯してはならない」と資料館の芳名録に書き記した。帰国した翌日の三月六日には国会の開会式の演説で次のように述べている。

「広島の一般人民に対してなされたジェノサイドについて受けた衝撃を述べるいかなる言葉もなく、いかに多くの時間を費やしても足りない。あそこで起きたことは、いかなる想像力をもってしても理解できない。あの攻撃はまったく必要性なきものであったし、モラル的にも断じて正当化できうるものではない。日本はすでに軍事的に敗北していた。戦争はそれ以上の生命を奪うことなしに終わらせることができ、最悪の場合でも、あの兵器を戦場か、厳密な意味での日本の軍事基地に用いることで、戦争は直ちに終結したはずだ。たとえ、日本が正当化できない真珠湾攻撃で戦争を始めたとしても、子ども、女性、老人、そして罪なきあらゆる年代の市民に対する、あの恐るべき殺戮を弁解する余地はない（略）。何があそこで本当に起こったのかを人類が知るために、幾百千万の人々があの地を訪れるべきだ」

こうまでカストロがヒロシマにこだわるのは、なぜなのだろうか。その背景には一人の男の存在がある。

ヒロシマを訪れたキューバ人

チェ・ゲバラの忘れ形見、アレイダ・ゲバラさんが二〇〇八年五月一四日に初来日し、一週間ほどの短い滞在期間中に東京、沖縄、京都等各地での講演を精力的にこなし、五月一五日には広島でも講演をした。世界的著名人の遺児の初来日とあって多くの新聞が取り上げ、五月二六日にはＴＢＳの『みのもんたの朝ズバッ！』にも登場している。だが、本人のときは違った。

革命政権が誕生してわずか半年後の一九五九年の六月一二日、ゲバラはカストロの命を受け、アジア、アフリカに親善使節団長として旅立ち、七月一五日から二七日までは日本も訪れている。だが、キューバ側の熱意に比して、日本側の対応は極めて冷淡だった。事前に申し入れていた岸首相との会見はついに果たせず、藤山愛一郎外相もゲバラについては何も記憶していない。池田勇人通産相との会見もそっけなく、日本側の商品を買えと要請しただけで、わずか一五分で打ち切られている。表敬訪問した都庁の東知事の認識も「何か戦闘服姿の訪客を迎えたことは覚えている」という程度だった。来日の翌日には記者会見も行われているが、当時の新聞の大半は一行も報じていない。チェの一行がエジプトではナセル、インドではネール、インドネシアではスカルノ、ユーゴではチトー等から温かく迎えられたのと比べて、あまりに対照的だった(1)。

だが、冷たい仕打ちとは裏腹に、ゲバラは大きな感銘を日本から受けていた。ゲバラは広島訪問を強く望んでいたが、日本政府の許可がなかなか出ない。そこで、業を煮やしたゲバラは自ら訪れることを決意する。同行したのは六名の訪問団からはオマル・フェルナンデス副団長とアルソガライ駐日キューバ大使の二人だけだった。当時、ゲバラは三一歳、フェルナンデス副団長は二九歳だった。フェルナンデス大尉は、ハバナ大学在学中に革命戦に身を投じた人物で、後にゲバラが率いた工業省の次官や運輸大臣等の要職を歴任する。そして、当時のことを知るただ一人の存命者となった。

フェルナンデス元大尉がヒロシマで見たもの

フェルナンデス氏は、日本を訪問先に組み入れたのはゲバラの意向だったと明かす。

「フィデルの命令で渡航することが決まったとき、『日本にも行こう』と言い出したのはチェなのです。

若き髭面のゲリラ時代の写真を披露するフェルナンデス氏。左が氏で右はチェ・ゲバラ

チェはヒロシマ、ナガサキに強い関心を持っていました。そこで、大阪駅から夜一〇時過ぎの夜行列車に飛び乗り、ヒロシマに着いたのは早朝の五時半でした。ホテルで仮眠したのですがほとんど寝られず、朝の九時にヒロシマ市長を表敬訪問しました。市長との会談はごく短いものに終わりましたが、遠い島から来てくれたことを喜んでくれました」

七八歳とはいえ、氏の記憶は実に正確だ。オリーブ・グリーンの戦闘服に少佐の星章がついたベレー帽といういでたちで広島を訪ねたゲバラと慰霊碑に献花をしている氏の姿は写真にも残る。

「まず、原爆資料館に出かけました。そして……」

氏は当時を思い出し、全身を震わせながら、こう続けた。

「ヒロシマに足を運ぶまでは何が起きたのかをよく理解できずにいました。ですが、町がすべて破壊しつくされた姿をこの目にしたのです。チェは私をこう叩きながら」と氏は腿を叩く。

「そして、こう言ったのです。『帝国主義が何をやったのか、しかと目にしたかと』。資料館の次に病院を訪ねると四〜五〇〇〇人の入院患者がうめき苦しんでいました。すべてが信じられませんでした」

住友銀行広島支店の入り口の階段には人影石がある。氏はそれも見た。

「花崗岩の敷石には人間がそこで粉になったことを示す影もありました。我々は昼食もとらずに、各地をすべて見てまわり、夜遅くに大阪に戻りました。ヒロシマは誰もが訪れなければならない場所なのです」

ゲバラは帰国後、「原爆から立ち直った日本」というリポートをカストロに提出し、「日本を訪れる機会があれば、必ず広島に行くべきだ」と強く勧めていたという。そして、カストロは二〇〇三年三月に四四年ぶりにチェとの約束を果たすことになる。

「帰国後、私もヒロシマのことをPRし続けました。ですから、ヒロシマのことは皆よく知っています。あのような惨劇を人類は絶対に止めなければなりません」(5)

いまも八月六日にはキューバでは平和を祈る集いが開催されているという(2)。

苦学を重ね医師からゲリラに

フェルナンデス氏は「テレメンタリー2007　炎の記憶～原爆の残り火をキューバへ」（テレビ朝日二〇〇七年九月一〇日放送）にも登場しているから[2]、ここまでの話はご存知の方もいるかもしれない。だが、改めて氏の口から直接聞き出したかったのは、こうした体験をした人物がいまの時代や平和のことをどう感じているのかを教育の視点から確認したかったからだった。そこで、まず格差が広まる日本の状況をかいつまんで説明させてもらった。氏はニヤニヤと笑いながらそれを聞き流す。だが、話し終えると真剣な顔持ちになってこう続けた。

「お話を聞いている間に笑ってしまってすみませんでした。貧しい人々が学べないのは資本主義の教育制度が抱えた本質的な問題で、日本もそうなのだと笑ってしまったのです。そう、資本主義のもとではきちんとした教育を受けることが難しい。ですから、あなたは日本の若者たちに、私が話すことを伝えなければなりません」と氏自身が革命に身を投じた経験から語り始めた。

「例えば、その良い事例がこの私自身です。私はサンティアゴ・デ・クーバの出身ですが、当時医科大学はハバナにしかなく、高校卒業後に『医者になりたいのだが』と父に希望をもらすと、即座に『それは駄目だ。入学金もハバナでの下宿代も払えない』と言われたのです。そこで、ハバナで暮らしている同郷出身の友人たちに相談すると、『やってこいよ。なんとかしてやるから』と言われ、それで上京したのです」

その後、氏は見事、医師になる。

「同郷出身者が寝どこだけを確保してくれ、昼はある病院で、夜はまた別の病院でと働きながら医学部に入るために苦学を続けました。いまのラモン・マチャド・ベントゥラ第一副首相は外科医で、友人でもあるのですが、彼に師事しながら外科医となったのです。貧しくてもやり遂げた。その戦う気持ちを持ってゲリラ戦にも加わったのです」

ゲリラ戦の最中から始まった教育活動

識字教育運動が革命直後から始まったことはすでにふれた。だが、氏はゲリラ戦の最中から運動はすでにスタートしていた、と指摘する。

「フィデルは、モンカダ兵営を襲撃したときにも二つの重要なことを指摘しました。教育と医療です。フィデルは、オルギン州のビラン出身で、後にサンティアゴで学んでいます。その間、数多くの農民たちと手紙でやり取りをしていましたから、教育、医療、農業と当時のキューバが抱えていたあらゆる問題を熟知していたのです。

ですから、全ゲリラ部隊に医師がいましたし、戦闘が終われば味方であれ敵であれ怪我人を治療し、それが終われば農民たちの診察をしていたのです」と医師である経験をふまえて続ける。

「ところが、このゲリラの中にも非識字者がいることがわかったのです。ゲリラ部隊は、フィデルとカミロ、そして、チェのいた第一部隊。バラコアに陣を構えていたラウールの第二部隊、アルメイダの第三部隊、そして、デリホ・オチョアが隊長で私が所属していたシモン・ボリバール第四部隊です。私は、ラウールの隣でラス・トゥナス・バヤモ、オルギン、プエルト・パブロスで戦っていましたが、ラウールがいた第二部隊、シエラ・クリスタルの山中は山肌も深く、フィデルがいた第一部隊のシエラ・マエストラほどは戦闘も激しくないときもあったため、まず、ラウールが最初の識字教育のための学校を作ったのです。戦闘中でしたがアセラデ・ロサントスとビルマ・エスピンに農民たちの学校を作るよう頼んだのです」

いずれも女性でビルマ・エスピンは後にラウールの妻となり、キューバ女性連盟の会長にもなる人物だ。

「そして、革命後にまず最初に学校を作ったのがチェで、それはチェの最初の執務室のあったカバーニャ要塞内でした。そして、二番目はシウダ・デ・リベルダに作りました」

シウダ・デ・リベルダ、自由都市とは、バティスタ政権時代にコロンビア兵営があり、最後にバティスタが逃亡した飛行場もあったところだ。兵営の入り口には、一番重要な警備場所、ポスタ・ウノがあったが、カミロ・シエンフエゴスがその門をハンマーでもって叩き壊した。識字教育博物館、高等教育研究所、ジョ・シ・プエドを生み出したラテンアメリカ・カリブ教育研究所、ドラ・アロンソ校とこれまで登場した主要施設はみなここにある。ゲバラによって初めて作られた学校のあったラ・カバーニャ要塞は、いまは観光地となったが、学校都市の方は、教育の聖地として生き続けている。

五九年の一月九日、ハバナに入城したカストロは、何千人にも及ぶ聴衆を前に歴史的な勝利演説を行うが、演説中に平和の象徴である白い鳩がその肩にとまる。演出であったには相違ないが、多くのキューバ人たちは深い感銘を受けた。その演説がなされた広場もここにある。

「フィデルはいずれの学校も訪れて、農民たち、そして都会の市民も誰もが読み書きができる識字教育運動を立ち上げることになったのです。ハバナにも非識字者がいたとは想像できないかもしれませんが、資本主義の制度のもとでは貧しい者は学ぶことができなかったのです」

教育が最も重要だからこそどんなときにも手を抜かない

「識字教育運動は、革命が生み出した初めての成功でした。ですが、ほぼ成功したとはいえ、いまだに読み書きができない者がいましたし、我々政府に入閣した者たちですら、指導者としての経験がまったくない。管理者としての経験が皆無でしたから、各大臣は自分が所管する省内に管理職育成用の学校を作ったのです」

氏は少し間をおき、再度ゲバラについてふれる。

「その中でも一番優れていた学校はチェのものでした。チェが作った当時の学校はまだ現役で様々な省庁からいまも学びに来ているのです」

キューバの教育がまさにゼロからのスタートであったことを実感させる話だ。

「例えば、ミラマル地区の高級住宅街では、多くの屋敷が米国に亡命し空いたままになっていましたから、フィデルは非識字者の若い女性たちを連れてきて、そこに学校を作りました。まず、読み書き。次に洋裁を学び料理を作る。だいたい二万人が何かの授業を受けていました。そして、半年ほど訓練を受けた後に出身農村に戻って、学んだことを広めていく。そんなことが二年ほどは続きました。また、女中や身体を売るために連れてこられてきた女性たちの教育制度も設けました。そして、一九六三〜六四年からは文化運動も始めます。このときからキューバの文化振興はスタートしたのです。ですが、バイオリンのような楽器を買う金すらない。そこで、ファン・アルメイダが『自分がバイオリン工場をやってみましょう』とフィデルに言い、カマグェイ州に出かけてバイオリンを作ってくれるよう呼びかけたわけです」

フェルナンデス氏によれば、サルサのグループにしても、バレエやダンス学校にしても、いまの文化振興の枠組みもこのとき誕生したという。その後、文化人たちが集まり、アベル・プリエト文化大臣が会長を務めていたキューバ作家連盟もできる。

「要するに、フィデルはいつも教育のために尽くしてきた。五年前に大学のムニシピオ化を高等教育省に呼びかけたのもフィデルです。いまはどの地区に行っても大学があり、若者だけでなく高齢者や主

戦争は無知が作り出すと手を振りかざしながら熱弁をふるうフェルナンデス氏

婦も学んでいる。スポーツの学校もあり、北京オリンピックに向けて一三五人の選手団も準備されている。障害者のための学校も全州に作り……」

　革命が誰一人として見捨てず、一貫して教育を重視し続けてきたことについて熱弁は続いていく。

　そこで、なぜ、これほどまでに教育に力を入れてきたのかを聞いてみた。

「教育こそフィデルが革命の中でも一番大切にしてきたことだからです。なればこそ、プラヤ・ヒロンの戦争のときでも、ミサイル危機のときでも、経済危機のときでも教育は止まりませんでした。いま、最も重要な情報科学大学も、ラテンアメリカ医科大学もこの経済危機の中で作られたのです」

平和のためにこそ無知ではなく教育が必要

鼻先で米国に対峙するキューバは、常時軍事的脅威にさらされている。日本で考えるほど、平和の維持はたやすくはない。だが、意外に思えるが、米国の格差拡大を憂え、貧しい米国人のことを気にかけているのはキューバなのだ。一般庶民はいざ知らず、少なくとも筆者が会ったインテリ階層はそうだった。内政不満のガス抜きのための侵攻という暴走を始めれば、真っ先にとばっちりを受けるのはキューバだからだ。フェルナンデス氏もこちらから説明するまでもなく、米国内での格差の広がりや市民がおかれている状況を熟知していた。そして、「本当に危険な時代に入っています……」と真剣な面持ちで顔を曇らせた。

「が……」としばらく間をおいてから氏はこう続けた。

「より高き教育を受けた人民、教養のある人民がいる国家ならば、戦争を求めるはずがありません。ですから、平和のためには無知ではなく、やはり教育こそが必要なのです(5)」

無知こそが戦争を引き起こす。軍服に身を固めながら、レノンの夢を語るカストロ。被爆地ヒロシマの惨状を切々と訴えるフェルナンデス元大臣。その姿と発言からは、単なる言葉づらではなく、真の平和を願い続けるこの国の想いが伝わってくるように思えてならなかった。

6 エピローグ

オマル・フェルナンデス氏は、識字教育運動を立ち上げたときのエピソードを披露する。

「フィデルは若者たちに運動に参加しようと呼びかけたのです。ですが、正直いって一〇万人もの若者たちがそれに応えてくれたのは驚きました」

「では、想定外の数値だった、ということですか」

「そうです。実際のところは、声をかけても一万人か一万五〇〇〇人も集まればよい方だと踏んでいたのです。ですから、フィデル自身が驚き『おい、オマルみたかこの数を』と口にしていました。そして、敵側はキューバ人民が学ぶことを恐れていましたから、識字教育の教師を殺します。恐れて教師を辞めるようにね。ところが、おじけづくだろうと思っていたら、よりいっそう多くの教師たちが出てきたのです(1)」

やはりカストロはしたたかだ。「呼びかければ応じることが政府にはわかっていた」と後でアジっておきながら内心は予想以上の反応に随喜していたのだ。だが、それが一流の政治家の資質というものだろう。支えたのは若者たちだったとはいえ、いまの高い教育水準の礎となった識字教育運動の成功にこうしたカストロの強力な指導力とカリスマ性があったことは間違いない。だが、当時といまでは社会状況はまったく違う。先進国と比較すればモノは貧しいとはいえ、少なくとも以前のような社会格差はない。モノの豊かさに惹かれて亡命する者も多い。はたして、いまの若者にもフェルナンデス氏が描いた夢は継承されているのだろうか。氏の自宅から歩いて数百メートルほどはなれたブロックにフェルナンデス氏と同じく医学を学ぶ学生がいると聞いて訪ねてみることにした。

エレナ・マリア・カステヤル・レデスマさん（二〇歳）は、いまハバナ医科大学ことプラヤ・ヒロン・ビクトリア医科大学の医療学部一年生だ。

「運動が好きでしたし、小さい頃は劇団の女優になりたかったのです。でも、外交官だった父がその進路に強く反対したため、果たせませんでした。それに、将来何になりたいのか決められずにいたのです」

いまでは、将来の職業選択のためにピオネーロをはじめ、様々な社会経験の制度が整えられている。だが、エレナさんの子どもの頃には、いまほど趣味サークルも充実していなかったという。だが、「勉強の家」の制度はあった。

「クラスメートは保育園から小中学校までずっと一緒でしたし、勉強の家もずっとやってきました。私は歴史が好きで得意科目だったので、モニトルだったのです」

勉強がよくできたエレナさんは、見事レーニン高校への合格を果たす。

「レーニン高校には、私の中学からは六〇人が入学しました。みな、良いお友達です。同じ寮の八人も親友ですし、それ以外にもたくさん友人ができました。そして、高校のときにはっきり将来は医者になりたいと思ったのです」

レーニン高からはほぼ全員が大学に入学するが、ハバナ医科大学には、生物学と歴史の試験があり、高校でも良い成績をあげなければ、その試験を受ける権利すら得られない。そして、大学に合格したからといって日本のようにストレートに卒業できるとも限らない。多くの生徒が落第する。

「私も医科大学には二年前に入学したのですが、一年留年してしまったのです」

エレナさんは、ホルモン関係の一単位を点が足りずに落としたが、三五人のクラスメートのうち、一〇人が落第したという。そして、留年が認められたのは、せいぜい一科目、それも数点差で合格点がとれなかった生徒だけで、エレナさんを含めて四人だけだったという。

「全一二クラスでも、再入学できたのは二三人だけです」

落第した生徒は医師への道は閉ざされる。だからといって、それ以外の仕事に就く道があることは、これまで述べてきたとおりだ。ただし、医師のような専門職は、その職にふさわしい知識と実力を身に付けたものだけが就けるという原則は揺るがない。だが、再起を期するエレナさんの毎日は充実している。今日の授業は夕方の五時からだが、とても楽しいという。

「試験は医科大学でやりますが、ふだんは、近くのプラヤ区にある『七月二六日地区診療所』に通っています。同じクラスの一〇人と一緒に学んでいますが、授業はビデオ、CD、コンピューターを使って受けています。三年生になれば、地区診療所ではなく、さらに大きな病院で学ぶことになります」

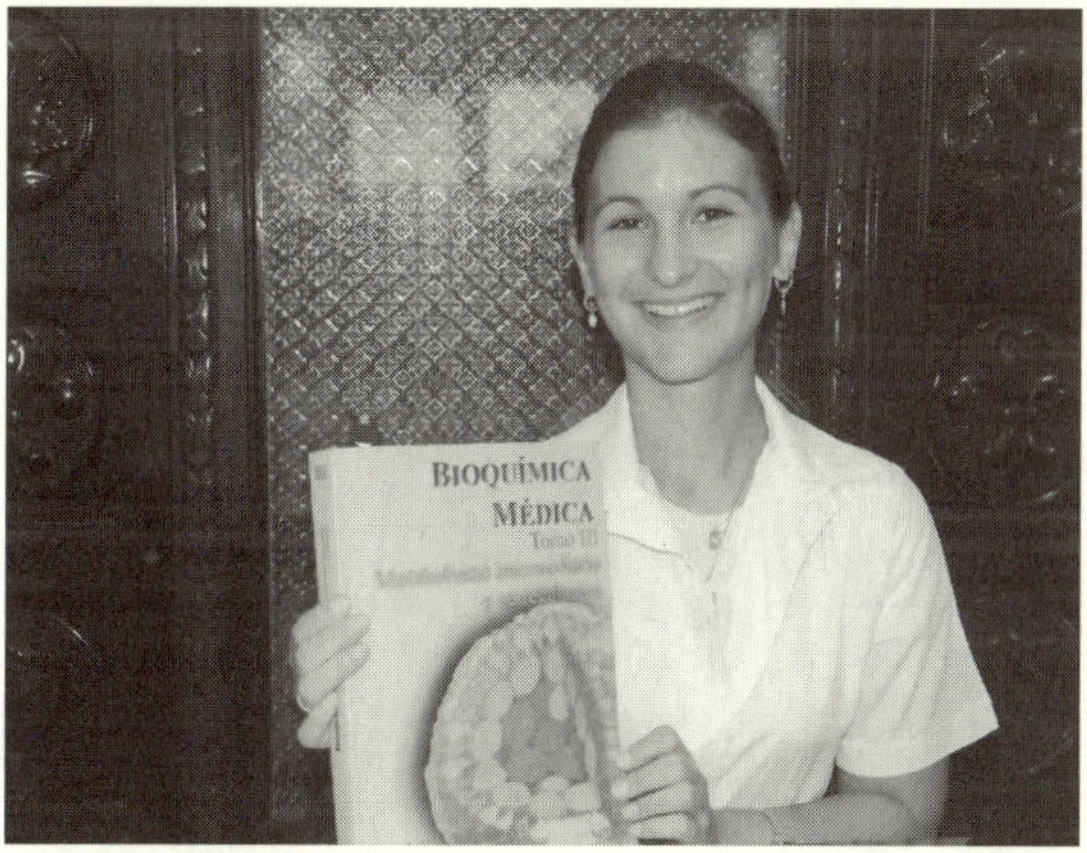

外交官であった父の書斎がエレナさんのいまの勉強部屋だ。教科書を見せてくれるエレナさん

エレナさんは、地区診療所の医師と一緒に患者を診て、血圧を測ったり、注射をする手助けをしており、わずかだが五〇ペソの給料ももらっている。二〇〇三年から着手された医療教育改革で医大生もいまは、地区診療所の現場で経験を積んでいる。

「怪我をした人に包帯を巻くとか、人を助けられるのでやりがいがありますし、私は手術も大好きです。いまは総合ファミリー・ドクターになるための研鑽を積んでいますが、将来は、外科医になりたいと思っています」

外科医でもあったフェルナンデス氏と同じ道を目指している若者がいた。もちろん、エレナさんが受けてきた教育は、西側の価値観からすれば偏った内容であろう。だが、マルクス・レーニン主義教育についても、海外で偏向教育といわれているのは違うとはっきりと答える。

「高校で学んだのは、世界の古代史、中世史、近代史、そして、最後がキューバ史です。政治文化という科目でマルクス・レーニン哲学も学びましたが、それは、私の将来にとって必要な知識だと思います。私はいろいろなことを学び知りたいし、本当に自由な気持ちを持っています」

カストロが引退し、ラウル政権になってから、これまで制限されたきたホテルの利用や車や携帯電話の所有等、ようやくキューバにも少しずつ自由が認められてきている。だが、エレナさんはこれまでの人生を別に不自由なものであったとは感じてはいない。

だが、それはエレナさんがキューバ以外の自由な西側社会のことに無知だからではない。実はエレナさんを最後のインタビュー相手に選んだのには、わけがある。キューバでは普通の市民はまず海外に出られない。エレナさんのような若者の場合はなおさら海外とは縁がない。それだけに、テレビや映画を通じて入ってくる情報から豊かな先進国に必要以上のあこがれを抱き、それが亡命につながることも多い。だが、エレナさんは昨年に死去した父が以前外交官として日本に赴任していたことから、生前に父が働いていた日本を一目見ようと願って許可が下り、一度来日したことがある。エレナさんの目にはあこがれの日本はどう映ったのだろうか。

「まったく別の文化を知ることができ、とても良い経験でした。また、国がとても発展していることに驚かされました」

そういって、エレナさんはちょっと間をおく。だが、少ししてから躊躇せずストレートにこう続けた。

「でも、住みたい国だとはとても思えませんでした」

「それは、また、どうしてですか」

「例えば、東京では地下鉄というものに乗ったのですが、電車の中でみな本を読んだり、携帯電話を操作したり、耳にヘッドホンを差し込んで音楽を聴いていて、お互いに話さず黙り込んでいました。また、何かをたずねればキューバではすぐに誰かが助けてくれるのに、何を聞いても外国人が嫌なのか、そそくさと逃げさってしまいます」

たしかに、日本にキューバのような親切さを期待しても土台無理というものだろう。

「また、ティッシュ・ペーパーを街中で配っていた若者の姿を目にしましたが、キューバでは貴重なちり紙をタダでくれるのに、誰も受け取ろうとはしません。配っていた青年は、段ボールにいっぱい入ったティッシュ・ペーパーを配りきらなければ仕事を終えられず、家にも帰れないのです。その姿を見ていて悲しくてかわいそうになりました。国が発展しすぎることは人間に悪影響を与えるのではないかと感じたのです」

発展しているけれども心が貧しい国。エレナさんは日本に対してそう冷徹な評価を下した。そして、ハバナ医科大学に遺影が掲げられたゲバラになぞられ、自分の夢をこう語った。

「チェは、私たちにとってとても大切で偉大な人物です。国際主義者としてキューバ革命のために尽くしてくれました。ですから、私も国際連帯の革命家として、将来はヘンリー・リーブ国際救助隊に入って世界の人々の命を救うような仕事がしたいのです(2)」

エレナさんの夢はかなうだろうか。いやきっとかなうに違いない。このような若者がいる限り、この国の未来はきっと明るい。フェルナンデス氏の夢がちゃんと伝わっていることが実感できて、ふと嬉しくなった。家を出ると暗い屋内とはうって変わって、まだ昼にもならないというのに、カリブの強い日差しの照り返しを受けて、この一〇日間ほど見続けた老朽化したハバナの町並みが眩しく輝いていた。

「そろそろ、空港に向わないとフライトの時間に間に合いません」

通訳のミゲル・バヨナ氏が運転する車でホセ・マルティ空港に向いながら、自由とは、豊かさとは、そして、発展とは何か。二十歳の若者から突きつけられた課題に結論を下すことがいかに難しいことか、改めて感じたりした。

あとがき

カリブの教育事情の旅、いかがだったろうか。革命以来キューバが最も力を注いできたのは教育と福祉医療だった。したがって、本書は『世界がキューバ医療を手本にするわけ』（二〇〇七年）の姉妹書であると同時に、金銭面では決して豊かとはいえないキューバが高度福祉社会を築きあげているわけを人材育成の面から描き直した続編ともいえる。旧著も国の体制が違いすぎて参考にならないとの批判を受けたが、ましてや教育ともなるとイデオロギーも絡んでくる。「フィンランドと並んで教育に力を入れていることはわかるが、自由なき一党独裁の非民主主義国では、とても日本の参考にはならない」との感想も聞こえてきそうだ。そこで、この場を借りて、そもそも教育とは、民主主義とはなんだったのか。キューバの取り組みが日本にとってどんな意味があるのか。エレナさんから突きつけられた課題に答える形で筆者なりに考えてみたい。

まず、本書を書き進める中で改めて痛感したのは、農業も医療も教育とまったく同じパターンで危機に瀕している、ということだった。例えば、苅谷剛彦東大教授は、日本の公共教育は国際的に見れば少ない予算で大きな成果をあげてきたが、マスコミの行政批判の流れの中でマイナス・イメージが作られ、文部科学省の権威主義的な教育行政や閉鎖的な教育界への反発感もあいまって、民営化路線を歓迎する雰囲気が作られたと分析している。これは農業にも福祉医療にもいえる。農協や医師会のような既得権益集団や官僚の天下りや汚職があり、BSEや年金問題に代表される腐敗構造が生まれる。こうした社会の膿に誰もがうんざりしていたからこそ大歓迎で構造改革が受け入れられたのだ。だが、本書の中でも繰り返し指摘したように、本来、金銭だけでは評価できない食や医や教育といった「いのち」の分野に市場競争原理を持ち込めば、ゆきつく先は目に見えている。米国のような殺伐として荒涼とした社会が残るだけだろう。社会はバラバラに解体し、アトム化した個人が不安を抱え、その裏返しとして「徳育」や「ナショナリズム」も強まっていく。暴利をあげる企業や個人の不正が不満のガス抜きとして、ときに槍玉にあげられることはあっても、全体としてはジョック・ヤングが指摘する「排除型社会」がますます完成・強化されていくというシナリオだ。

このような社会状況を、関曠野氏は「日本は江戸時代からの伝統的なムラ社会への帰属意識だけに立脚して国を作ってきたから、ムラやイエといった伝統的コミュニティが崩壊すれば、学校の存在意味もわからなくなる。それは、一六世紀の宗教戦争以降に伝統的な宗教や道徳規範が崩壊し、混乱を極めていた当時のヨーロッパと似ている」と分析してみせる。

関氏は『民族とは何か』『教育、死と抗う生命』や『みんなのための教育改革』等の著作のある在野の思想家だが、資本主義や人権、民主主義、教育といったテーマを各国の歴史を振り返りつつ根源から思索しているため、キューバのように日本とはかけ離れた社会における教育の意味を考えるうえでとても参考となる。例えば、氏はこの混乱の中から近代教育は生まれたと指摘する。「教育とは混乱する世界の中で一人ひとりの学習力を頼りに社会の秩序を再創造しようとする試みで、人間が平和に共存して生きることが困難だとの認識がないところにはありえない」と述べ、いかに世界に平和と秩序を回復するかに思いを巡らせたヨハン・コメニウス（一五九二―一六七〇）をとりあげる。

コメニウスとはチェコ・スロバキア出身の近代教育思想の創始者とされる人物だが「住みなじんだ町は焼き尽くされ、妻と子は疫病に奪われ、不公正が国土に充満している。ネズミが狙うほど豊かな食料を持つ者がいる一方、我々は餓えて死にかけている。蛾にかじられるほど毛皮やマントを持つ者がいる一方、我々は半裸同然だ。貧しき人々を哀れと思う人すら見出せないいまこのとき、何をなすべきか。一部の指導者を養成するエリート教育に世直しは期待できない。すべての人がまともな教育を受けてこそ、人類は破滅から救われる」と語った。当時のチェコは殺戮と略奪と社会混乱で四〇〇万人いた人口が五〇万人までも激減していた。コメニウス自身、ポーランド、イギリス、スウェーデン、ハンガリーと各地を転々と亡命したあげく、最後はオランダで客死している。このコメニウスの苦悩から初等教育という概念は生まれた。関氏によれば、古代ギリシアにまで遡るエリート養成のための大学教育と初中等教育とはまったく別の代物である。そして、制度としての公共教育はフランス革命によって民主主義国家と同時に誕生する。

「日本では国語の授業として矮小化されてしまっているが、フランス革命では言葉は政治権利の基礎とされ、その政治的な役目を教える場が学校と認識されていた。革命は、憲法を読め、投票ができる市民、すなわち、国民を育てるために公共義務教育を実施した。それは貧しい人々への教育として出発した」

この関氏の論旨によれば「読み書きができず、権利を自覚しなければ国民は、その国家を完全に活用できる国民になれない」とのカストロの主張は、フランス革命が目指した目的とまさに合致していることがわかる。

では、なぜ初等教育が必要なのか。関氏は、人間が欠陥だらけの生物で、生物的な衝動や本能に身を任せたままでは社会が形成できないからだ。ジャン・ジャック・ルソーが、バラバラの個人が存在する自然状態をどう社会状態にするかを論じたように、人間社会は思想と教育を通じて組織されてきた。教育の本来の課題は、人間の持つ性向と逆らい他人と協力する生き方をするように若者を励ますことにある、と述べている。この考えも「生物としての本能を良心が克服するように担保することが教育だ」と主張するカストロの見解と一致する。ちなみに、関氏によれば、人類史上、教育というテーマに初めて取り組んだのは古代ユダヤ人であるという。紀元前三〇年頃の指導者ラビ・ヒレルはユダヤ教の教義を一言で問われた際、「自分にしてほしくないことを他人にしないことだ」と答えている。孔子が子貢から「人生でやるべきことを一言でいえば」と問われ「己の欲せざるところ人に施すなかれ」と語ったのと同じだ。当時、大国から迫害されていた古代ユダヤ人たちが目指したのは、軍事力に頼らず、道徳教育を通じてまとめあげた社会の実例を国際社会に示すことだった。だから、最も教師が大切とされ、王と教師が捕虜となったならば、まず、教師を取り戻せ。王のなり手などいくらもいるが、一人の教師はかけがえがない、とされていたという。この発想も時空を超えて大国に対峙するいまのキューバに共鳴する。

では、このような近代教育が目指していた本来の教育観が、とりわけ、日本では「教育」＝「学校」＝「社会的地位」と学歴を意味するように変貌してしまったのはなぜなのか。関氏は、産業革命とその後の工業化によって本来の理念が捻じ曲げられ、近代国家の富国強兵策が、画一的・強制的、権威主義的な学校の性格を育んだためだと説く。意義がまったく異なる初等教育が、大学の下請け機関となり、高学歴は、農村から都市に移動をするための特急切符となり、明治維新は革命の名に値せず、出世主義以外に国の基盤となる思想を持たなかったと評価する。そして、高度成長も終わり立身出世や高学歴が意味を失ったいま、改めて若い世代を社会全体の資産と見なし、市民的連帯を志向する文化を教育の大前提とすべきだと主張する。

氏は民主主義についても「とかく選挙による政権交代や複数政党制だけと見なされがちだが、多くの国では、民主主義の名のもとに、大企業の権力乱用や政治の金権化がまかりとおっているではないか」と批判し、その名に値する民主主義を実現するには、市民の政治的教養やリテラシーを促進する教育、選挙以外の場を通じた市民の国政参加が不可欠だと指摘する。

関氏の見解には異論もあろう。しかし、このように原則にたち返ってみれば、「独裁非民主主義国」の教育制度もまったく参酌に値しないとはいえないのではあるまいか。

二〇〇七年七月二六日、ラウル・カストロは「必要なところすべてで構造・概念改革がなければならない」と主張し、分権化や規制緩和に向けた構造改革に手を付ける。だが、改革と同時に国民的な議論が必要だとし、国民一一〇〇万人のうち一三〇〇万人以上が改革の議論に参加し、意見を出している。これも、長年の教育を通じて政治的教養が育まれたからこそできることだといえよう。ハバナ大学法学部のフリオ・アントニオ・フェルナンデス教授らは、「人間に優劣をつけず、すべての人間を解放するというのが、マルクス主義の本来の思想だったはずだ。その本質と矛盾する『社会主義』との名を借りた輸入モノを根こそぎしなければならないと」とワークショップを開催し、ソ連から継承した官僚主義的な社会主義の見直しに取り組んでいる。

キューバは大変な中央集権型の官僚社会で、多くの課題を抱えている。だが、ラウルのいう分権化や規制緩和は、ポピュリズム的なそれとは異なり、いたく健全な改革のように思える。つまり、日本でも既存組織が腐っているからといって、一足飛びに民営化でぶち壊しに走るのではなく、腐敗構造を徹底的に洗い出し、真に信頼できる人々のための「公」を再構築するという選択肢があったのだ。つまり本書でも述べたソーシャル・キャピタル、人々の信頼と絆、抑圧的な面があった伝統的な会社やムラ社会の欠点を反省しつつ、排除的ではないコミュニティの再創造こそがいま必要なのではあるまいか。前出の苅谷教授らも、「郷土を愛する」という健全なコミュニティの延長線にこそ、あるべき「愛国心」があるはずだと述べている。

では、ここで一人の愛国者に登場願おう。著者は別に本業があるから十分な取材時間もとれない。そこで、取材先もあらかじめ絞り込み、現地に乗り込むという手法をとってきた。一日に三カ所、多ければ四カ所もの濃密取材が可能となったのもこのためだ。したがって、得られる情報の質は事前調整でほぼ決まる。この一番困難で厄介な仕事を引き受けてくれてきたのが、名コーディネーターである瀬戸くみこさんと名通訳ミゲル・バヨナ氏のコンビだった。また、外務省の国際報道プレスセンターを通じるとどうしても取材先はオフィシャルなものに限定される。これを補完してくれたのもバヨナ氏だ。種明かしをしておくと、第一章第三節に登場したマリベルさんはバヨナ氏の娘さんなのだ。コラムに紹介した製糖工場の元従業員フランシスコ氏も、教育省から「残念ながら適当な人物が見つかりません」と言われたのを、バヨナ氏が工場周囲の住民に声をかける中でなんとか見つけた。そして、最後に登場したフェルナンデス氏も奥さん同士が友人、医大生エレナさんも友人の娘という関係なのだ。ストーリー性を持たせるための再編集作業はしたものの、なんとか読める形までまとまったのは、バヨナ氏の一家をあげた協力があったからといっていい。だが、それにしても氏は、なぜここまで動いてくれたのだろうか。

識字教育についての情報がなかなか得られず、あせる筆者に対し、バヨナ氏は「こんなものでもよければ」とセピア色に色あせた写真やら手紙やらの資料を持参してきた。

「ミゲルさん自身が識字教育運動に参加されていたのですか」

「正確にいえば、運動が始まる一年前の一九六〇年からです。『一万もの教室が空いているので教師になってくれ』とのカストロさんの依頼を受けて、農民たちと一緒に学校を作ったんです。サンティアゴ・デ・クーバにあるチビリト港から歩いて一二時間かかる山の中まで黒板を背負っていったのですが、丸二日かかりましたよ」とカストロ直筆のサイン入りの証明書を披露する。

バヨナ氏は、四三年生まれで今年六四歳になるが、このとき一六歳だった。

「私がいたのは、ミナス・デ・フリオという集落です。昨年あなたがインタビューしたペドロ・クリ研究所のグスタフ所長がいたところです。三〜一六歳までの子どもの教師となり、夜は成人を教えていました。そして、地区の教師のリーダーとなり、私の下で一五人の専門教師と二五〜二六人の学生教師を指導していたんです」

REPUBLICA DE CUBA

GOBIERNO REVOLUCIONARIO

POR CUANTO: El Ministerio de Educación y la Sección de Asistencia Técnica, Material y Cultural al Campesinado, del I. N. R. A., desarrollaron el Curso de Capacitación Inicial de tres meses en Minas de Frío (Sierra Maestra), dedicado a los estudiantes voluntarios que aspiraban a incorporarse al magisterio primario en los lugares montañosos de Cuba.

POR CUANTO: El alumno Miguel Bayona Abreut ha participado satisfactoriamente en ese curso, evidenciando poseer la calidad humana y revolucionaria que debe caracterizar a un educador, y ha alcanzado el grado de formación pedagógico-cultural mínimo exigible.

POR TANTO: Se le otorga al mencionado aspirante el presente,

CERTIFICADO DE CAPACITACION

para el ejercicio de la docencia primaria en las zonas montañosas de la República.

DADO en La Habana, a los treinta días del mes de agosto de mil novecientos sesenta.

"AÑO DE LA REFORMA AGRARIA"

Fidel Castro Ruz
PRIMER MINISTRO
PRESIDENTE DEL I. N. R. A.

Armando Hart Dávalos
MINISTRO DE EDUCACION

ミゲル・バヨナ氏が教師であることを証明する認証票。左下はカストロの直筆のサイン

認証票や当時の肩章を披露するミゲル・バヨナ氏

農民たちの写真を手にバヨナ氏は世界観が変わったと語る。氏がショックを受けたのは、裕福な上流階級の出身だったからだ。だが、いくらカストロの呼びかけがあったとはいえ、医師になることを目指し、キリスト教系の私学校に通っていた良家の御曹司が、なぜ、あえて革命に首を突っ込むことになったのだろうか。

「それは、一五歳のときの一九五八年に同じ高校で革命運動に関わっていた友人がバティスタ政権によって惨殺されたからです」と動機を明かす。「父もバティスタ政権には批判的だったので警察に連行されました。姉の恋人も拷問を受けましたし、従兄弟も座席がない椅子に座らされ睾丸を火であぶられたり、足の生爪をひきはがされる拷問を受けて片足を失いました。私の英語の先生も真っ赤に灼熱化した鉄棒を膣にねじ込まれましたし、近所の床屋もカストロの地下運動とは一切無関係だったのに拷問で肺を病み、革命前に命を落としました。当時は、警察が無実の市民をとらえては拷問することが日常茶飯事だったのです」

拷問で片目をくり抜かれた元国立銀行総裁、プラヤ・ヒロンの戦いで命を落とした友人等、氏の口からはいまの平和なキューバから想像できないような過去のエピソードが次々と飛び出す。革命をくぐり抜けてきた世代ならではの貴重な生の声だった。

識字教育の教師を経てハバナ大学を卒業した後、氏は、外務省に奉職する。

識字教育に携わっていたバヨナ氏らのキャンプ。右はバヨナ氏が教えた貧しい農民たちの写真（いずれもミゲル・バヨナ氏提供）

「当時の外相の命令で、日本担当になるため留学したのです。一九六九年一二月二七日に、シエンフエゴス港発の砂糖の貨物船に乗り込み、パナマ運河を抜けて日本に着いたのはちょうど一月後の一月二七日でした。日本語をマスターするのは大変で、漢字の発音を録音しては聞きながら勉強したのです。そして、慶応大学を受けて合格し、京大の経済学部でも一年。明治維新と日本が経済的に発展した理由と二つの論文を書きました」

二六歳で初来日した後、氏は一度目は八三年から五年、そして、三度目は三年、二〇〇〇年の六月から二〇〇三年の一〇月と足かけ一〇年以上日本で暮らしている。マリベルさんが通ったのも麻布幼稚園だ。だから、夫妻ともに無類の親日家である。

「そして、訪れる毎に日本が……。妻のマリア

『老人と海』の舞台となった漁村、コヒマルに立つ石油掘削井戸。観光地なのに景観に配慮しているとはとてもいえない

ともども日本の最近の話を耳にするたびに」と言って氏は口をつぐんだ。

「以前よりも悪くなっているというわけですね」

返事は返ってこなかったが、ここまで取材に協力してくれるわけが、わかったような気がした。


さて、有機農業に関心を抱いてキューバを初めて訪れてから早くも九年がたつが、その間の変貌ぶり、とりわけ、首都ハバナの変化は目覚ましい。一切商品がなかったデパートには、輸入品があふれ、だ換ペソCUCでしか買えないとはいえ、休日ともなれば市民が群がり、滞在中のホテル前の広場ではチリからの輸入リンゴも売っていた。

都市農業もその後の開発等で一部は転用され、自給農場アウトコンスモスは面積的には半減した。経済回復とともに化学資材の一部輸入も可能となり、昨年夏に訪れた郊外のタバコ農場では一部とはいえベネズエラから輸入した化学肥料が使われていた。停電もほとんどなくなり、シエンフエゴスにはベネズエラからの輸入石油を精錬する巨大な工場もできたという。国産石油の確保に向け、石油掘削にも力が入り、原油が発見された北海岸には採油塔が立ち並ぶ。ヘミングウェイの『老人と海』の舞台となった漁村コヒマルには巨大な石油掘削井戸もできていた。

ハバナでは一〜二時間遅れがざらで寿司詰め状態で走っていた「カメジョ」ことラクダバスも姿を消し、五〜七分おきに中国製の大型バスが次々と走り抜けていく。なかには客がほとんど乗っていない空車もある。郊外では違うが、自転車に乗る姿もほとんど目にできない。ヒッチハイクはあいかわらず盛んだが、以前のような切迫感は感じられない。

「カメジョは、いまはハバナ州やオルギン州、サンティアゴ・デ・クーバ州のように地方で使われていますが、それも将来はなくなる予定です」

バヨナ氏は、国の発展ぶりを実に嬉しそうに語る。氏自身の暮らしぶりも変わった。九九年の初訪問で通訳を務めてくれた折には、フレームをセロハン・テープで留めた眼鏡をかけており、その窮乏ぶりに驚かされたものだが、いまはデザインも洗練された瀟洒な眼鏡をかけている。家には予備もたくさんあるという。乗せてもらった自家用車も以前はオンボロのアメ車だったが、今回はブラジル製の中古車だった。米国の経済封鎖で鎖国状態を強いられる中、エコロジカルな自給を目指すユートピアというイメージは、もはや過去のものなのかもしれない。

これほど日々変化しているキューバだ。つまり、本書はある時代の事例を切り取った一面のリポートにすぎないし、ラテンアメリカの研究者やプロのジャーナリストから見れば、理解の及ばぬ点や錯誤も多いに違いない。だが、キューバの教育について日本語で紹介する著作はなかなか見当たらない。本書の中でも何カ所も引用した工藤律子さんの『子どもは未来の開拓者』は長年の取材に基づく名著だが、なにぶんブックレットだけに情報量が十分ではない。つまり、筆者はキューバの教育制度を知るために自分のための入門書を書いたというわけだ。というのも、教育とは一切無縁の農政畑を歩んできた筆者が、二〇〇七年の春から長野県農業大学校に人事異動し、自らも教育現場に立つこととなり、当事者となったからだ。取材のたびに現場で出会う子どもたちの元気な姿を見るにつけ、革命以来、半世紀を一貫して教育に情熱を注いできた国の試行錯誤を描くことで、自分の仕事のヒントとしたかったのである。

このような私的想いに賛同してくれた築地書館の土井二郎社長には前著と同じく今回もお世話になることとなった。あわせて、現地取材の調整に労をとってくださった在日本キューバ大使館、キューバ外務省国際プレスセンターや教育省の方々、多忙の中、快く取材に応じていただいた教職員や生徒たち。さらには、取材のたびに世話になるベテランのコーディネーター、ブリサ・クバーナ社の瀬戸くみこ社長にもこの場を借りて厚くお礼を申し上げたい。

吉田　太郎

(9) Luz Marina Fornieles Sanchez, "Yes, I can" Teaching method：A work for millions, AIN's Special News Service, Nov. 29, 2006.

(10) Cheryl LaBash, Cuba teaches the world to read, Workers World, Jan7. 2007.

(11) Nicaragua to Implement Cuban Literacy Program, The newspaper of Cuban Youth, Jan. 25, 2007.

(12) Armando Perez Fernandez, First Bolivian Municipality Declared Free of Illiteracy, mar. 26, 2007.

(13) Cuban Literacy Method Used in Seventeen Countries, The newspaper of Cuban Youth, Jan. 25, 2008.

(14)筆者取材2008年5月5日

(15)前掲第三章第三節(6)

(16)ジョン・カバナ、ジェリー・マンダー編(2006)『ポスト・グローバル社会の可能性』緑風出版 p.322

第五節　無知こそが戦争を生む

(1)三好徹『チェ・ゲバラ伝』(1998)原書房 p.185〜213

(2)テレメンタリー2007「炎の記憶〜原爆の残り火をキューバへ」テレビ朝日2007年9月10日放送

(3)Dalia Luisa Lopez Garcia, A guide for Understanding the Cuban Political System, Cuba in the 21st Century: Realities and Perspectives, Institute Cubano del Libro, 2005. p.107

(4)拙稿キューバと日本、とくと見比べ考える「ひとりから」38号2008年6月、編集室ふたりから

第六節　エピローグ

(1)前掲第四章第五節(5)

(2)筆者取材5月6日

(17)ハバナに滞在中の中野健太氏からは、取材にあたり多くのアドバイスやコメントをいただいた。
(18)前掲第一章第一節(16)
(19)前掲コラム5(2) p.31-32

コラム6　キューバから学べるメディア・リテラシー
(1)前掲第一章第一節(7)
(2) 'Study, work, rifle' Cuba's educational system presses revolutionary message along with ABC's, August 6, 2000, in The Miami Herald.
(3)前掲第一章第五節(5)
(4)前掲プロローグ(12)

第三節　全国識字教育キャンペーン
(1)前掲第二章第二節(1)
(2)前掲第一章第一節(1)
(3) Ruth A. Supko, Perspectives on the Cuban National Literacy Campaign, 1998.
(4) Cheryl LaBash, Cuba teaches the world to read, Workers World, Jan. 7, 2007.

第四節　世界に広まるキューバの識字教育法
(1)前掲第一章第一節(2)
(2)前掲第一章第一節(8)
(3) W. T. Whitney Jr.,Literacy is revolution？：Cuba lends a hand, People's Weekly World Newspaper, Sep. 22, 2005.
(4) Patricia Grogg, Education: Fighting Illiteracy, Cuban-Style, Inter Press Service, Feb. 11, 2005.
(5) Navil Garcia Alfonso, Two million illiterate people learn to read and write with Cuban method, Granma International, June 14, 2006.
(6) Patricia Grogg, Education-latin-America: Reading, Writing...and Then What?, Inter Press Service, June 15, 2006.
(7) UNESCO literacy award for "Yo, sípuedo", June 20, 2006.
(8) Patricia Grogg, Education: Women Key to Literacy in the Home, Inter Press Service, April 4, 2006.

(14)筆者取材2008年4月30日
(15)同4月29日
(16)同5月5日
(17)苅谷剛彦『教育改革の幻想』(2002)ちくま新書

コラム5
(1)筆者取材2008年4月29日
(2)本田由紀『軋む社会』(2008)双風社 p.65-67

第二節　格差なき公正な競争社会を求めて
(1)Fidel Castro Ruz, Message to Participants in the Ministerial Meeting of the Group of 77, September 19, 1999.
(2)第三章第三節(6)
(3)Speech given by Dr. Fidel Castro Ruz, President of the Republic of Cuba, at the opening ceremony for the "Jose Marti" Experimental School in OldHavana, September 6, 2002.
(4) Speech given by Dr. Fidel Castro Ruz, President of the Republic of Cuba, School Year. Plaza de la Revolucion, September 8, 2003.
(5)前掲第二章第二節(8)
(6)前掲第一章第一節(7)
(7)前掲第一章第三節(11)
(8)Jose Bella Lara and Richard A. dello Buono, Looking to the Future, Cuba in the 21st Century: Realities and Perspectives,Institute Cubano del Libro,2005.
(9)Ignacio Ramonet, Fidel Castro, Fidel Castro: My Life: A Spoken Autobiography, Scribner, Newyork, 2007 p.401～404.
(10)前掲第一章第四節(2)
(11)小林由美『超・格差社会アメリカの真実』(2006)日経BP社
(12)田中宇『非米同盟』文春新書 (2004) p.179～182
(13)湯浅誠『反貧困』岩波新書 (2008)
(14)廣瀬純「世紀はフィデルのものとなる」現代思想臨時増刊「フィデル・カストロ」(2008)青土社
(15)筆者取材2007年8月
(16)筆者取材2008年4月28日

them Study-as-work program widens access to education, Vol. 68/No.6, February 16, 2004.

(3)JoséAlvarez, Jorge F. Pérez-López, The Restructuring of Cuba's Sugar Agro-industry: Impact on Rural Landscape and Communities, Journal of Rural and Community Development, 2007.

(4)筆者取材2008年5月2日

(5)吉田太郎『二〇〇万都市が有機野菜で自給できるわけ』(2002)築地書館 p.311、p.347

(6)門倉貴史『ワーキングプアは自己責任か』(2008)大和書房 p.93-94

コラム4　サトウキビ労働者

(1)倉部きよたか『峠の文化史』(1989)PMC出版 p.156〜163

(2)筆者取材2008年5月3日

(3)前掲第三章第四節(3)

Ⅳ章　脱ワーキングプア社会を求めて

第一節　社会とつながる総合教育

(1)Education in Revolution, 1975, Cuba.

(2)前掲第一章第一節(1)

(3)前掲第一章第一節(2)

(4)前掲第二章第三節(3)

(5)前掲プロローグ(3)

(6)前掲第一章第一節(5)

(7)前掲第三章第一節(2)

(8)Speech given by Dr. Fidel Castro Ruz, President of the Republic of Cuba, at the graduation ceremony for the Intensive Training Schools for Primary School Teachers. Karl Marx Theater, Havana, September 2, 2002.

(9) Pat Murphy Community, a solution for saving the environment and conserving resources with equity for all.2004

(10)前掲第一章第一節(8)

(11)前掲第一章第一節(13)

(12)前掲第一章第一節(16)

(13)世界の子どもたちはいま『キューバの子どもたち』(2002) 学研

the Child", The voice of child welfare in Ontario, OACAS JOURNAL Spring 2004, Volume 48 Number 1.
(10) Gregory Hansen, Alexa Shore, Gregory Siasoco, Chapter 3: Assessment of Education Policy, Country Report for The International Economic Development Program 2004, Cuba in Transition, May 6, 2004.
(11)前掲プロローグ(9)
(12)筆者取材2008年5月3日

コラム2　チリの教育改革の教訓
前掲プロローグ(9)を参考に執筆

第三節　障害者に優しい教育
(1)前掲第一章第一節(2)
(2)前掲プロローグ(3)
(3)前掲第一章第一節(8)
(4)前掲第三章第二節(9)
(5) Caroline Hay, Educators' Delegation June 27, 2005- July 5, 2005.
(6) Danay Galletti Hernandez and Mario Cremata Ferran, Cuban Special Education Comes of Age, The newspaper of Cuban Youth,2007-01-05.
(7)前掲第一章第一節(13)
(8)筆者取材2008年5月5日
(9)筆者取材2007年8月

コラム3　キューバの人工内耳
(1) Cuba has highest number of children with electronic hearing implants, granmainternational,May 11, 2006.
(2) Margarita Barrio, Cuban Child with Ear Implant Leaves World of Silence Behind, 2007-12-04.

第四節　ワーキングプアを生まないキューバ流リストラ
(1) Philip Peters, Cutting Losses Cuba Downsizes Its Sugar Industry, Washington. DC. Lexington Institute, 2003.
(2) Jonathan Silberman, MartIN Koppel, and Mary-Alice waters, Cutback, restructuring of sugar industry: Cuban workers explain how it affects

Transforming Practice, Oxfam America Report,2000.
(7) Oscar Espinosa Chepe, Cuba's bankrupt education system, CUBANEWS, January 19, 2001.
(8) 前掲第二章第二節(8)
(9) 前掲第一章第一節(7)
(10) 前掲第一章第三節(11)

Ⅲ章　財政危機の中でもさらに充実した教育制度

第一節　保育園からコミュニティへ――キューバの乳幼児教育
(1) 前掲第一章第一節(13)
(2) Miller, Susan A , Early childhood education in Cuba, Childhood Education, Association for Childhood Education International 2002.
(3) Margo Kirk, Early Childhood Education:the Cuban Experience, Child Care Connections Mini Journal, vol. 7.2, October 2003.
(4) Margo Kirk, Childhood Education in Revolutionary Cuba during the Special Period, A contemporary Cuba Reader, Rowman & Littlefield Publisher, 2007.
(5) MINED, CELEP, UNICEF, Educate your child: The Cuban experience in Integrated early childcare(キューバ教育省資料)
(6) 前掲第一章第一節(16)
(7) 筆者取材2008年4月30日

第二節　キューバの教育を支える先生たち
(1) Daniel A. Domenech, In Cuba, Child-Teacher Relationships Are Key - Brief Article, American Association of School Administrators, March, 1999.
(2) 前掲プロローグ(3)
(3) 前掲プロローグ(5)
(4) 前掲プロローグ(6)
(5) 前掲第二章第二節(8)
(6) 前掲第一章第一節(13)
(7) 前掲第三章第二節(8)
(8) 前掲第一章第一節(7)
(9) Mary Beth Lisk, Study Tour of Children's Services in Cuba：“The Value of

第二節　進む革命後の教育改革

(1)Education in Revolution, 1975,Cuba.

(2)Benigno E. Aguirre and Roberto J. Vichot, Are Cuba's Educational Statistics Reliable?, Cuba in Transition, 1996.

(3)前掲第一章第一節(2)

(4)前掲第一章第一節(5)

(5)前掲プロローグ(5)

(6)前掲第一章第一節(13)

(7)前掲第一章第一節(7)

(8)Miren Uriarte, Holding to Basics and Investing for growth: Cuban education and the economic crisis of the 1990's, University of Massachusetts Boston Journal of Pedagogy, Pluralism, and Practice May, 2003.

(9)前掲第二章第一節(6)

(10)前掲第二章第一節(7)

(11)前掲第一章第一節(1)

コラム1　成人教育と生涯学習

(1)Antonio Miranda Justiniani＆Marña Yee Seuret, Background and Development of the Distance Education Program in Cuba: Guided Education, Journal of Distance Education,ICAAP,1993.

(2)前掲プロローグ(3)

(3)前掲第一章第一節(2)

(4)前掲第一章第一節(5)

(5)前掲第一章第一節(13)

(6)筆者取材2007年5月2日

第三節　経済危機とソ連型高度成長モデルのゆきづまり

(1)前掲第一章第一節(2)

(2)前掲第一章第一節(3)

(3)Dalia Acosta,Retaining Priority Despite Economic Crisis,InterPress Third World News Agency, 1998.

(4)前掲プロローグ(3)

(5)前掲第一章第一節(5)

(6)Miren Uriarte, Social Policy at the Crossroads: Maintaining Priorities,

第四節　ソ連譲りの教育理論が育む高学力

(1)前掲プロローグ(3)

(2)佐藤学「学びから逃走する子どもたち」(2000)「学力を問い直す」(2001)
岩波ブックレット

(3)福田誠治『競争やめたら学力世界一　フィンランド教育の威力』(2006)
朝日新聞出版

(4)柴田義松『ヴィゴツキー入門』(2006)寺子屋新書

第五節　社会共通資本の豊かさが支える高学力

(1)前掲プロローグ(3)

(2)前掲プロローグ(6)

(3)前掲第一章第一節(8)

(4)紙屋高雪『オタクコミュニスト超絶マンガ評論』(2007) 築地書館　P312
～337「丸山真男に手をさしのべる　希望は革命」

(5)Ken Winograd, Complexity in Paradise observations and reflections on
education in Costa Rica.

(6)前掲プロローグ(9)

(7)前掲第一章第四節(3)

(8)前掲第一章第一節(17)

Ⅱ章　脱貧困社会を目指して誕生した教育制度

第一節　革命以前のキューバの教育

(1)前掲第一章第一節(1)

(2)前掲第一章第一節(2)

(3)前掲第一章第一節(3)

(4)前掲第一章第一節(6)

(5)前掲第一章第一節(13)

(6)Education in Pre-Revolutionary Cuba.

http://cubasocialista.com/ed1.htm

(7)L.ヒューバーマン、P.M.スウィージー『キューバ――一つの革命の解剖』
(1960)岩波新書 p.160-161.

Constitutional & Legal Foundations, Educational System overview.
http://education.stateuniversity.com/pages/333/Cuba-TEACHING-PROFESSION.html
(14)田口正敏「教育優先国キューバ共和国を訪ねて」
(15)南手英克「キューバ教育事情」中日新聞2001年2月14日
(16)工藤律子「こどもは未来の開拓者」(2005)JULA出版局
(17)工藤律子「子どもは未来の開拓者～キューバの子どもたち」報告会、主催キューバ連帯の会2008年6月1日
(18)筆者取材2008年4月30日

第二節　先進国に匹敵する少人数教室が育む学力
(1)前掲第一章第一節(2)
(2)前掲第一章第一節(13)
(3)前掲プロローグ(3)
(4) The Cuban Education System http://www.cal.org/rsc/cubans/EDU.HTM
(5)前掲第一章第一節(14)
(6)前掲プロローグ(12)
(7)筆者取材2008年4月29日

第三節　競争ではない相互学習で身に付く高学力
(1)前掲プロローグ(3)
(2)Roberto Orro Fernández, Education and Labor skills in Socialist Cuba.
(3)Cuba Sustainable Agriculture Study Tour May 21 - 30, 2003 Sponsored by Washington State University Center for Sustaining Agriculture and Natural Resources Led by Food First.
(4)Educators' Delegation June 27, 2005- Juy 5, 2005.
(5)「キューバの学校では今」世界の動き1998年4月号(財)世界の動き社
(6)前掲第一章第一節(14)
(7)南手英克「キューバ教育事情」中日新聞2001年2月16日
(8)前掲第一章第一節(16)
(9)筆者取材2008年5月5日
(10)筆者取材2008年5月3日
(11)Cliff DuRand, Cuba Today：A Nation Becoming a University, For a Better World column, August, 2005.

2002.
(12) Cuban teachers talk education, The Times Educational Supplement website, 12 July 2006.

Ⅰ章　高学力の謎を解く

第一節　生徒全員が学力を身に付ける——声に出して読むスペイン語

(1) Maurice R. Berube, Education and Poverty：Effective schooling in the United States and Cuba, Greenwood Press, London, 1984, p.117.
(2) An IFCO/Pastors for Peace Report, Education in Cuba, 1997.
(3) Tim Wheeler, The children of Jose Marti, People's Weekly World, 25 January, 1997.
(4)前掲プロローグ (3)
(5) Sheryl Lutjens, Educational Policy in Socialist Cuba: the Lessons of Forty Years of Reform,2000.
(6) Julia Wilkins and Robert J. Gamble, Ph.D., A Contemporary Study of Schools in Havana and the Role of Physical Education in Castro's Cuba,2002.
(7) Graciella Cruz-Taura, Rehabilitating Education in Cuba: Assessment of Conditions and Policy recommendations, 2003. Institute for Cuban and Cuban-American Studies University of Maiami 2003.
(8) Gregory Hansen, Alexa Shore, Gregory Siasoco, Chapter 3: Assessment of Education Policy, Country Report for The International Economic Development Program 2004, Cuba in Transition, May 6, 2004.
(9) Gwendolyn Coe and Judith Lynne McConnell, The Children of Cuba, Beyond the Journal: Young Children on the Web,September,2004.
(10) Eugenio Espinosa Martinez, Ethics, Economics and Social policies: Cuban Values and Dvelopment Strategy, 1989-2004, Cuba in the 21st Century: Realities and Perspectives,Institute Cubano del Libro,2005.
(11) Jose Bella Lara, Cuba's Struggle to Maintain the Social Safety Net in the Age of Globalization, Cuba in the 21st Century: Realities and Perspectives,Institute Cubano del Libro, 2005.
(12)前掲プロローグ(9)
(13) State University, Education Encyclopedia -Cuba, History & Background,

参考文献

プロローグ〜キューバへの誘い

(1) Juan Casassus, Juan Enrique Froemel, Juan Carlos Palafox, Sandra Cusato, First International Comparative Study of Language, Mathematics, and Associated Factors in Third and Fourth Grades Report prepared by the Latin American Educational Quality Assessment Laboratory, Latin American Educational Quality Assessment Laboratory, UNESCO-SANTIAGO Regional Office of Education for Latin America and the Caribbean, Santiago, Chile, November, 1998.

(2) Gustavo Gonzalez, Education-Latin America：Cuba Leads the Way, Inter Press Third World News Agency, 9 December 1998.

(3) Lavinia Gasperini, The Cuban Education System: Lessons and Dilemmas, Country Studies, Education Reform and Management Publication Series, Vol. I, No. 5 , July 2000.

(4) Christopher Marquis, Cuba leads Latin America in primary education, study finds, The New York Times, December 14, 2001.

(5) Sergio Gomez Castanedo, Ministry of Higher Education, Cuba and Rosalie Giacchino-Baker, California State University, San Bernardino, Current Programs and Issues in Cuban Teacher Education Today, Spring 2001.

(6) Cheng Tsai, A Comparison of Cuban Values and their Education System, April 23, 2002.

(7) Arturo J. Pérez Saad, UNESCO report: Cuban education is world-class, Workers World newspaper, Dec. 23, 2004.

(8) UNESCO, Global Monitoring Report 2005 - Literacy for Life.

(9) Martin Carnoy, Cuba's Academic Advantage, Why Students in Cuba Do Better in School, Stanford University Press, California, 2007.

(10) Regional Bureau for Education in Latin America Latina and the Caribbean OREALC/UNESCO, Student achievement in Latin America and the Caribbean, Results of the Second Regional Comparative and Explanatory Study, 2008.

(11) Cuba teaches Wiltshire few things, BBC News reports, 26 December

教育局（Department of Education）
識字力向上の年（Elaño de la Alfabetización）
教育の年（Elaño de la Educación）
ブリガディスタス（brigadistas）
指導書アルファベティセモス（Alfabeticemos）
学生入門書ベンセレーモス（Venceremos）
成人の識字力教師（alfabetizadores populares）
工場等の労働者（brigadistas obreros）
コンラド・ベニテス・ブリガディスタス（Brigadistas Conrado Benítez）
非識字フリー・ゾーン（Territorio Libre de Analfabetismo）
メレナ・デル・スル（Melena del Sur）
エスカンブライ（Escambray）
プラヤ・ヒロン（Playa Girón）
国連ラテンアメリカ・カリブ経済委員会（ECLAC=Economic Commission for Latin America and the Caribbean）
ジョ・シ・プエド（Yo, sí puedo）
ラテンアメリカ・カリブ教育研究所（IPLAC=Instituto Pedagógico Latinoamericano y Caribeño）
ニカラグア全国統計センサス局（INEC=Instituto Nacional de Estadísticas y Censos）
「世宗大王識字賞」（King Sejong Literacy Prize）
「学習：秘められた宝」（Learning: the Treasure Within）

中級学校（Escuela Secundaria）
卒業証明書（Certificado o Titulo de Graduado）
初等教育学士（Licenciado en Educación Primaria）
技術機関（Institutos Tecnológicos）
自然科学（ciencias naturales）
社会科学（ciencias sociales）
集団教育（colectivo pedagógico）
教育委員会（Comité pedagógico）
キューバ教育者協会（Asociación de Pedagogos de Cuba）
教育学中央研究所（ICCP= Instituto Central de Ciencias Pedagógicas）
高等教育学研究所（ISP=Instituto Superior Pedagógico）
旅の教師（maestros ambulantes,　maestros itinerantes）
ラテンアメリカ特殊教育参照センター（CELAEE=Centro de Referencia para la Educación Especial）
差別廃止思想運動（fachada integracionista）
パナマ特殊学校（Escuela Especial para Limitados Físico-Motores "Solidaridad con Panamá"）
アベル・サンタ・マリア（Abel Santa Maria）
ホーベン・クーバ（Joven Cuba）
アルバロ・レイノス（Tarea Alvaro Reynoso）
タイノ族（taíno）
バティ（batey）
労働青年軍隊（EJT=Ejército Juvenil del Trabajo）

Ⅳ章　脱ワーキングプア社会を求めて

独立教員協会（El Colegio de Pedagogos Independientes de Cuba）
独立図書館プロジェクト（Proyecto de Bibliotecas Independientes）
市民のためのカトリック教徒センター（Centro Católico de Formación Cívica y Religiosa）
セリア・サンチェス・マンドレイ（Celia Sanchez Manduley）
全国識字力向上委員会（National Literacy Commission）
反乱軍文化局（Directorate of Culture of the Rebel Army）
国防省（Ministry of Armed Forces）

芸術専門学校（ESPA=Escuelas de Superación de Perfeccionamiento Atlético）
士官学校（EMCC=Escuelas Militares Camilo Cienfuegos）

Ⅱ章　脱貧困社会を目指して誕生した教育制度

緊急教員（maestros emergentes）
全国教育制度改善計画（Plan de Perfeccionamiento del Sistema Nacional de Educación）
継続改善（perfeccionamiento continuo）
人民権力（Poder Popular）
カスコ・イストリコ（Casco Histórico）
労働者・農民のための教育（EOC= Educación Obrera y Campesina）
労働者・農民のための中等教育（SOC= Escuela Secundaria Obrera y Campesina）
労働者・農民のための学部教育（FOC= Facultad Obrera y Campesina）
資格労働者（obreros calificados）
遠隔教育（Educación a distancia）

Ⅲ章　財政危機の中でもさらに充実した教育制度

就学前教育（Educación Preescolar）
クルクククク（Curucucucu）
これからお話しするよ（Ahora Te cuento）
保育園（círculos infantiles）
混合乳幼児サークル（Circulo infantil mixto）
特別乳幼児サークル（Circulo infantile especial）
通学用乳幼児サークル（Circulo infantile externo）
シミエンテス（Simientes）
乳幼児研究所（Instituto de la Infancia）
子どもを教育しよう（Educa a tu hijo）
中央教育科学研究所（Instituto Central de Ciencia Pedagógica）
ラテンアメリカ就学前教育参考センター（CELEP=Centro de Referencia Latinoamericano para la Educación Preescolar）
高等学校（Instituto Preuniversitario）
高等教育機関（IPS=Institutos Pedagógicos Superiores）

用語集

プロローグ～キューバへの誘い
ラテンアメリカ教育水準評価センター（LLECE=Laboratory Latinoamericano de Evaluacion de la Calidad de la Educacion）

Ⅰ章　高学力の謎を解く
ソニック分析合成法（phonic analytic synthetic method）
全米教育向上テスト（NAEP=National Assessment of Education Progress）
学生総代（Precidente Estudiantes）
農村部中学校（ESBEC=escuelas secundanas básicas en el campo）
都市部中学校（ESBU=escuelas secundanas básicas urbanas）
親委員会（Consejos de Padres）
親の学校（Escuela de Padres）
学校委員会（Consejo de Dirección）
未成年者対策委員会（CAM=Consejo de Atención a Menores）
革命防衛委員会（CDR=Consejos de Defensa de la Revolucion）
女性連盟（Federacion de Mujeres Cubanas）
青年共産党同盟（UJC=Unión de Jóvenes Comunistas）
パイオニア（Pioneros）
パイオニアの精神開拓（protagonismo pionieristico）
勉強の家（casas de estudio）
農村高校（IPUEC=Institutos Preuniversitarios en el campo）
教育学専門学校（IPVCP=Institutos Preuniversitarios Vocacionales en Ciencias Pedagógicas）
精密科学専門学校（IPVCE=Institutos Preuniversitarios Vocacionales de Ciencias Exactas）
芸術教員養成学校（EIA=Escuelas de Instructores de Arte）
小学校緊急教師養成学校（EFEMP=Escuelas Formadoras Emergentes de Maestros Primarios）
初等体育専門学校（EIDE=Escuelas de Iniciación Deportiva Escolar）

著者紹介――吉田太郎（よしだ　たろう）

一九六一年東京生まれ。筑波大学自然学類卒。同学大学院地球科学研究科中退。東京都を経て、現在、長野県農業大学校勤務。

著訳書には、『世界がキューバ医療を手本にするわけ』『二〇〇万都市が有機野菜で自給できるわけ――都市農業大国キューバ・リポート』『一〇〇〇万人が反グローバリズムで自給・自立できるわけ――スローライフ大国キューバ・リポート』『百姓仕事で世界は変わる』（以上築地書館）『有機農業が国を変えた』（コモンズ）などがある。

世界がキューバの高学力に注目するわけ

二〇〇八年一〇月二〇日初版発行

著者――吉田太郎
発行者――土井二郎
発行所――築地書館株式会社
東京都中央区築地七―四―四―二〇一　〒一〇四―〇〇四五
電話〇三―三五四二―三七三一　ＦＡＸ〇三―三五四一―五七九九
振替〇〇一一〇―五―一九〇五七
ホームページ＝http://www.tsukiji-shokan.co.jp/
組版――ジャヌア3
印刷・製本――株式会社シナノ
装丁――小島トシノブ

 ISBN 978-4-8067-1374-6 C0036

くわしい内容はホームページで。URL=http://www.tsukiji-shokan.co.jp/

●キューバリポート・シリーズ

◉総合図書目録進呈。ご請求は左記宛先まで。
〒一〇四―〇〇四五　東京都中央区築地七―四―四―二〇一　築地書館営業部
《価格（税別）・刷数は、二〇〇八年十月現在のものです。》

世界がキューバ医療を手本にするわけ

吉田太郎［著］　◉5刷　二〇〇〇円

乳幼児死亡率は米国以下。平均寿命は先進国並み。がん治療から心臓移植まで医療費はタダ。大都市の下町から過疎山村まで、全国土を網羅する予防医療。世界のどこにもないワクチンを作りだす高度先端技術……これがアカデミー賞監督マイケル・ムーアが『シッコ』で注目し、WHOが太鼓判をおす医療大国・キューバ。

カリブ海に浮かぶ貧しい島国が、なぜ医療システムだけは、米国をしのぐ先進性、利便性を持ち得たのか。その疑問に本書が答えます。市井の人びと、医師、研究者、保健医療担当官僚への現場インタビューを通じて、変化し続けるキューバの姿を克明に描き「持続可能な医療福祉社会」への転換のヒントを示します。

200万都市が有機野菜で自給できるわけ

都市農業大国キューバ・リポート

吉田太郎［著］　◉7刷　二八〇〇円

ソ連圏の崩壊とアメリカの経済封鎖で、食糧、石油、医薬品が途絶する中で、彼らが選択したのは、環境と調和した社会への変身だった。

1000万人が反グローバリズムで自給・自立できるわけ

スローライフ大国キューバ・リポート

吉田太郎［著］　三六〇〇円

もうひとつの世界は可能だ。斬新な持続可能国家戦略を柱に、官民あげて豊かなスロー・ライフを実現させた陽気なラテン人たちの姿を追った第2弾！

くわしい内容はホームページで。URL=http://www.tsukiji-shokan.co.jp/

環境問題の本

百姓仕事で世界は変わる

持続可能な農業とコモンズ再生

ジュールス・プレティ［著］　吉田太郎［訳］　二八〇〇円

世界各地の百姓たちが、いまひそかに革命を起こしはじめている。世界の農業の新たな胎動を52カ国でのフィールドワークをもとに、イギリスを代表する環境社会学者が鮮やかに描き出す。

「百姓仕事」が自然をつくる

2400年めの赤トンボ

宇根豊［著］　◉4刷　一六〇〇円

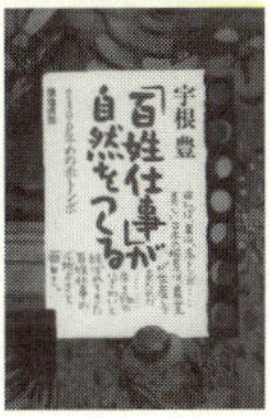

田んぼ、里山、赤トンボ、きらきら光るススキの原、畔に咲き誇る彼岸花……美しい日本の風景は、農業が生産してきた。生き物のにぎわいと結ばれてきた百姓仕事の心地よさと面白さを語り尽くす、ニッポン農業再生宣言。

オックスフォード・サイエンス・ガイド

コールダー［著］　屋代通子［訳］　二万四〇〇〇円

現代科学の最先端を見続けてきた著者が、中高生から最先端の研究者まで楽しませるように、一人で書き下ろした、驚愕のサイエンスガイド。モダンサイエンスの全貌を分かりやすく解説。

SUVが世界を轢きつぶす

世界一危険なクルマが売れるわけ

キース・ブラッドシャー［著］　片岡夏実［訳］　三二〇〇円

SUVは大きくて重心が高い、多目的スポーツ車のこと。一〇年にわたる取材で描く、米自動車産業界・政治・行政のダイナミズムと、その裏側。SUVをテーマにアメリカ産業界の裏側に光をあてる。